首都经济贸易大学出版基金资助

中国经济实现高质量发展的供给结构与效率的关系研究

ZHONGGUO JINGJI SHIXIAN GAOZHILIANG FAZHAN DE GONGJI JIEGOU YU XIAOLÜ DE GUANXI YANJIU

王　钰
张自然 ◎ 著

首都经济贸易大学出版社
Capital University of Economics and Business Press
· 北 京 ·

图书在版编目（CIP）数据

中国经济实现高质量发展的供给结构与效率的关系研究/王钰，张自然著. --北京：首都经济贸易大学出版社，2019.11

ISBN 978-7-5638-3036-7

Ⅰ.①中…　Ⅱ.①王…②张…　Ⅲ.①中国经济—经济增长—关系—经济结构—研究　Ⅳ.①F124.1

中国版本图书馆 CIP 数据核字（2019）第 257385 号

中国经济实现高质量发展的供给结构与效率的关系研究

王　钰　张自然　著

责任编辑　春　杨

封面设计　砚祥志远·激光照排　TEL：010-65976003

出版发行　首都经济贸易大学出版社

地　　址　北京市朝阳区红庙（邮编 100026）

电　　话　（010）65976483　65065761　65071505（传真）

网　　址　http：//www.sjmcb.com

E-mail　publish@cueb.edu.cn

经　　销　全国新华书店

照　　排　北京砚祥志远激光照排技术有限公司

印　　刷　北京九州迅驰传媒文化有限公司

开　　本　710 毫米×1000 毫米　1/16

字　　数　338 千字

印　　张　19.75

版　　次　2019 年 11 月第 1 版　2019 年 11 月第 1 次印刷

书　　号　ISBN 978-7-5638-3036-7

定　　价　62.00 元

前　　言

2019年，我们迎来了中华人民共和国成立70周年的大庆，共和国70年的发展和建设成绩斐然，举世瞩目。70年中，中国经济经过计划经济时期的自力更生，摆脱了“一穷二白”的落后农业国家面貌，建成了自己的工业体系。改革开放之后，社会主义市场经济体制得以确立和深化，并通过加入世界贸易组织（WTO）承接世界产业转移，通过发挥比较优势，中国经济获得了前所未有的快速平稳增长，在较短时间内成为世界经济总量第二的国家，人均收入水平跃居上中等收入国家行列。次贷危机爆发后，受国内和国际多种复杂因素的综合影响，经济增长减速，结构性问题凸显，中国经济进入新常态。为了应对当前的复杂环境以及适应自身情况的变化，确保中国能够顺利越过中等收入水平，进入高收入国家行列，中央提出了解决之策在于中国经济向高质量发展方式转变。

通过改革开放以来40多年的发展，至2017年，与1978年相比，中国经济总量增长了34倍，相当于年均增长率为9.6%。与世界其他经济体相比，中国经济增长可谓是超高速的，为世界经济的增长和稳定作出了贡献。中国经济高速增长的原因主要在于党和政府的正确有力领导、充分发挥比较优势、成功的渐近式改革和开放合理有度。随着经济的高速增长，中国的经济结构也不断发生变化，包括三次产业结构、高等教育结构、需求结构和城市化水平都在不断演进和完善。这些结构性变化是自身发展的客观表现。但与发达国家的同期情况相比，这些结构性变化仍显不足。同时，次贷危机后，发达国家致力于稳定国内经济，防控系统性风险，不断地采取量化宽松政策。由于量化宽松是一把双刃剑，在开放经济体系的传导作用下，实际上是加大了其他国家经济发展的外部风险。中国经济在国内经济面临总供给和总需求双侧结构性减速的情况下，还要面对外部风险的挑战。为此，中国经济需要进行发展动力的结构性转换和增长方式的转变，即向高质量发展方式转变。

从长期看，中国经济减速的核心问题主要在于供给侧。供给侧结构性改革与高质量发展是同一性关系：高质量发展是供给侧结构性改革的目标和结果，而供给侧结构性改革是中国经济实现高质量发展的抓手和途径。要实现中国经济向高质量发展方式的转变，应具备三个必要条件：充分发挥市场机制的作用、构建有利于科技创新的体制和高水平的人力资本积累。

根据中国社会科学院经济研究所的研究，中国经济高质量发展有六大内涵：以人民为中心的深度城市化；创新驱动持续提升效率；保护产权，规范政府行为，实现市场配置资源；经济稳定性；生态文明建设和可持续发展；经济协调主体转型。高质量发展的核心机制是“知识消费—人力资本提高—创新效率补偿”的循环，核心动力是提高资源的配置效率。在此基础上，结合国际发展经验，选取5个一级指标和65个具体指标构建高质量发展的评价体系。

未来中国经济在高质量发展的过程中面临的主要任务在于：加强和完善金融、财政体系建设，促进金融和财政的协调；转向高质量内生发展路径；解决经济发展不平衡问题。

对于何为供给结构，学界尚没有标准界定。佩卢（F. Perroux）认为，经济结构是表示在时间和空间里有确定位置的一个经济整体的特性的那些比例和关系。基于供给是指供给者的供给能力，将供给结构分为产权结构、要素结构、产业结构和地区结构（空间）。又从集合角度理解效率，将效率分为静态效率、动态效率和结构效率。其中，静态效率是资源配置效率，动态效率多为制度变迁带来的效率；静态效率和动态效率可以再进一步相应分为微观（宏观）静态效率和微观（宏观）动态效率。结构效率则是考虑经济结构变动的效率。分析结构效率时，对单要素结构效率进行分析的指标一般包括增量资本产出率（ICOR）、比较劳动生产率和产业结构偏离度，对结构效率进行综合分析的方法主要有偏离—份额法和函数分解法。

次贷危机之后，中国经济中供给结构存在的问题主要是产能过剩、人力资本和物质资本投资的不协调以及自主创新的条件和动力不足，根源在于渐进向市场经济转型、激励机制行政化和宏观调控体系不完善。只有从根本上解决这些问题，才能使经济平稳增长。

发展中国家原来都是产业结构比较单一的农业国家，经济发展的过程本质上是实现工业化和城市化的过程。工业化首先是一个产业结构变动的过程，产业结构的演进促进了经济增长，经济增长伴随着结构不断演进，而产业结构演进的动力和结果是经济效率的变动。

1952—2016 年，中国三次产业增加值结构由“一二三”转变为“三二一”。起先，第二产业对 GDP 的贡献最大，但随着第二产业驱动力下降，第三产业对经济增长的贡献不断提高，三次产业结构转变的原因和结果在于产业内部生产要素配置和效率的变动。1952—2016 年第二产业劳动生产率最高，其次是第三产业，第一产业最低；1992 年之后三次产业劳动生产率的增长率都呈现出上升趋势，而三次产业的资本效率呈现出下降趋势（第一产业在 2004 年之前的资本效率则是递增的）。三次产业结构的变动对产业效率也具有影响。具体而言，1992—2016 年中国劳动力在三次产业间存在“结构红利”（即通过劳动力在产业间的转移提高经济效率的潜力），且通过国际比较可见，这种“结构红利”仍然存在。资本在三次产业间整体上是“结构负利”的。通过 C-D 生产函数测算的三次产业全要素生产率（TFP）均为正值，第一产业平均增长率最高，第三产业次之，最低的是第二产业。第一产业的 TFP 值在 2004 年前波动较大，2004 年之后变得平稳；第二产业、第三产业 2008 年之后出现下降趋势。1992—2006 年对第一产业和第二产业产出增长贡献率最大的是 TFP，第三产业则以资本驱动为主。2007—2016 年三次产业均以资本驱动为主。

中国三次产业增加值结构变动符合经济发展规律：工业化带动了资本驱动方式从第二产业不断扩散到第三产业和第一产业，并最终导致了三次产业的资本边际效率下降；资本深化带动了三次产业劳动生产率的提高和 TFP 的提高，三次产业结构的变动具有要素配置效应。

改革开放之后，中国企业的产权结构实现了多元化发展。以工业企业为例，其产权的数量结构、总产值结构和就业结构都已经由以国有及国有控股企业为主，逐步转变为以私营企业为主。国有及国有控股企业对经济的贡献是最大的，对经济的平稳增长起到了较大的作用；虽然私营企业对经济增长的贡献率仍然低于国有及国有控股企业，但私营企业对经济的拉动作用也在不断加强。从结构效率的变化情况看，通过对不同类型产权企业的 TFP 的测算和分解发现，工业企业经济效率提升来源于规模变化，而非纯技术变化。通过非参数的分解可以看出，三种代表性产权结构中均无纯技术改进存在。这表明，创新驱动在整体上还没有形成自发机制。

人口是经济发展的核心要素，人口的数量和质量是决定经济发展的关键因素之一。从总量上看，2000 年之前是中国人口数量增长较快的阶段。在这个阶段中，中国经历了三次人口生育高峰（婴儿潮），分别是 1952—1957 年、1962—1976 年和 1986—1990 年，这三次人口生育高峰对应的出生率分别为 32. 97‰、39. 14‰和 23. 33‰，都是非常高的。2000 年之后，人口增速放缓。以 2017 年年末人口计算，中国的人口总量由中华人民共和国成立时的 54 167 万人增加到 139 008 万人，年均增长率约为 1%。从人口结构看，中国人口的性别结构失衡，城乡人口结构转换较慢，年龄结构的“老龄少子化”趋势不断增强。

人口的年龄结构变化对经济效率具有负面影响。借助索洛模型的扩展可以看出，“老龄化”和“少子化”的双重叠加与人均产出增长具有负相关关系。通过对 1992—2017 年中国 28 个省、直辖市和自治区面板数据的回归结果发现，到目前为止不存在自发机制使“老龄少子化”可以倒逼经济效率提高。为此，需要全面放开生育，同时提高人力资本投资水平。

中国的人力资本在空间上主要集中在沿海地区，东部沿海地区是人力资本最为富集的地区，而东北地区和西北地区人力资本相对占比较小。1992—2016 年，各地区的人力资本产出效率呈现上升趋势。通过对人力资本效率的空间比较可见，我国西部，特别是西北地区的人力资本效率最低，东部地区，特别是东部沿海地区的人力资本效率最高。分阶段考察结果表明，2002—2007 年的人力资本产出弹性都是正值，而 1992—2001 年多数年份其产出弹性为负值。1992—2016 年各省人力资本贡献率的数值相差较大，表明未来在向高质量发展方式转变的过程中，应注意平衡人力资本的空间分布。

由于碳排放主要来源于能源的使用和消耗，因此我们首先从能源消费的角度分析各省能源使用的总量和效率。从总量上看，中国能源消费总量增长速度在加入世界贸易组织后快速增长，次贷危机之后下降，二氧化碳排放量的增长率也相应如此。这与中国正处于工业化阶段有关。通过对中国与美、日、韩的国际比较发现，中国的能源消费效率还有提高的潜力。

从各省碳排放量结构看，比重并不均衡，经济发达省份的碳排放比重低，经济欠发达省份的碳排放比重高，排放量大的原因正是因为碳排放效率低导致的。因此，建议未来碳减排的重点在于提高碳排放效率，碳减排的路径长期在于大力发展清洁能源技术，短期在于建立碳减排交易机制。

从总体上看，中国经济的供给结构仍是不均衡的状态，空间结构存在差异，结构动力处于转换阶段，新动力的自发机制尚未形成，向高质量发展转变的过程存在一定的困难，需要依靠制度创新来创造新动力形成的必要条件，也就是说，仍需深化改革，同时要转变思想，才能从原来的旧机制状态转换到新的增长轨道上来。

本书为 2014 年度国家社会科学基金一般项目（14BJL101）《对中国不同发展阶段减排目标的碳排放权分配机制研究》的阶段性研究成果，并获得首都经济贸易大学 2015 年出版基金资助。

衷心感谢首都经济贸易大学经济学院张连城教授、郎丽华教授、杨春学教授和祝合良教授的指导及帮助。本书在写作期间，承蒙中国社会科学院经济研究所张平研究员、刘霞辉研究员的大力指导和帮助。在本书即将出版之际，对诸位专家学者前辈们深厚的学术造诣深表敬佩，对各位前辈的无私帮助深表感谢！

目　录

第一章

中国经济发展方式的转变与结构调整的重要性

——转向高质量发展方式的必然性和供给侧结构性改革

一般而言，总供给决定长期经济增长，总需求决定短期经济增长。中国经济通过快速增长累积了许多结构性问题，这些结构性问题既存在于总需求侧，也存在于总供给侧。从长期经济稳定增长的角度看，对供给侧结构问题的认识和解决更为重要。

第一节　对中国改革开放40年经济增长历程的回顾

自1949年中华人民共和国成立至2019年，经过70年的努力，通过不同阶段的建设和发展，中国基本完成了从落后农业国向中等收入的工业国的转变。中国这种巨大转变是按每30年一个阶段跨越式发展的。第一阶段是1949—1978年，中国建立了社会主义计划经济体系，并通过该体系的动员力量，改变了原有的“一穷二白”的落后面貌，建立了自身较为完整的工业体系。第二阶段是1978—2010年，通过改革开放，建立并不断完善社会主义市场经济体系，通过经济的转型发展，借助市场机制的激励作用，中国获得了超高速的经济增长，完成了经济的“起飞”。根据世界银行WDI数据，2010年中国经济总量超过日本（如表1-1所示），成为世界经济总量第二的国家，同年进入上中等收入国家行列。

表1-1　2010、2016年主要工业国家的经济规模和人均收入

国家	2010年		2016年	
	GNI（亿美元）	人均GNI（美元）	GNI（亿美元）	人均GNI（美元）
中国	57 000	4 260	113 936	8 264
美国	146 008	47 240	181 535	56 181
日本	53 691	42 130	48 252	37 995
德国	35 372	43 290	36 094	43 662
英国	23 993	38 560	27 823	42 390
法国	27 498	42 390	26 058	38 953
意大利	21 258	35 150	19 141	31 586

资料来源：世界银行官方网站，www. worldbank. org。

受次贷危机的冲击，自 2008 年起，中国经济增速出现了放缓的趋势，GDP 增长率从 2007 年的 14.2%一路下行至 2016 年的 6.7%，2018 年略有走稳的趋势，GDP 增长率回复到 6.9%。2018 年，中国的人均 GDP 为 9 770.85 美元（世界银行现价美元数据）。按世界银行对不同国家人均收入的等级划分标准（2018 年 7 月最新标准，如表 1-2 所示），中国经济当前已经处于中等偏上收入向高收入迈进的阶段。这是一个重大的历史转折时期，如果能成功跨越这个时期，将进入高收入国家行列；相反，则会陷入所谓的“中等收入陷阱”。

表 1-2　世界银行对世界经济体的分类标准　　单位：美元

国家等级	低收入国家（L）	中等偏下收入国家（LM）	中等偏上收入国家（UM）	高收入国家（H）
人均收入	GNI<995	996≤GNI<3 985	3 986≤GNI<12 055	GNI≥12 056

资料来源：世界银行 WDI，World Bank Country and Lending Group，https：//datahelpdesk.worldbank.org/knowledgebase/articles/906519。

一、对中国经济奇迹的再审视

中国经济的高速发展常被称为一个奇迹，改革开放以后经济超高速增长了 40 年，对世界经济的影响力不断增大，其成功发展的经验对发展中国家具有一定的借鉴意义。

（一）中国经济发展阶段划分

对中国经济发展的阶段进行划分可以有多种角度，如前面按不同的制度安排进行阶段划分，将中国经济的发展划分为两个阶段，即计划经济发展阶段和社会主义市场经济体系发展阶段。

从经济增长率周期性波动的角度，可将经济发展划分为波动剧烈的阶段和平稳增长的阶段。如图 1-1 所示，中国经济在人均收入水平较低的阶段增长并不平稳，增长率[①]的波动幅度较大，而随着 GDP 总量水平的提高，增长率出现较为平稳的趋势。从数据的变化趋势上看，1992 年当人均收入水平达到 2 334 元

① 增长速度或增长率=发展速度-1。

人民币时（见附录一），经济增长率由波动区间向平稳趋势区间过渡。

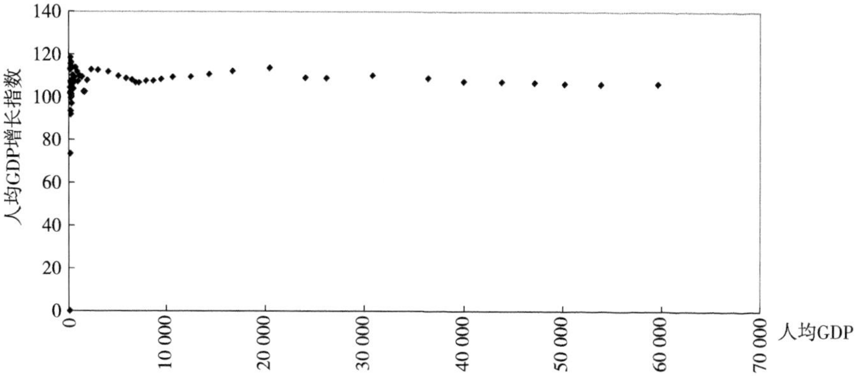

图 1-1 1952—2017 年中国人均 GDP 及其增速变化的相关性

资料来源：根据中国国内生产总值核算历史资料（1952—2004）、《中国统计年鉴》和世界银行 WDI 数据库数据整理（具体数据见附录一）。

我们可以进一步结合经济周期的变化情况对经济增长的阶段进行更为准确的划分。如表 1-3 所示，对经济周期进行划分的方法有两种，即：峰—峰法和谷—谷法。

表 1-3 1952—2017 年中国经济运行周期划分

作者（年份）	划分方法	划分结果	
		1978 年以前	1978 年以后
张连城（1999，2008）	峰—峰法	1953—1957 1958—1963 1964—1969 1970—1977	1978—1983 1984—1991 1992—2006 2007 年至今
刘树成（2000，2005）	谷—谷法	1953—1957 1958—1962 1963—1968 1969—1972 1973—1976	1977—1981 1982—1986 1987—1990 1991—2001 2002 年至今

资料来源：张连城．我国经济周期的阶段特征和经济增长趋势[J]．经济与管理研究，1999(1)：14-16；张连城．中国经济波动的新特点与宏观经济走势[J]．经济与管理研究，2008(3)：11-16；刘树成，张平，张晓晶．中国经济周期波动问题研究[C]．首届中国经济论坛论文集．2005，611-633.

本书根据张连城（1999，2008）的峰—峰法将中国自1953年至今的发展过程划分为八个周期，并运用描述经济周期的统计指标对这八个周期进行平稳性测算。

测算经济周期的平稳性指标主要有以下六个：

（1）峰位。峰位即单次经济波动内波峰的经济增长率，表明了单次经济周期经济扩张的强度，如果波峰高，说明经济扩张过强，波峰低则说明经济扩张乏力。

（2）谷位。谷位即波动深度，是指单次经济周期内波谷的经济增长率，它表明单次经济周期波动经济收缩的力度。谷位越低，说明经济增长越不稳定。峰位、谷位两者的差值直接反映了经济增长力的强弱，间接反映了经济增长的稳定程度。

（3）持续时间。持续时间是指一个经济周期所经过的时间长短，相对于峰—峰法而言，是指两波峰之间的时长。

（4）扩张/收缩比。经济周期中有波峰和波谷，将一个经济周期分为上行阶段和下行阶段，一般将经济的上行阶段称为扩张期，将经济的下行阶段称为收缩期，两者的时长比称为扩张/收缩比。在市场经济条件下，一般认为经济周期中扩张期长而收缩期短，对经济的发展更为有利，也就是扩张/收缩比大为好。

（5）振幅。振幅是指单次经济周期内实际经济增长率上下波动的离差。它反映单次经济周期内总体经济活动高低起伏的剧烈程度，也是说明经济的稳定性的。最简单的计算方法是计算单次经济波动的波动高度与波动深度的差。

（6）离散程度。离散程度可以通过波动系数测度。波动系数是指实际经济增长率围绕长期趋势上下波动的量值。它是衡量周期波动幅度对历史增长趋势偏离程度的标准化指标。绝对值越高，说明实际经济增长率偏离长期趋势的程度越高，经济增长越不稳定；绝对值越小，则表明经济增长相对稳定。波动系数的计算公式为：

$$V = \frac{\sigma}{\bar{Y}} \tag{1.1}$$

式中：$\bar{Y}=\frac{1}{n}\sum_{i=1}^{n}Y_i$，$\sigma=\sqrt{\frac{1}{n}\sum(Y_i-\bar{Y})^2}$；$Y_i$ 为实际经济增长率；$\bar{Y}$ 为 Y_i 的算术平均数，表示一定时期内平均实际经济增长率或长期增长趋势；σ 为标准差，表示实际经济增长率偏离长期增长趋势的波动幅度；n 为样本数。就单次经济周期波动而言，平均实际经济增长率就是波动的平均位势或波位，它表明单次经济波动经济增长的总体水平①。

测算的结果如表 1-4 所示。

表 1-4　1952—2017 年中国经济增长的周期平稳性描述

序号	年份	"五年计划"期	持续时间（年）	扩张/收缩	峰位（%）	谷位（%）	振幅（%）	离散程度
1	1953—1957	一五	5	1.5	15.6	4.2	11.4	0.53
2	1958—1963	二五	6	0.5	21.3	-27.3	48.6	12.92
3	1964—1969	调整期 三五	6	0.5	18.3	-5.7	24.0	1.13
4	1970—1977	四五 五五前	8	0.6	19.4	-1.6	21.0	0.83
5	1978—1983	五五后 六五前	6	0.5	11.7	5.2	6.5	0.25
6	1984—1991	六五后 七五	8	0.3	15.2	3.8	11.4	0.40
7	1992—2006	八五 九五 十五	15	0.9	14.2	7.6	6.6	0.20
8	2007 年至今	十一五 十二五 十三五	10+X	X/10	14.2	6.7	7.5	0.13

注：X 表示未来的扩张期何时出现以及会延续时间未知。

资料来源：根据中国国内生产总值核算历史资料（1952—2004）、2018 年《中国统计年鉴》和国家统计局《2017 年经济和社会统计公报》的数据计算。

① 吕光明. 经济周期波动：测度方法与中国经验分析[M]. 北京：中国统计出版社，2008.

将表 1-4 中描述经济周期的指标绘制到图 1-2 中，可以清楚地看出，1978 年之前周期的持续时间较短，振幅较大，离散程度相对于 1978 年之后也偏大。因此，可以根据经济增长的平稳性，将中国的经济发展分为两个阶段，即 1952—1977 年为非平稳发展阶段，1978 年至今为平稳发展阶段。可见，中国经济获得了平稳而又高速的增长完全得益于改革中的制度变革，通过渐进式的制度变革引入市场机制并不断完善社会主义市场经济体制，激发了生产要素的活力，释放出了巨大的发展潜力。

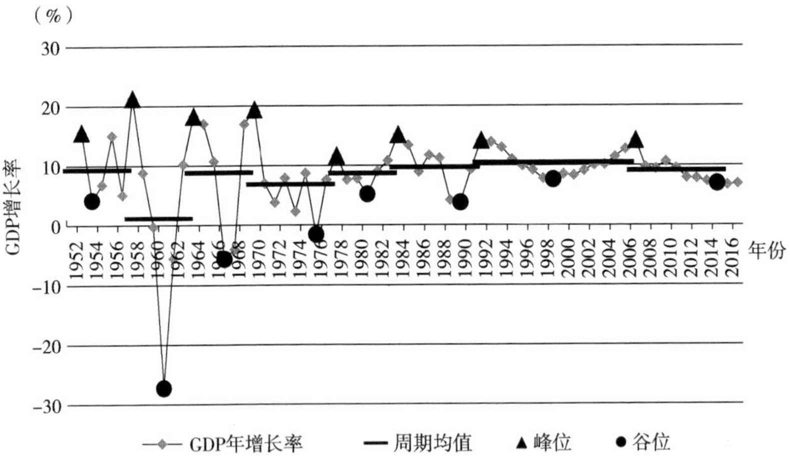

图 1-2　1952—2017 年中国 GDP 增长率波动的周期划分

资料来源：根据中国国内生产总值核算历史资料（1952—2004）、《中国统计年鉴》和世界银行 WDI 数据库数据整理（具体数据见附录一）。

（二）中国经济高速增长对世界经济的贡献

改革开放以来，中国经济快速增长，每年创造的 GDP 总量在世界经济总量中所占份额不断上升。如图 1-3 所示：1978 年仅占世界经济总量的 1.8%，2017 年上升为世界经济总量的 15.2%，而同期美国 GDP 占世界经济总量的比重处于不断弱化的趋势，由 1960 年的近 40%逐步减少至 2017 年的 24%。可见，通过 40 年的追赶，中国的经济规模不断壮大，与美国的差距在整体规模上不断缩小。

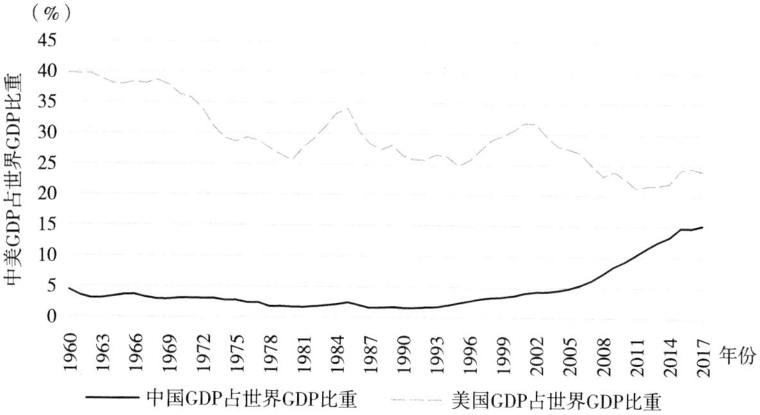

图 1-3　1960—2017 年中国和美国 GDP 占世界 GDP 总量比重变化

资料来源：根据世界银行 WDI 数据计算。

据测算，2018 年中国对世界经济增长的贡献约为 30%，中国已经逐步成为拉动和稳定世界经济的重要力量。

（三）中国经济奇迹的经验总结

中国的发展过程没有现成的先例可以参照，这里所说的经验只能是事后的总结，并不是事前系统设计的。习近平总书记在庆祝中国改革开放 40 周年纪念大会上，将中国改革开放的成功经验总结为九个“坚持”：①必须坚持党对一切工作的领导，不断加强和改善党的领导；②必须坚持以人民为中心，不断实现人民对美好生活的向往；③必须坚持马克思主义指导地位，不断推进实践基础上的理论创新；④必须坚持走中国特色社会主义道路，不断坚持和发展中国特色社会主义；⑤必须坚持完善和发展中国特色社会主义制度，不断发挥和增强我国制度优势；⑥必须坚持以发展为第一要务，不断增强我国综合国力；⑦必须坚持扩大开放，不断推动共建人类命运共同体；⑧必须坚持全面从严治党，不断提高党的创造力、凝聚力、战斗力；⑨必须坚持辩证唯物主义和历史唯物主义世界观和方法论①。

对此，理论界的认识也基本是一致的。逄锦聚（2018）认为：坚持中国

① 启示——习近平纵论改革开放宝贵经验[J]. 理论导报，2018(12)：1.

共产党对改革开放的全面领导；坚持人民的中心地位；坚持中国特色社会主义制度；坚持科学的方法论；坚持推进实践基础上的理论创新，并以科学的理论指导实践，形成实践创新与理论创新的良性互动①。周建超（2018）、王寿林（2018）、陶文昭（2018）等也持相似观点。周文（2018）指出，中国改革开放的成功表明，单纯“西方化”对发展中国家是行不通的，中国的发展经验对于其他发展中国家有重要的参考价值②。

本书认为，中国获得较快、较好发展的主要成功经验体现在四个方面：党和政府的正确有力领导；充分发挥比较优势；成功的渐进式改革；开放合理有度。

（1）党和政府的正确有力领导。中国能够推翻“三座大山”的压迫，彻底结束旧中国半殖民地、半封建社会的历史，建立中华人民共和国并带领十几亿人民走向富强的新生活，都是依靠中国共产党的英明领导。改革开放之后，党和政府不断调整各项制度、方针和政策，在坚持一切为人民利益服务的根本目标下，果断地进行农村改革和城市改革；引入市场机制，解放生产力，搞活生产关系，使生产要素充分流动；不断扩大开放，从国外引进先进和稀缺的生产要素，发挥中国丰裕要素的比较优势，借助和开拓国际市场的有利条件，广泛地进行国际交流与合作，深入开展国际化，推动中国走向世界。在党和政府的正确领导下，中国在很短的时间内发生了天翻地覆的变化，人民生活水平显著提升。这些成就是其他发展中国家所无法比拟的，更是没有哪一个国家领导这么多人在这么短的时间内摆脱贫困，不断走向富裕和美好的生活。这是我们都明确认同的。

（2）充分发挥比较优势。林毅夫（1999，2002）十分重视比较优势，他认为，工业化的过程可以有两种途径：一是通过“进口替代”，发挥重工业优势，进而实现工业化；二是更好地依托于国内的要素禀赋优势和国际市场，

① 逄锦聚. 改革开放的基本经验[J]. 前线，2018(10)：17-20.

② 周文. 中国道路与中国经济学——来自中国改革开放40周年的经验与总结［J］. 经济学家，2018（7）：11-19.

采用“出口导向”，通过比较优势战略逐步推动工业化的实现。亚洲“四小龙”的成功经验表明，采取出口导向策略，可以动态地发挥比较优势，带动国内的要素积累和产业结构升级，这是东亚经济得到快速发展的根源之一。吕铁（2001）认为，发展中国家的工业化过程应分为相互关联的五个阶段，在这一工业化过程中，出口导向和进口替代战略不是相互排斥的，而是相互结合在一起，促进要素的禀赋结构不断变化，从而提升比较优势。可见，虽然学者们对东亚经济获得高速增长结果的认识略有不同，但都认为充分发挥和培育比较优势对于发展中国家来说是很重要的。邓宏图等（2018）也认为，重工业优势和发挥比较优势两者应有序结合。史本叶、夏雨欣（2018）和彭爽、李利滨（2018）都认为，现阶段要进行比较优势升级。

计算比较优势的传统指标是选取进口额和出口额，具体指标包括显性比较优势指数（Revealed Comparative Advantage）、贸易竞争优势指数（Trade Competitive Advantage）和市场占有率（Market Share）等，但黎谧、冯迪（2015），张丽娜（2015），乔小勇、王耕、李泽怡（2017）等许多学者研究发现，采取进出口总额对比较优势的估计不如采用进出口增加值准确。为了更好地说明中国比较优势的动态变化过程，我们分别采用传统指标和投入—产出法的增加值指标，对中国的制造业内部各产业的比较优势进行测算。需要说明的是，受 WIOD 数据库数据所限，分析数据仅截至 2011 年，不包括 2012 年及其以后年份的测算分析。表 1-5 的产业分类是参照国际标准划分的国家统计局行业分类标准。

表 1-5 国民经济行业分类（GB/T 4754—2002）

序号	产业类别	所包括产业大类
A	农、林、牧、渔业	01~05
B	采矿业	06~12
C	制造业	13~43
D	电力、燃气及水的生产和供应业	44~46
E	建筑业	47~50
F	批发和零售业	51~52

续表

序号	产业类别	所包括产业大类
G	交通运输、仓储和邮政业	53~60
H	住宿和餐饮	61~62
I	信息传输、计算机服务和软件业	63~65
J	金融业	66~69
K	房地产业	70
L	租赁和商务服务业	71~72
M	科学研究、技术服务和地质勘探业	73~75
N	水利、环境和公共设施管理业	76~78
O	居民服务、修理和其他服务业	79~81
P	教育	82
Q	卫生和社会工作	83~84
R	文化、体育和娱乐业	85~89
S	公共管理和社会保障和社会组织	90~95
T	国际组织	96

资料来源：中华人民共和国国家统计局行业分类标准，http：//www. stats. gov. cn/ tjbz/hyflbz/。

进出口数据是按海关对商品进行的分类，没有直接针对行业的分类数据，行业与海关的分类编码 SITC Rev. 4 的对应关系如表 1-6 所示，本书对世界贸易额的统计也依据该对照表进行。

表 1-6　制造业分类类比比照表

国民经济行业分类		SITC Rev. 4 标准		中国海关税则
序号	行业	类别	商品描述	税目号
13	农副食品加工业	011. 2、012、016、017、025、034. 2、034. 4、0345、035、036、037、042、046、047、08（081）、091、42（421、422）	食品和活动物（活动物除外） 动植物油、脂和蜡	02＊＊. ＊＊＊＊ 03＊＊. ＊＊＊＊ 04＊＊. ＊＊＊＊ 05＊＊. ＊＊＊＊ 15＊＊. ＊＊＊＊ 16＊＊. ＊＊＊＊ 17＊＊. ＊＊＊＊ 23＊＊. ＊＊＊＊

续表

国民经济行业分类		SITC Rev. 4 标准		中国海关税则
序号	行业	类别	商品描述	税目号
14	食品制造业	022、023、024、048、054、056、057、058、06（061、062）、07（071、072、073、074、075）、098	谷物制品以及水果或蔬菜的粉或淀粉制品	07＊＊.＊＊＊＊ 08＊＊.＊＊＊＊ 09＊＊.＊＊＊＊ 10＊＊.＊＊＊＊ 11＊＊.＊＊＊＊ 15＊＊.＊＊＊＊ 18＊＊.＊＊＊＊ 19＊＊.＊＊＊＊ 20＊＊.＊＊＊＊ （×2009.＊＊＊＊） 21＊＊.＊＊＊＊
15	饮料制造业	059、111、112	饮料	13＊＊.＊＊＊＊ 2009.＊＊＊＊ 22＊＊.＊＊＊＊ 22＊＊.＊＊＊＊
16	烟草制品业	12（121、122）	烟草及烟草制品	24＊＊.＊＊＊＊
17	纺织业	65（651、652、653、654、655、656、657、658、659）	纺织纤维及其废料纺织纱（丝）、织物、未另列明的成品及有关产品	50＊＊.＊＊＊＊ 51＊＊.＊＊＊＊ 52＊＊.＊＊＊＊ 53＊＊.＊＊＊＊ 56＊＊.＊＊＊＊ 57＊＊.＊＊＊＊ 58＊＊.＊＊＊＊ 59＊＊.＊＊＊＊ 60＊＊.＊＊＊＊
18	纺织服装、鞋、帽制造业	84（841、842、843、844、845、846）、85（851）	各种服饰和服饰用品鞋类	61＊＊.＊＊＊＊ 62＊＊.＊＊＊＊ 63＊＊.＊＊＊＊ 64＊＊.＊＊＊＊ 65＊＊.＊＊＊＊ 66＊＊.＊＊＊＊

续表

国民经济行业分类		SITC Rev. 4 标准		中国海关税则
序号	行业	类别	商品描述	税目号
19	皮革、毛皮、羽毛（绒）及其制品	21（211、212）、61（611、612、613）	生皮及生毛皮 未另列的皮革和皮革制品，以及裘皮	0505. * * * * 42 * *. * * * * 43 * *. * * * * 67 * *. * * * *
20	木材加工和木、竹、藤、棕、草制品业	24（244、245、246、247、248）、63（633、634、635）	软木及木材 软木及木材制品（家具除外）	1401. * * * * 44 * *. * * * * 45 * *. * * * * 46 * *. * * * *
21	家具制造业	821	家具及其零部件	94 * *. * * * *
22	造纸及纸制品业	25（251）、64（641、642）	纸浆及废纸 纸、纸板以及纸浆和纸板制品	47 * *. * * * * 48 * *. * * * *
23	印刷业和记录媒介的复制	892	印刷品	49 * *. * * * *
24	文教体育用品制造业	894、895、898. 1、898. 2	婴儿车、玩具、游戏及体育运动用品 未另列明的办公用品和文具 乐器及其零件和附件	92 * *. * * * * 95 * *. * * * * 96 * *. * * * *
25	石油加工、炼焦和核燃料加工业	325、334、335、597	矿物燃料、润滑油及有关原料	8401. * * * * 27 * *. * * * *
26	化学原料及化学制品制造业	51（511、512、513、514、515、516）、52（522、523、524、525）、53（531、532、533）、55（551、553、554）、56（562）、591、592、593、598	有机化学 无机化学 染色原料及色料 香精油和香膏及香料 肥料 武器和弹药	29 * *. * * * * 32 * *. * * * * 33 * *. * * * * 34 * *. * * * * 35 * *. * * * * 31 * *. * * * * 36 * *. * * * * 38 * *. * * * * 93 * *. * * * *

续表

国民经济行业分类		SITC Rev. 4 标准		中国海关税则
序号	行业	类别	商品描述	税目号
27	医药制造业	54（541、542）	医药品	30＊＊.＊＊＊＊
28	化学纤维制造业	653	人造纤维织物	54＊＊.＊＊＊＊ 55＊＊.＊＊＊＊
29	橡胶制品业	62（621、625、629）	未列明的橡胶制品	40＊＊.＊＊＊＊
30	塑料制品业	57（571、572、573、574、575、579）、58（581、582、583）、893	初级形状塑料 非初级形状的塑料	39＊＊.＊＊＊＊
31	非金属矿物制品业	66（661、662、663、664、665、666）	未列明的金属产品	25＊＊.＊＊＊＊ 68＊＊.＊＊＊＊ 69＊＊.＊＊＊＊ 70＊＊.＊＊＊＊
32	黑色金属冶炼和压延加工业	67（671、672、673、674、675、676、677、678、679）	钢铁	72＊＊.＊＊＊＊ 73＊＊.＊＊＊＊
33	有色金属冶炼和压延加工业	68（681、682、683、684、685、686、687、688、689）	有色金属	74＊＊.＊＊＊＊ 75＊＊.＊＊＊＊ 76＊＊.＊＊＊＊ 78＊＊.＊＊＊＊ 79＊＊.＊＊＊＊ 80＊＊.＊＊＊＊ 81＊＊.＊＊＊＊
34	金属制品业	69（691、692、693、694、695、696、697、699）	未列明的金属制品	82＊＊.＊＊＊＊ 83＊＊.＊＊＊＊
35	通用设备制造业	71（711、712、713、714、715、716、718）、73（731、733、735、737）、74（741、742、743、744、745、746、747、748、749）	动力机械及设备 金属加工机械 未列明的通用工业机械和设备	84（02~20，23~24，54~63，66~68，81~83）.＊＊＊＊

续表

国民经济行业分类		SITC Rev. 4 标准		中国海关税则
序号	行业	类别	商品描述	税目号
36	专用设备制造业	72（721、722、723、724、725、726、727、728）	特种工业专业机械	84（21~22，25~49，51~53，64~65，74~80，84，86）. * * * *
37	交通运输设备制造业	78（781、782、783、784、785、786）、79（791、792、793）	陆用车辆 其他运输设备	86 * *. * * * * 87 * *. * * * * 88 * *. * * * * 89 * *. * * * *
39	电气机械及器材制造业	77（771、772、773、774、775、776、778）、81（811、812、813）	未另列明的电力机械装置器械	84（50，76.87）. * * * * 85 * *. * * * *
40	通信设备、计算机及其他电子设备制造业	76（761、762、763、764）	电信、录音及重放装置和设备	90 * *. * * * * 84（70~71，73）. * * * *
41	仪器、仪表及文化、办公用机械制造业	75（751、752、759）、87（871、872、873、874）、88（881、882、883、884、885）	办公用机器及自动数据处理设备 未另列明的专业、科学控制仪器 未列明的光学产品	37 * *. * * * * 91 * *. * * * * 84（40，69，72）. * * * *
42	工艺品及其他的制造业	896	艺术品、古董	71 * *. * * * * 97 * *. * * * *
43	废弃资源和废旧材料回收加工	—	—	—

资料来源：本书根据相关的商品分类加工整理。

传统的显性比较优势，即 1995—2010 年中国制造业的显性比较优势如表 1-7 所示。从计算结果看，中国在加入世界贸易组织前比较优势最强的是毛皮、纺织和服装行业，并且这三个行业的比较优势呈现出动态性下降，而比较优势大且不断上升的行业包括化纤、电气机械和通讯计算。从这个变化看，中国的比较优势最强的是劳动力密集型行业，随着劳动力密集行业比较优势的下降，电子信息产业（表 1-6 中序号为 39、40 的行业）等轻工业不断得到发展，也就是产业结构得以升级。

表 1-7　1995—2010 年中国制造业 28 个行业传统显性比较优势

序号	行业＼年份	1995	1997	1998	1999	2000	2001	2002
1	农副产品	1.40	1.46	1.41	1.26	1.16	1.18	1.01
2	食品制造	1.09	1.45	1.18	1.03	1.08	1.23	1.13
3	饮料	0.36	0.36	0.36	0.97	0.32	0.32	0.32
4	烟草	1.50	1.32	0.90	0.74	0.44	0.36	0.43
5	纺织	2.66	2.38	2.16	2.01	2.33	2.20	2.17
6	服装	5.06	5.15	3.88	3.68	4.83	4.64	4.23
7	毛皮	9.28	8.56	8.50	9.00	9.59	8.82	8.19
8	木材加工	1.19	1.11	0.99	0.89	0.97	1.02	1.05
9	家具	1.42	1.40	1.43	1.50	1.71	1.57	1.56
10	造纸	0.31	0.33	0.38	0.37	0.34	0.39	0.40
11	印刷	0.22	0.29	0.37	0.39	0.40	0.42	0.42
12	文教	1.49	1.42	1.72	1.50	1.39	1.45	1.40
13	石油加工	2.03	1.81	1.87	1.63	1.20	1.18	1.22
14	化学原料	1.54	0.98	0.91	0.90	0.90	0.89	0.88
15	医药	0.30	0.28	0.23	0.22	0.17	0.16	0.13
16	化纤	2.05	2.07	2.09	2.01	1.93	2.06	2.13
17	橡胶	0.68	0.74	0.71	0.70	0.80	0.95	0.90
18	塑料	1.07	1.15	1.27	1.32	1.27	1.28	1.24
19	非金矿	1.35	1.37	1.37	1.31	1.21	1.14	1.14
20	黑金冶炼	1.18	0.79	0.82	0.51	0.49	0.68	0.41

续表

序号	年份 行业	1995	1997	1998	1999	2000	2001	2002
21	有色冶炼	0. 70	0. 65	0. 81	0. 83	0. 83	0. 78	0. 72
22	金属制品	1. 83	1. 88	1. 91	1. 98	1. 39	2. 06	2. 02
23	通用设备	0. 86	1. 05	1. 11	1. 27	1. 41	1. 67	1. 84
24	专用设备	0. 25	0. 26	0. 23	0. 23	0. 26	0. 30	0. 35
25	交运设备	0. 27	0. 26	0. 26	0. 29	0. 28	0. 35	0. 31
26	电气机械	1. 53	0. 87	0. 88	1. 70	1. 91	1. 90	2. 21
27	通讯计算	1. 60	1. 72	1. 56	1. 60	1. 66	1. 72	2. 02
28	仪器仪表	0. 72	0. 73	0. 68	0. 81	0. 61	0. 55	0. 51

序号	年份 行业	2003	2005	2006	2007	2008	2009	2010
1	农副产品	0. 83	0. 65	0. 63	0. 56	0. 53	0. 48	0. 53
2	食品制造	0. 89	0. 86	0. 84	0. 84	0. 87	0. 78	0. 63
3	饮料	0. 20	0. 19	0. 15	0. 18	0. 11	0. 10	0. 10
4	烟草	0. 40	0. 34	0. 30	0. 27	0. 25	0. 25	0. 27
5	纺织	2. 09	2. 02	2. 14	2. 14	2. 09	2. 33	2. 39
6	服装	3. 61	3. 47	3. 06	4. 03	3. 57	3. 62	3. 45
7	毛皮	7. 66	7. 23	7. 17	5. 83	5. 53	6. 46	6. 69
8	木材加工	0. 98	1. 00	1. 04	1. 13	1. 07	1. 12	1. 08
9	家具	1. 70	1. 82	1. 97	2. 04	2. 07	2. 30	2. 43
10	造纸	0. 39	0. 39	0. 45	0. 50	0. 54	0. 56	0. 61
11	印刷	0. 38	0. 40	0. 42	0. 46	0. 48	0. 55	0. 52
12	文教	1. 26	1. 24	1. 16	1. 18	1. 06	1. 24	1. 00
13	石油加工	0. 98	0. 79	0. 63	0. 45	0. 41	0. 44	0. 40
14	化学原料	0. 74	0. 74	0. 76	0. 74	0. 78	0. 87	0. 78
15	医药	0. 08	0. 07	0. 07	0. 06	0. 06	0. 08	0. 08
16	化纤	2. 25	2. 36	2. 46	2. 50	2. 51	2. 69	2. 64

续表

序号	年份 行业	2003	2005	2006	2007	2008	2009	2010
17	橡胶	0.82	0.90	1.03	1.09	1.15	1.18	1.21
18	塑料	1.08	1.01	1.03	1.02	0.95	0.99	0.98
19	非金矿	1.00	0.99	1.02	1.10	1.01	1.13	1.33
20	黑金冶炼	0.34	0.68	0.68	0.87	1.00	1.07	0.46
21	有色冶炼	0.80	0.83	0.76	0.76	0.67	0.71	0.66
22	金属制品	1.89	2.01	2.09	2.15	2.17	2.34	2.02
23	通用设备	2.87	0.30	3.08	2.98	2.85	2.89	3.07
24	专用设备	0.37	0.37	0.42	0.49	0.53	0.65	0.63
25	交运设备	0.31	0.32	0.35	0.38	0.43	0.51	0.57
26	电气机械	2.37	2.59	2.77	2.95	3.21	3.41	3.29
27	通讯计算	2.45	2.61	2.71	2.70	2.90	2.94	2.91
28	仪器仪表	0.47	0.40	0.39	0.38	0.39	0.44	0.38

资料来源：依据世界贸易组织和国家统计局统计数据测算。

注：由于测算制造业各行业的显性比较优势时无法找到 1996 年和 2004 年各行业的出口额数据，因此表中未列出 1996 年和 2004 年的显性比较优势数据。

乔小勇等（2017）运用投入—产出法对中国制造业和服务业的显性比较优势进行了整体测算和排名，结果如表 1-8 所示。截至 2011 年，中国制造业的比较优势仍处在不断提高的过程中，而服务业的比较优势则有下降的趋势。

表 1-8　1995—2011 年中国制造业和服务业基于增加值测算的显性比较优势

行业	指标	1995	2000	2005	2008	2009	2010	2011
制造业	显性比较优势	0.67	0.68	0.72	0.85	0.84	0.84	0.85
	世界排名	58	53	50	38	44	42	40
服务业	显性比较优势	0.98	0.91	0.79	0.79	0.76	0.78	0.79
	世界排名	32	35	42	46	47	46	46

资料来源：乔小勇，王耕，李泽怡．中国制造业、服务业及其细分行业在全球生产网络中的价格增值获取能力研究：基于地位—参与度—显性比较优势的视角［J］．国际贸易问题，2017（3）：63-74.

再通过1998—2016年中国工业领域中资本积累的情况看，与重工业企业的实收资本相比，轻工业企业的实收资本与其差距不断拉大（见图1-4）。这表明，中国已通过发挥比较优势，提高资本水平，促进了产业结构升级。未来中国的产业结构将转向以服务业为主，因此，培养和形成服务业的比较优势是未来产业发展的关键。

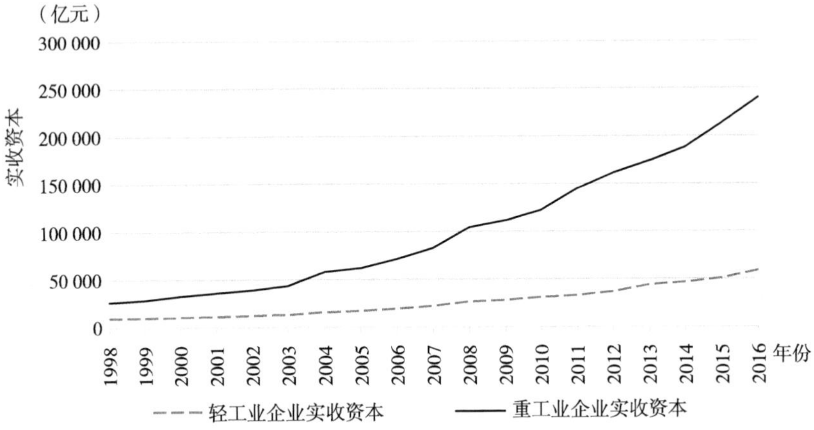

图1-4　1998—2016年中国轻工业企业和重工业企业实收资本的比较

资料来源：国家统计局网站，http：//www. stats. gov. cn/。

（3）成功的渐进式改革。中国经济总量的趋势性变化是从1992年以后出现的，显然这是中国确立社会主义市场经济体系的开始。通过制度改革，在坚持社会主义公有制这一根本制度的基础上，从计划经济体系渐进式改革成为社会主义市场经济体系。整个改革过程没有前人的成功模式可以照搬，只能“摸着石头过河”，不断进行探索和深化，由点到面地推进，为自身发展开辟了一条崭新的道路。

20世纪70年代后，包括苏联、中国在内的社会主义国家开始了经济转型。转型的过程是复杂的，要受到包括制度创新、资源禀赋、市场容量、政策取向和国际市场环境等一系列因素的影响和制约。在改革的方式和进程的选择上，中国与苏联采取了不同的方式。一般将中国的改革称为渐进式改革，而后者则被称为激进式改革。刘军（2018）指出，中国的渐进式改革成功的关键在于五个方面：第一，明确现实中的约束条件，遵循渐进发展的客观规律；第二，正确安排增量改革和存量改革；第三，正确处理理论和实践的关系；第四，正确解决改革、发展和稳定的关系；第五，正确处理经济改革和政治改革的关系。

从改革的路径上看，中国的改革是自上而下进行增量改革，先易后难，先经济后社会，先生产后流通，通过渐进式改革可以降低风险，重点突破。未来中国仍要深化改革，扩大开放，只有这样才更有利于经济平稳增长，并不断调整和优化经济结构，实现经济均衡协调发展。

中国经济取得今天的成就是改革开放的辉煌成果，是政府引导的渐进式改革的成就，对此，学者们是没有异议的。

张平、刘霞辉、王宏淼（2010）依据中国经济体制改革的进程将中国的经济发展划分为以下四个阶段：

第一个阶段是 1978—1984 年，为经济体制改革起步阶段，主要改革举措是农村联产承包责任制①。1980 年 9 月，中共中央颁布了《关于进一步加强完善农业生产责任制的几个问题》，允许农民进行家庭联产承包，这项制度很快在全国范围内得到普及，农业获得了较快的发展，同时也催生了集体所有制的乡镇企业的出现和发展。受农村改革的启示，工业企业也寻求扩大自主权，工业企业发展的积极性也十分高涨。

第二个阶段是 1984—1992 年，为经济体制改革全面展开阶段，这个阶段改革的中心环节是增强企业活力，改革的关键是价格体系的改革。1984 年 10 月，党的十二届三中全会通过了《中共中央关于经济体制改革的决定》，文件明确指出，要“增强企业活力，建立合理的价格体系，积极发展多种所有制经营”，为将来建立社会主义市场经济体制奠定了前期基础。

第三个阶段是 1992—2002 年，为初步建立社会主义市场经济体制阶段。1994 年宏观五项整体配套改革取得突破性进展，1997—1999 年进行基本制度改革，调整所有制结构，全面对外开放，2001 年加入世界贸易组织。1993 年

① 张平，刘霞辉，王宏淼. 中国经济增长前沿Ⅱ[M]. 北京：中国社会科学出版社，2011.

11 月，党的十四届三中全会通过了《中共中央关于建立社会主义市场经济体制若干问题的决定》，明确了党的十四大提出的建立社会主义市场经济体制的具体内容和任务，明确了政府和市场的关系为市场要在国家调控下发挥资源配置的基础性作用，培育市场体系的重点在于发展金融市场、房地产市场、技术市场、劳动市场和信息市场，建立现代企业制度，转变政府职能，政府管理经济的职能是做好宏观调控和提供设施。相应的，1995 年全国人大通过了《中国人民银行法》和《公司法 》，1997 年党的十五大又进一步提出发展壮大非公有制经济，作为社会主义市场经济的重要组成部分。

第四个阶段是 2002 年至今，为完善社会主义市场经济体制阶段，在经济可持续发展与社会和谐方面积极推进改革和建设。

这四个阶段的划分明确了中国进行渐进式改革的路径。

通过上述渐进式改革的过程，中国调整了所有制结构，发展了非公经济，构建了宏观调控框架，推进了国有企业改革；同时，不断完善了收入分配制度，建立了社保体系，完善了市场经济体制。

刘志彪（2018）认为：中国改革的核心在于正确决定市场取向，并在这个过程中处理好市场和政府的关系；根据中国改革的特点，可以从以下三个视角对中国的渐进式改革进行阶段划分①：

视角一：政府和市场关系。①计划经济为主，市场经济为辅阶段（20 世纪 70 年代末至 80 年代末），在这一阶段，逐步在计划经济中加入市场调节的成分；②大幅市场取向改革阶段（1992 年至加入世界贸易组织之前），在这一阶段，计划和市场开始有机结合，改革开始触及微观基础；③建立社会主义市场经济体制阶段（加入世界贸易组织至今），在这一阶段，继续转变政府职能，强化市场取向，市场发挥决定性作用。

视角二：政府和市场改革方法。①政府创造市场 ，政府通过放开控制形成市场；②市场冲击政府 ，由于缺少规范，导致市场秩序混乱，界限不清；③政府矫正市场，政府对市场秩序进行规范和整顿；④政府调整市场，政府

---

① 刘志彪. 中国改革开放的核心逻辑、精神和取向[J]. 东南学术，2018(4)：60-66.

不断完善市场体制机制，完成市场不完全、无法完成的职能。

视角三：套利理论。①城乡套利阶段，劳动力由农村向城市流动，冲破了城乡二元结构，开启市场化进程；②国内外市场套利阶段，通过对外开放和加入世界贸易组织，利用国内和国外的两种资源、两个市场，带动中国经济的发展；③要素套利阶段，这是跨越中等收入陷阱的关键时期，中国要改变以往的依靠低价格要素开拓市场的方式，转向由高级要素进行创新带动经济发展的阶段。

上述对中国经济发展阶段和成就的回顾，梳理了中国经济高速发展的过程和成因，同时也明确了未来发展的方向，即中国要向高质量发展方式转型。高质量发展是需要高级别和高质量要素驱动的发展，因此，与中国经济起飞一样，需要准备相应的要素条件，才能实现顺利转型。

（4）开放合理有度。一国与其他国家进行经济往来的途径主要包括对外贸易和金融两个领域。固然，通过开放可以互通有无，参与国际分工，有利于经济增长的实现，但开放度也并非越大越好，而应当适度。只有适度、合理、有序的开放，才能充分运用好国际市场和资源，避免风险，在确保经济安全的前提下实现经济发展。

在贸易领域，开放程度主要表现在关税上。关税政策是一定时期内运用关税促进国内经济发展的准则和措施，关税政策主要通过调整进出口商品的适用税率，以便有目的地实现阶段性目标。关税政策的取向要依据国内外环境的变化，以及国内产业发展和经济发展目标的要求。改革开放以来，中国的关税政策整体取向是不断加大开放度的，整体关税水平不断下降，关税结构趋向合理化。中国自 1986 年提出“复关”和 1994 年明确“加入世界贸易组织”的目标后，中国的关税政策就向着与世界规则接轨的方向发展。1992—1994 年关税结构的梯形结构逐步形成，1994 年《中华人民共和国海关进出口税则》调整关税税率的商品税目共 2 898 个，将这些商品的关税税率平均下调了 5%左右。

发展中国家由于产业竞争力相对于发达国家较弱，实施保护关税不可避免，但从有利于产业发展的角度看，过度保护并非有利，逐步降低税率才符合经济发展的要求。李钢、叶欣（2017）认为，关税减让对于中国成为贸易大国功不可没，在关税减让的年份，中国的对外贸易出现了迅速发展的态势，但作为一个贸易大国，中国现在的税率仍需要进一步下调，关税结构也需要进一步优化。同时，从发达国家发展的历史看，伴随着工业化的进程，在贸易大国向贸易强国转变的过程中，自主减让关税是普遍做法 。

由此可见，随着贸易开放度的逐步增大，中国的产业国际竞争力不断提高，贸易规模不断扩大，未来中国如果要进一步维护多边贸易体系，进一步提高开放度也是大势所趋 。另外，随着人民币国际化水平的提高，不断提高资本市场的开放度也是必要的举措，但这也不能一步到位，而应在具备条件的情况下合理、有序地进行。

二、中国经济的高速增长和放缓的事实

自“一五”计划以来，中国经济经历了从无到有、从小到大、从弱到强的增长；特别是改革开放以来，实现了经济的高速增长，取得了举世瞩目的成就。图 1-5 表明，1952 年中国的 GDP 总量为 679 亿元人民币，约合 304.9 亿美元；至 2017 年，GDP 总量达到 827 121.7 亿元人民币，约合 122 377 亿

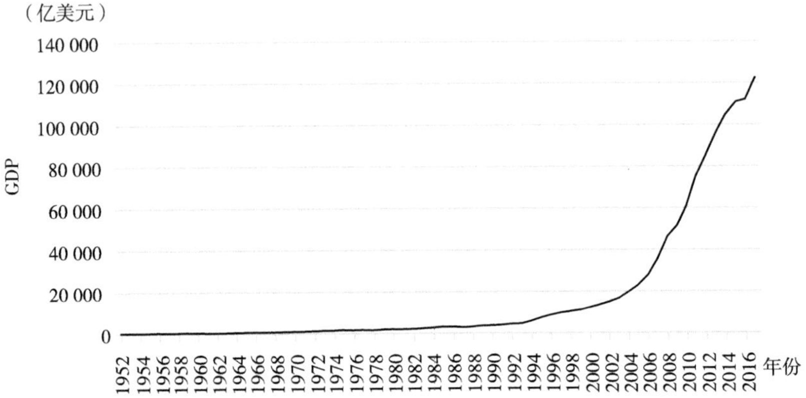

图 1-5　1952—2017 年中国的 GDP 增长情况

资料来源：根据中国国内生产总值核算历史资料（1952—2004）、《中国统计年鉴》和世界银行 WDI 数据库数据整理（具体数据见附录一）。

美元。2017 年经济总量是 1952 年的 180 倍，从 1952 年起算的平均年经济增长率约为 8.4%；与 1978 年相比，2017 年的经济总量增长了 34 倍，年均增长率约为 9.6%；加入世界贸易组织之后的 2002 年至次贷危机之前的 2007 年，经济年均增长率更是高达两位数，为 11.2%，与世界其他经济体的经济增长水平相比，中国经济可谓是实现了超高速的增长。

依据世界银行 WDI 数据库的数据，1961—2017 年，世界不同收入组国家的 GDP 整体年均增长率为 3.5%，其中高收入组国家的 GDP 年均增长率为 3.1%；中等收入组国家的 GDP 年均增长率略高，为 4.7%，其中中等偏上收入组国家的 GDP 年均增长率为 4.8%，中等偏下收入组国家的 GDP 年均增长率为 4.6%；低收入组国家有数据显示的 1983—2017 年的 GDP 年均增长率仅为 3.4%。可见，世界其他国家的 GDP 年均增长水平大都分布在 3%~5%的水平上，相比之下中国的 GDP 年均增长率接近 10%的水平是相当高的。

1980—2010 年中国和 G8（俄罗斯除外）中 7 个发达国家的经济增长速度进行比较的结果如表 1-9 所示。表中数据显示，中国的经济增速均保持在 10%左右，而 7 个发达国家的经济增长率为 0~4%，多数分布于 2%左右。由此可见，与发达国家相比，中国的经济增长率是很高的。

表 1-9　1980—2010 年中国与发达国家经济增长率的比较（%）

国家 \ 年份	1980—1990	1990—1998	1999—2000	2001—2010
中国	9.2	10.2	9.9	10.6
美国	3.0	2.9	3.4	1.7
日本	4.0	1.3	1.3	0.9
德国	2.2	1.6	1.5	0.9
法国	2.3	1.5	1.7	1.1
英国	3.2	2.2	2.5	1.4
意大利	2.4	1.2	1.5	0.3
加拿大	3.3	2.2	2.9	1.9

资料来源：世界银行官方网站 www.worldbank.org。

从人均收入水平的变化来看，中国 1952 年人均 GDP 为 119 元（约合

53.6美元)，2017年达到59 660元，与1952年相比，人均GDP整体上增长了65倍，年均增长率为6.9%；与1978年相比，人均GDP整体上增长了23倍，年均增长率为8.5%。

依据世界银行WDI数据库的数据，1961—2017年，世界不同收入组国家的人均GDP整体年均增长率为1.9%，其中高收入组国家的人均GDP年均增长率为2.3%；中等收入组国家的人均GDP年均增长率略高，为2.8%，其中中等偏上收入组国家的人均GDP年均增长率为3.2%；低收入组国家有数据显示的1983—2016年的人均GDP年均增长率仅为0.7%。因此，相对于世界其他经济体而言，中国的人均GDP增长率也是很高的。

受到世界金融危机和国内经济结构变化的多重影响，2010年之后，中国经济增长率的增速开始逐步放缓，由2007年的14.2%不断下降至2016年的6.7%。由图1-6可以明显地看到这个放缓的过程。对于逐步放缓的经济减速，学者们一致认为这种减速不是来自需求侧的周期性原因，而是由供给侧的结构性原因导致的，并且，由于其来自供给侧，这种减速并不会因周期变化而消失，而是一种“新常态”。

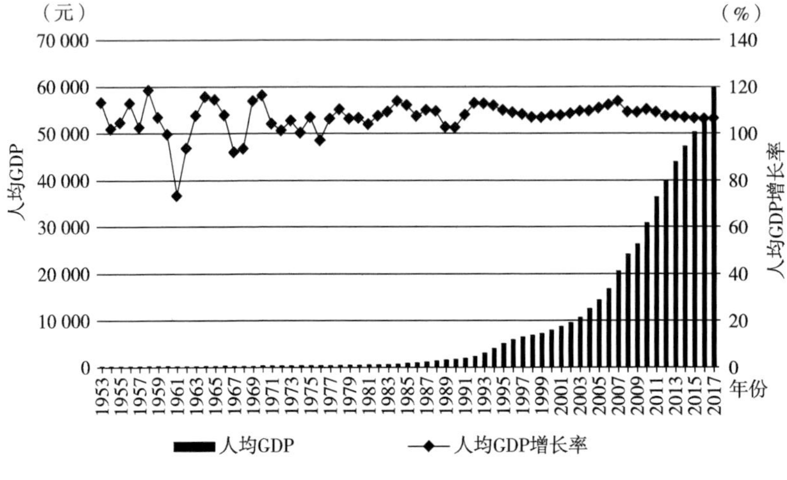

图1-6　1953—2017年中国人均GDP及其增长率（%，上年=100）

资料来源：根据中国国内生产总值核算历史资料（1952—2004）、《中国统计年鉴》和世界银行WDI数据库数据整理（具体数据见附录一）。

第二节　中国经济高速增长中的结构现代化

伴随着经济增长，中国的经济结构也处于不断优化的过程中，从产业结构、高等教育结构和需求结构的变化都可以看出这种优化的过程。

一、三次产业结构的演变

为了展示中国产业结构演进的全貌，我们选取 1952—2016 年的数据进行说明（如图 1-7 所示）。中华人民共和国成立以来，中国经济的三次产业结构由“一三二”，经过“二一三”（除“大跃进”时期的“二三一”），再到“二三一”，最终转变为“三二一”的结构。从三次产业结构转变的时间和过程看，第二产业和工业占 GDP 的比重在 1970 年都超过了第一产业在 GDP 中的份额，1986 年第三产业的比重超过第一产业并稳步提升，2013 年第三产业比重首次超过第二产业。三次产业结构的变化体现了中国由农业大国向工业大国转变的过程，也是中国实现现代化的过程。

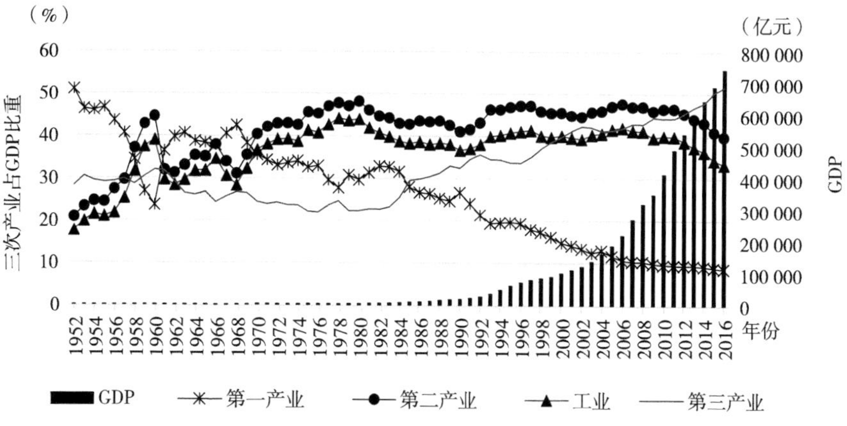

图 1-7　1952—2016 年中国三次产业的增加值及其占 GDP 的比重

资料来源：《中国国内生产总值核算历史资料（1952—2004）》和《中国统计年鉴 2017》。

由于三次产业规模和结构的变化，三次产业吸纳劳动力的能力也有所变化。如图 1-8 所示，1952—1978 年 70%以上的劳动力在第一产业就业，二元化结构显著。1978 年以后，大量劳动力从第一产业中转移至第二产业和第三产业就业，到 2017 年第一产业就业比重下降了 27.1%，年均下降 1.1%。第二产业就业比重呈现波动状态，其中就业比重下降的年份分别为 1989—1990 年、1998—2002 和 2013—2016 年，年平均就业比重下降 0.36%。第三产业就业比重缓慢增长，年平均就业比重增加 0.84%。1952—1994 年就业的产业结构为“一二三”，1995—2013 年就业的产业结构为“一三二”和“三一二”，2014 年第二产业的就业比重超过了第一产业，形成“三二一”的结构。从增加值层面上看，三次产业结构的演进虽然比较合理，但是在增加值比重与就业比重的适应性上还存在一定偏差。

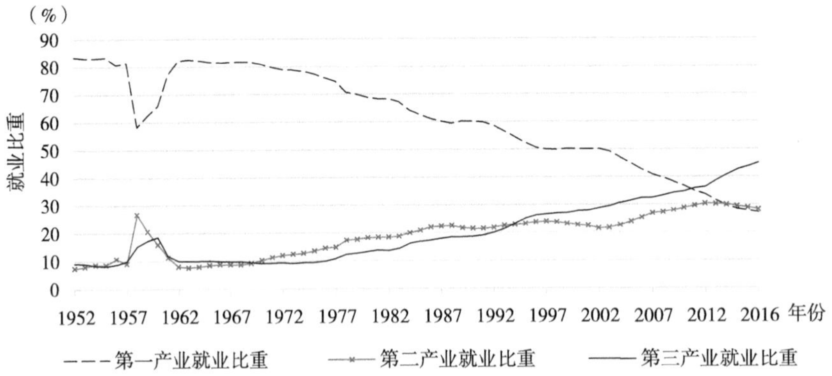

图 1-8　1952—2016 年中国三次产业的就业结构变化

资料来源：《人口与就业统计年鉴 2014》和《中国统计年鉴 2018》。

通过对 1952—2016 年三次产业增加值和就业结构变化的考察可知，通过中华人民共和国成立后的 70 年以及改革开放 40 多年的努力，中国的产业结构已经发生了本质性的转变（见图 1-9），逐步形成了现代化的产业结构。

中华人民共和国成立后，特别是 1978 年以后，中国的三次产业获得了较快的发展，但三次产业的发展速度有明显的差异。1952—2016 年，由于工业化的需要，第二产业的发展速度最快，与 1952 年相比，1978 年第二产业的增加值规模增长了约 9 倍，与 1978 年相比，2016 年增长了 50 倍；第一产业是

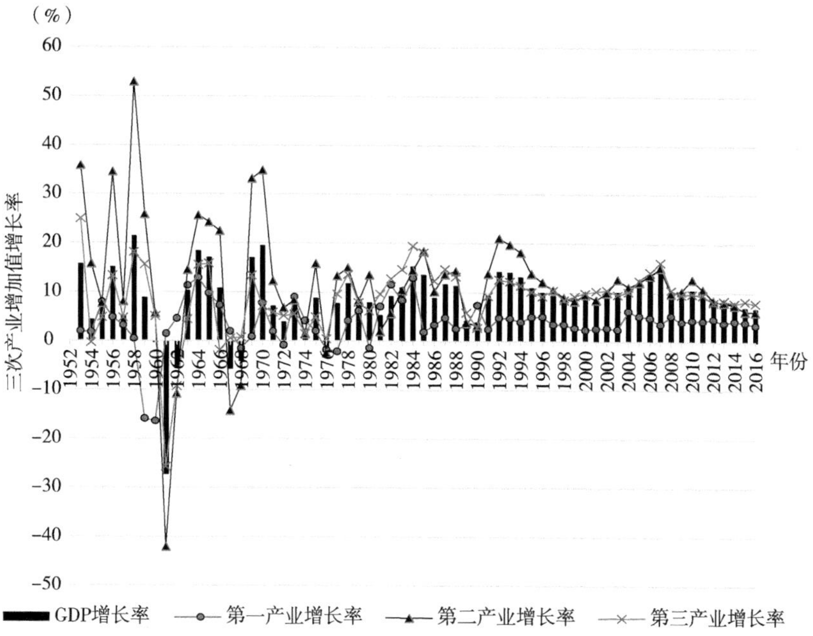

图 1-9　1952—2016 年中国三次产业的增加值增长率（上年=100）

资料来源：《中国国内生产总值核算历史资料（1952—2004）》和《中国统计年鉴 2017》。

增长速度最低的，1978 年第一产业的增加值规模与 1952 年相比增长了 0.6 倍，而 2016 年则比 1978 年增长了 4 倍；第三产业的增加值规模 1978 年比 1952 年增长了 2 倍，而 2016 年与 1978 年相比则增长了 44 倍。如图 1-9 所示，三次产业中第一产业的增加值增长率一般低于第二、第三产业的增加值增长率。2015 年之前，第二产业增加值的增长率为三次产业中增长最快的产业。2015 年之后，三次产业中第三产业的增加值增长率最高。1978 年之前，三次产业的增加值增长率波动较大，其中第二产业的增加值增长率波动更为显著。1994 年之后，三次产业的增加值增长率均表现为相对平稳，且第二产业与第三产业的增加值增长率有趋同趋势。

二、高等教育结构的变化

为了向中国经济增长提供高素质的劳动力，提高人力资本水平，中国的高等教育不断进行扩张和结构调整。中华人民共和国成立以来，以 1978 年为界线，以不同方式发展高等教育。在 1978 年之前，受计划经济影响，高等教育主要走精英路线，招生规模比较小，研究生教育规模更小。1978 年后，受国家市场化程度不断提高的影响，中国高等教育也开始了市场化进程，招生规模不断扩大，专业结构和层次结构为适应经济发展的需要不断进行调整。

从高等教育总量变化看改革后的结果发现，通过政府主导的改革，中国的高等教育发生了较为显著的变化。

首先，中国的高等教育在受教育者数量和比重上都获得了显著的增长。马丁·特罗（Martin Trow）认为，高等教育的毛入学率在 15%以下为精英型教育阶段，达到 15%以上不超过 50%为大众型教育阶段，超过 50%则进入普及型教育阶段。如表 1-10 所示，2002 年以前中国的高等教育毛入学率均处于 15%以下，至 2014 年达到 37.5%，可见 2002 年以前均为精英型教育阶段，2002 年以后已经进入大众型教育阶段。从招生规模的年增长率来看，从扩招后的 1999 年开始一直到 2004 年，招生规模都保持在 10%以上的增长速度，其中 2001 年增长速度达到最高，2002 年开始逐年递减，2005 年以后降至 10%以下，至 2014 年之后，增长率一般保持在 1%左右的水平。随着高等教育的不断扩招，高等教育的毛入学率不断提高，由 1995 年的 7.2%上升至 2017 年的 45.7%。这意味着中国的高等教育即将进入普及型教育阶段。

表 1-10　1995—2017 年中国高等教育招生规模、年增长率和毛入学率

年份	招生规模（万人）	年增长率（%）	毛入学率（%）	年份	招生规模（万人）	年增长率（%）	毛入学率（%）
1995	189.08	—	7.2	2002	563.08	17.13	15.0
1996	197.04	4.21	8.3	2003	631.38	12.13	17.0
1997	206.77	4.94	9.1	2004	701.13	11.05	19.0
1998	215.75	4.34	9.8	2005	733.97	4.68	21.0
1999	284.67	31.94	10.5	2006	770.29	4.95	22.0
2000	389.61	36.86	12.5	2007	798.89	3.71	23.0
2001	480.73	23.39	13.3	2008	854.86	7.01	23.3

续表

年份	招生规模（万人）	年增长率（%）	毛入学率（%）	年份	招生规模（万人）	年增长率（%）	毛入学率（%）
2009	892.07	4.35	24.2	2014	1 024.71	0.71	37.5
2010	924.00	3.58	26.5	2015	1 039.13	1.41	39.8
2011	956.03	3.47	26.9	2016	1 049.12	0.96	42.7
2012	991.76	3.74	30.0	2017	1 059.61	0.99	45.7
2013	1 017.46	2.59	34.5				

资料来源：历年《中国教育统计年鉴》数据。“—”表示缺失值。

注：据《中国教育统计年鉴》，高等教育毛入学率的计算公式为：

$$\text{高等教育毛入学率}=\frac{\begin{array}{c}\text{研究生+普通高等本专科+成人教育本专科+军事院校+学历文凭考试+}\\\text{电子注册视听生折合数+高等教育自学考试毕业生折合数}\end{array}}{\text{18～22 岁年龄组人口数}}\times 100\%$$

由于《中国教育统计年鉴》中没有明确列出高等教育每年招生数量的统计范围，以及招生人数统计数据的不连续，本书根据《中国教育统计年鉴》中对高等教育毛入学率的计算公式并考虑到数据的连续可获得性，将高等教育招生规模统计范围定义为研究生、普通高校本专科、高等职业技术学院和成人教育招生规模之和，并以万人为单位，仅供本书研究使用。

其次，有数据显示，在我国高等教育总量结构中，高等职业教育发展迅速。表 1-11 表明：1995—1998 年中国普通高校的数量呈逐年递减趋势，1999 年以后开始增加，总量由 1 000 多所很快增加到 2013 年的近 2 500 所，年均增加近 100 所，平均增速为 6.1%。在本科院校、高职（专科）院校和成人高等学校三个层次中，成人高等学校的数量增长最快，由 1995 年的仅 86 所，增加到 2013 年的 1 184 所，增长了 13 倍，其比重也从原来仅为 8.2%提高到 2013 年的 47.5%。从结构层次变化的整体趋势看，1995 年时中国高等教育以本、专科院校为主，经过近 20 年的结构调整，逐步形成以成人高等教育和本科教育为主的结构。专科院校数量逐步减少，由原来的 352 所减少到 137 所，减少了约 2/3。如表 1-11 所示，1995 年专科院校占比约为 33.4%，至 2013 年占比约为 5.5%；三者结构的演变主要发生在 2001 年以后，成人高等学校的数量先是超过高职院校的数量，随后在 2003 年超过本科院校。

表 1-11　1995—2013 年中国普通高校数量和层次结构

年份	总量（所）	本科院校		高职（专科）院校		成人高等学校	
		数量（所）	比重（%）	数量（所）	比重（%）	数量（所）	比重（%）
1995	1 054	616	58.4	352	33.4	86	8.2
1996	1 032	608	58.9	342	33.1	82	7.9
1997	1 020	603	59.1	337	33.0	80	7.8
1998	1 022	590	57.7	331	32.4	101	9.9
1999	1 071	597	55.7	313	29.2	161	15.0
2000	1 041	599	57.5	258	24.8	184	17.7
2001	1 225	597	48.7	242	19.8	386	31.5
2002	1 396	629	45.1	219	15.7	548	39.3
2003	1 552	644	41.5	197	12.7	711	45.8
2004	1 731	684	39.5	175	10.1	872	50.4
2005	1 792	701	39.1	170	9.5	921	51.4
2006	1 867	720	38.6	166	8.9	981	52.5
2007	1 908	740	38.8	153	8.0	1 015	53.2
2008	2 263	1079	47.7	148	6.5	1 036	45.8
2009	2 305	1 090	47.3	**140**	6.1	**1 075**	46.6
2010	2 358	1 112	47.2	133	5.6	1 113	47.2
2011	2 409	1 129	46.9	137	5.7	1 143	47.4
2012	2 442	1 145	46.9	133	5.4	1 164	47.7
2013	2 491	1 170	47.0	137	5.5	1 184	47.5

资料来源：历年《中国教育年鉴》数据。

注：职业技术学院在 1998 年以前称短期职业大学，2004 年以前职业技术学院在《中国教育统计年鉴》中的统计数据为独立的，2004 年起包括在专科学院中。为前后统计口径保持一致，本书按 2004 年统计口径进行分类计算。另外，2009 年由于只有专科职业学校合计总数（为 1 215 所），没有专科和职业技术学院分类数据，为了保证数据的连续性，对专科学校进行了平滑处理，再用 1 215 减去该平滑数据得到职业技术学校的数量（表中用粗体数字表示）。

单纯从院校的数量看，在中国高等教育的层次结构中，成人高等学校获得了较快发展，高职（专科）院校减少很快。这说明，中国高等教育培养人才的专用性不断提高，已经显露出创新人才和操作性人才分类培养的思路。

三、需求结构的变化

从用支出法核算的GDP构成的角度分析，总需求首先可以分为内需和外需。如图1-10（具体数据见附录二）所示。从1992年以后，内需出现平稳增长趋势，基本上没有较大的短期波动；外需并没有在改革开放之初就获得增长，1992年之前基本未见增长趋势，1992年之后才出现增长趋势，平稳增长仅存在于2002—2007年。在这段时间内，中国加入世界贸易组织并承接国际产业转移，运用比较优势大力发展加工贸易，使出口能力显著增强。两个波动较大的时期分别是1994—2002年和2007年至今，波动原因是中国对外贸易受到国际经济和政治环境变化的影响，两次世界金融危机的爆发，进口国经济衰退，货物和服务的净出口短期内锐减。由此可见，外需是极不稳定的。

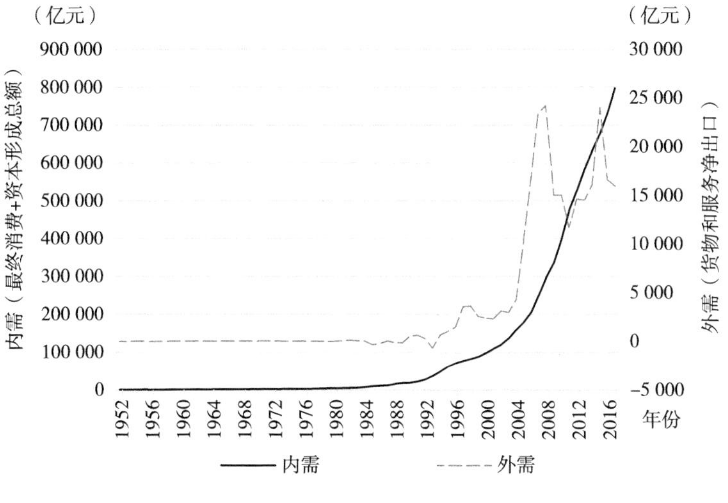

图1-10　1952—2016年中国内需和外需情况

资料来源：中国国内生产总值核算历史资料（1952—2004）和2018年《中国统计年鉴》。

从需求的构成看（如图1-11所示），最终消费支出一直高于或略高于资本形成总额，1994—2000年资本形成总额明显落后于最终消费的增长，2001年以后两者的差距逐步缩小。2007年次贷危机爆发之后，为了应对金融危机，政府通过大规模的投资刺激，使得两者在 GDP 中的比重甚为接近。在对外贸易方面，货物和服务的净出口占 GDP 的比重最高时为 8.6%（2007 年，见附录三）。从平稳性上看，改革开放初期中国对外贸易在贸易顺差和逆差之间波动，1994 年以后则在顺差的额度上波动。从图 1-11 可以看出，1994—1997 年货物和服务贸易顺差增加，1998—2003 年顺差量趋于下降，2004—2008 年激增，2009 年又回落到低位。这表明，中国通过对内改革和对外开放极大地促进和带动了经济的快速发展。特别是通过对外开放，使中国经济获得了经济发展的巨大活力和发展机遇。中国的出口依存度最高时为 36%（2006 年），这意味着中国近四成的生产能力是依靠国际市场的需求实现的。可见，外需虽然不稳定但对中国的经济发展是极为重要的。

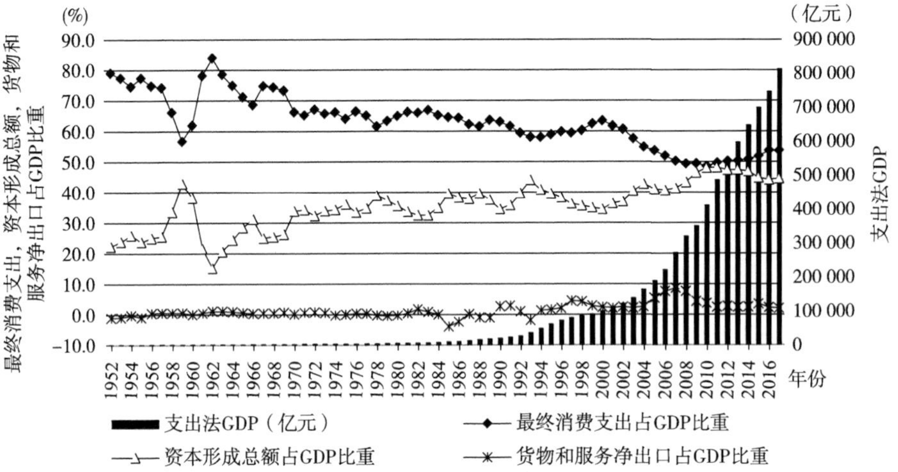

图 1-11　1952—2017 年中国支出法国内生产总值构成

资料来源：中国国内生产总值核算历史资料（1952—2004）和 2018 年《中国统计年鉴》。

四、中国经济结构变化的国际比较

通过对中国经济发展过程的结构分析可见，中国改革开放以来的快速发展，使内部的经济结构发生了显著的变化。这些变化多是伴随着经济增长普遍发生的，但与其他国家相比较而言，还是具有一些与众不同之处的。

为了比较与发达国家的差异程度，这里仍然选取美国、德国、日本和韩国的数据。如图 1-12 所示，将美国、德国、日本、韩国和中国的人均 GDP 水平（以 2010 年美元价格计算）与城市化率的相关性分别做散点图，可以看到这 5 个国家人均 GDP 变化和城乡结构的变化情况。通过图示对比 5 个国家的情况可以看出，2017 年人均收入水平由高到低依次是美国（53 128 美元）、日本（48 556 美元）、德国（46 747 美元）、韩国（26 152 美元）和中国

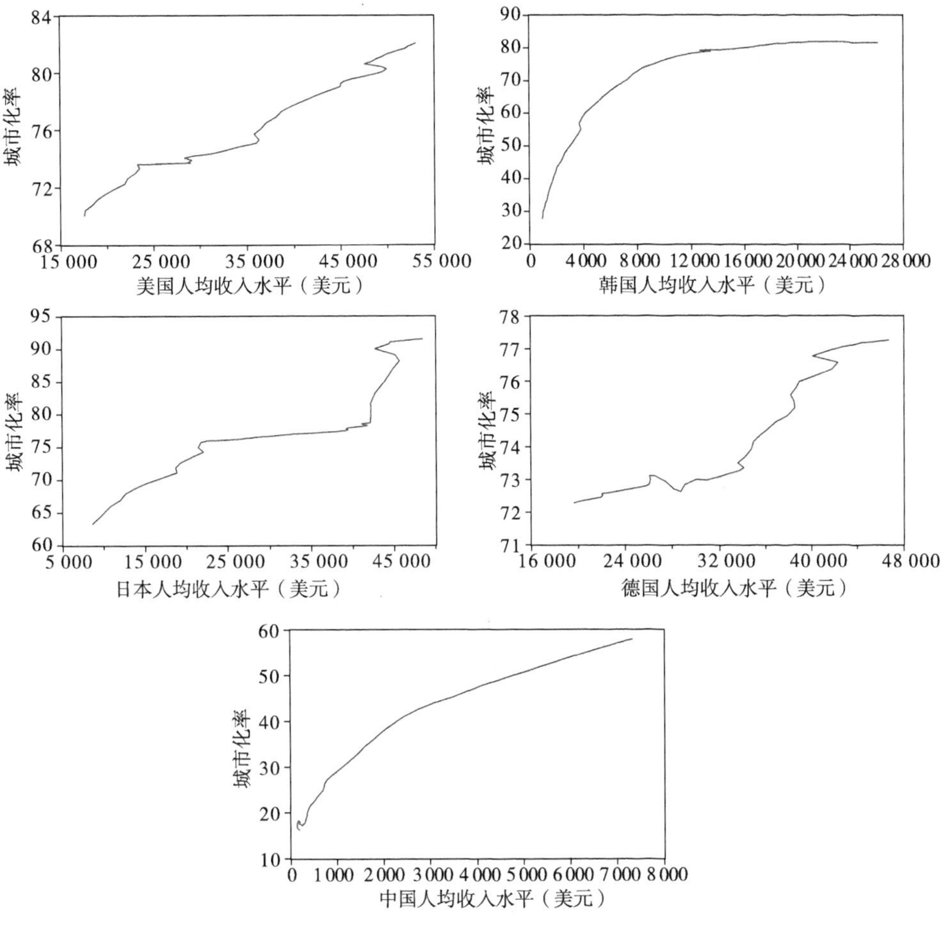

图 1-12　1960—2017 年中国与 4 个发达国家城市化率的比较

资料来源：世界银行 WDI 数据库。

(7 329美元)；城市化水平由高到低依次是日本（91.5）、美国（82.0）、韩国（81.5）、德国（77.3）和中国（58.0）。4 个发达国家一般是在人均 GDP 15 000美元以后城市化率达到 70%，其中韩国的城市化速度最快，比日本的速度还要略快些，但超过 70%之后速度就放缓了。与美国、德国和日本相比，中国和韩国的城市化过程相对比较平稳，但与韩国相比，除在低收入水平阶段与韩国的城市化速度相当外，中国的城市化速度相对较慢。这可能是在一定程度上受到中国户籍制度的影响。

发达国家的城市化率普遍为 80%~90%，日本的城市化率较高，已经超过 90%。如果将上述 5 个国家的城市化路径进行比较就可以发现，在人均 GDP 10 000美元（2010 年美元价格）时，城市化率至少要达到 60%的水平（见图 1-13）。2017 年中国的城市化率为 58%，人均 GDP 为 7 329 美元，如果人均 GDP 年增长率为 6%，则至 2023 年中国的人均 GDP 将超过 10 000 美元，对应的城市化率应不低于 60%。从发达国家的历史经验看，城市化率从 60%提高到 70%一般比较快，而从 70%提高到 80%就需要较长时间，美国大约用了 45 年的时间，日本用了 35 年的时间，韩国则用了 15 年的时间。城市化问题一般在这个阶段就会不断显现，包括房地产泡沫、环境污染和农村空心化等。

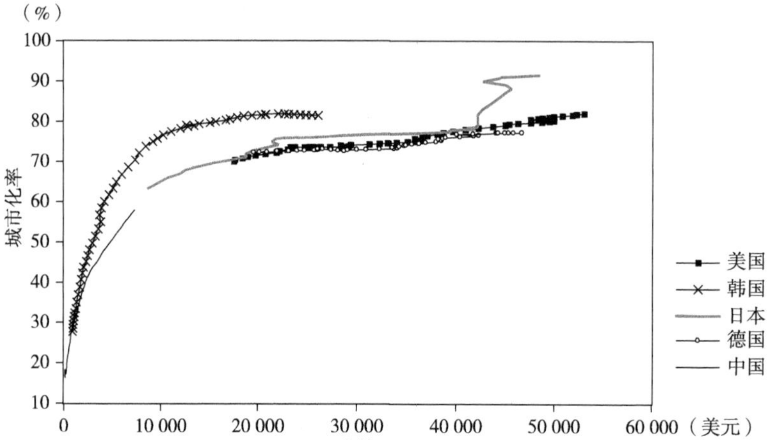

图 1-13 1960—2017 年中国与 4 个发达国家人均 GDP 与城市化率相关关系的比较

资料来源：世界银行 WDI 数据库。

从产业结构的演进过程看，随着人均收入水平的不断提高，劳动力会从第一产业不断向第二产业和第三产业流动，产业结构会从“一二三”不断向“三二一”结构演进，一般发达国家的服务业就业人数占总就业量的比重为70%~80%（见图1-14）。这种第三产业占主导地位的结构也被称为“经济服务化”。

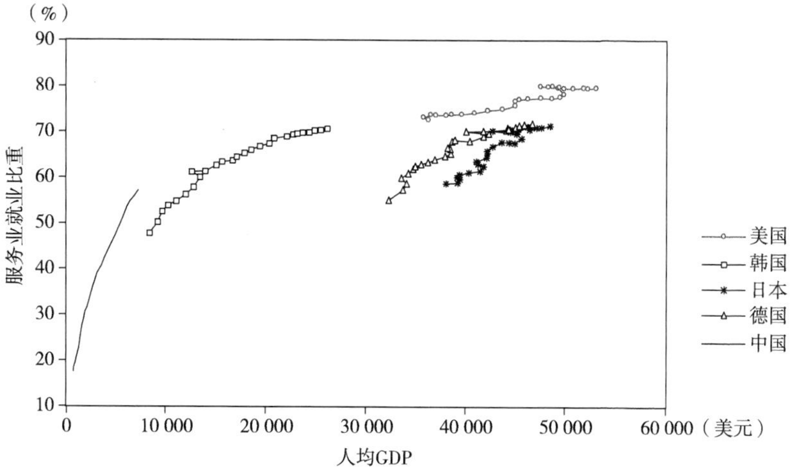

图1-14　1990—2017年中国与4个发达国家人均GDP与服务业就业比重相关关系的比较

资料来源：世界银行WDI数据库。

如图1-14所示，与4个发达国家相比，相对于人均收入水平，中国的产业结构演进速度是比较快的，人均收入水平未达到10 000美元，服务业就业人数占总就业人数的比重已经接近60%，而其他4个发达国家的服务业就业人数比重超过60%时，人均收入水平都已经超过10 000美元，其中韩国是最低的，为12 652美元（2010年美元价格）。

从GDP实现的总需求构成看，发达国家的资本形成总额占GDP的比重（投资率）随着人均GDP水平的提高而下降，日本和韩国的投资率最高占GDP的比重为35%~40%，而中国的投资率最高接近50%，相比之下，中国的投资驱动型的经济增长方式十分明显。从图1-15可见，发达国家收入水平越高，投资率越低，到高收入水平阶段，投资率仅为20%左右，最多不超过30%。可见，中等收入水平和高收入水平国家的经济增长方式是不相同的，处于高收入组的发达国家的经济增长方式绝非是投资驱动的。

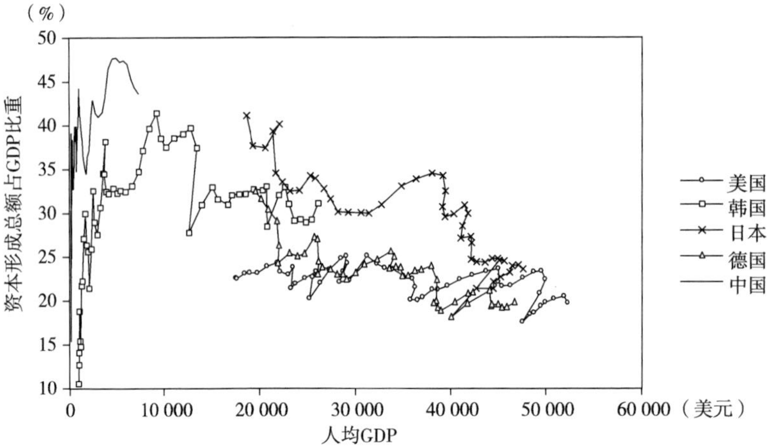

图 1-15　1960—2017 年中国与 4 个发达国家人均 GDP 与资本形成总额比重相关关系的比较

资料来源：世界银行 WDI 数据库。

再对高等教育结构的变化进行比较。根据世界银行统计数据，美国、德国、日本和韩国相比，韩国的高等教育入学率最高，2007 年一度超过 100%，2017 年为 93.8%。而日本和德国的高等教育入学率基本保持在 60%以上，美国为 89%，也就是说，发达国家的高等教育均处于普及阶段。如图 1-16 所示，与这些国家的现有水平相比，中国的高等教育入学率相差较多，还不到 50%，但相对于人均收入水平而言，中国的高等教育入学率的增长很快，且在相同的收入水平下，比 4 个发达国家都高。如韩国的高等教育入学率为 50%时的人均收入水平为 12 847 美元（2010 年美元价格），而 2017 年中国的高等教育入学率达到 51%时的人均收入水平为 7 329 美元（2010 年美元价格），韩国的高等教育入学率从 30%增长到 50%用了 12 年，日本用了 25 年，而中国仅用了 5 年。这表明，对于追赶型国家，在经济结构不断演进的过程中，向社会培养和输送高等教育人才是结构演进的前提保障。只有教育的投入达到相当高的程度，才能使经济增长和经济结构的演进得到充分的技术和人力资本支持，否则经济结构的演进是不能自然而然地发生的。

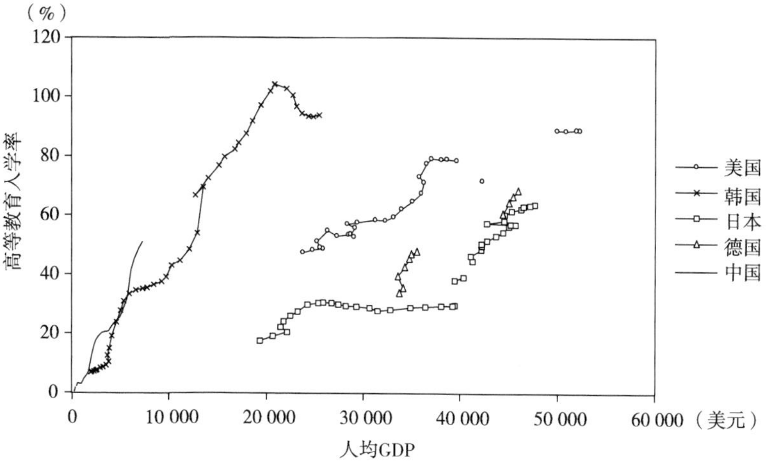

图 1-16 1970—2017 年中国与 4 个发达国家人均 GDP 与高等教育入学率相关关系的比较

资料来源：世界银行 WDI 数据库。

最后来看对外贸易出口商品的结构变化。如图 1-17 所示，与 4 个发达国家比较，1992 年以来，中国的高科技产品出口占出口制成品的比重就不断上升，至 2006 年达到最高值，为 30%，相继超过了德国、日本和美国，与韩国的比重基本相当。这种出口商品结构的变化表明，中国的制造业结构在向高端升级，国际竞争力显著提高。

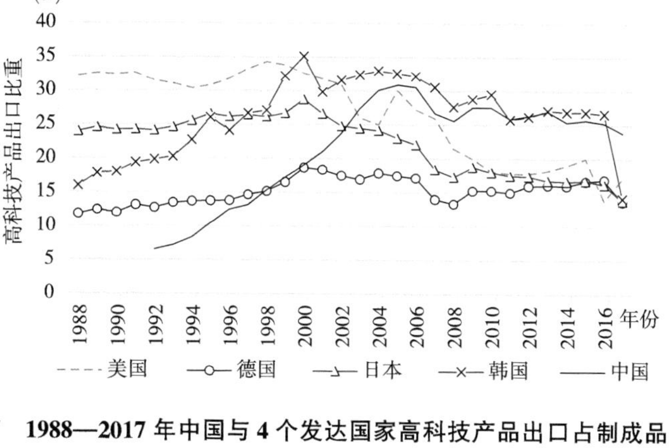

图 1-17 1988—2017 年中国与 4 个发达国家高科技产品出口占制成品的比重

资料来源：世界银行 WDI 数据库。

综合上述结构变化特征的国际比较可见：中国经济的高速增长完全是围绕工业化展开的，结构变化中工业化过程较快，城市化过程较慢；为了快速实现工业化，投资驱动的增长方式十分突出，同时也带动了教育结构的快速演进，并提高了出口产品的国际竞争力。

第三节　中国经济转向高质量发展方式的原因

中国作为追赶型经济体，自然资源和劳动力相对丰裕，但资本短缺、技术匮乏，基于这种要素禀赋结构特点，采取相应的措施吸引投资，引进先进技术，与资源和劳动力相结合是符合禀赋条件的政策选择。如果一个系统依据初始构型能决定它在实践过程中的行为，我们就说这个系统是因果的①。

前已述及，2007 年之后的本轮经济周期，中国经济增长速度一直在下行，这不是周期性的，而是国际和国内不利环境和因素导致的非周期性减速，同时也是中国经济总的体量上升到由上中等收入向高收入跨越的阶段导致的。中国无法再按原有的路径发展经济，需要选择新的发展道路。

一、过去经济增长动力的枯竭

中国作为发展中国家，首先要解决工业化的问题，与工业化同步推进城市化，由于分税制和地方官员晋升激励机制的共同作用，不断形成并强化了投资驱动的增长方式。投资驱动使中国获得了经济高速增长的动力，但该机制的作用力不会永不枯竭，最终会出现“投资悖论”。因此，在投资驱动力完全枯竭之前需要转换动力机制，转变发展方式。

（一）投资驱动的事实

将国民收入中的各组成部分放在一张图上，可能会更好地说明中国经济的总需求实现方式。如图 1-18 所示，政府支出在国民经济中的比重基本稳定在 10%~20%的区间，变化不大，而其他三个部分支出的变化较为明显。

---

① 胡汝银. 供给分析与社会主义宏观经济学的发展[J]. 经济研究,1987(11):42-48.

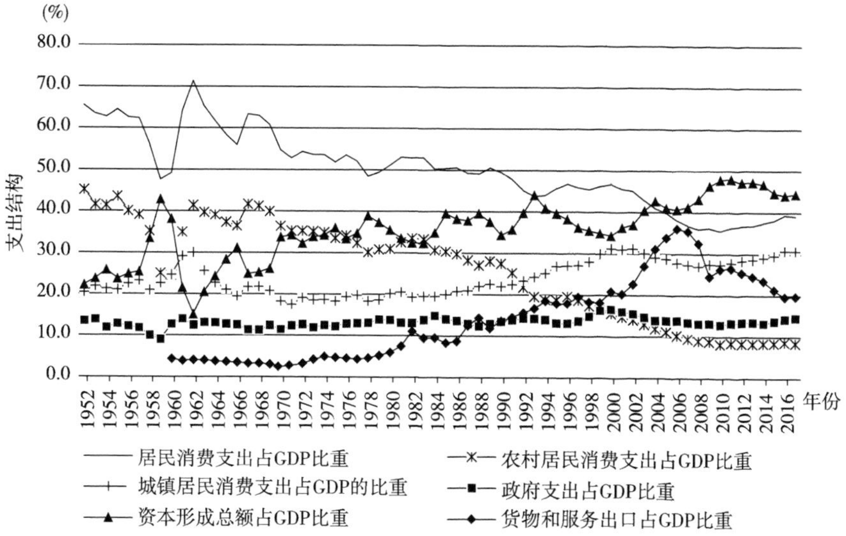

图 1-18 1952—2017 年中国四部门确定的总需求结构

注：由于《中国统计年鉴》中仅有海关统计的进出口额，无法对服务贸易进行累计汇总，本书只能直接借用世界银行 WDI 数据库中的结构数据，数据为 1982—2017 年，因此无法说明 1982 年以前的情况。

资料来源：中国国内生产总值核算历史资料（1952—2004）和 2018 年《中国统计年鉴》。

首先看居民消费支出。1978 年以前，居民的消费支出比重尽管有波动，但基本高于 50%，在 GDP 中是居于主导地位的；但是 1978 年之后，居民消费支出占比就开始处于不断下降的过程中，其内部的农村居民消费支出和城镇居民消费支出也开始逐渐发生结构转换，直到 1984 年，城镇居民消费支出开始高于农村居民消费支出，并不断拉开距离，至 2008 年，两者的差距有平稳的趋势。这主要是由于，早期农村的剩余劳动力不断向城市转移，使农村人口日益减少，且农业现代化进展缓慢等原因形成的。

其次看资本形成总额。1952 年，资本形成总额约占 GDP 的 20%，1978 年占比增加 1 倍，达到近 40%（现在接近 50%），并于 2004 年超过居民消费支出占比，居于主导地位。汪同三、李涛（2001）认为，消费和投资之间的关系转换，是由于长期以来政府高积累，抑制了收入增长，进而抑制了居民消费的结果。

资本形成总额包括固定资本形成总额和存货变动两部分。一般认为，存货是导致 GDP 波动的原因之一，但 1994 年实行市场化改革之后，存货在资本形成总额的结构中的比重大幅度下降，资本形成总额中的存货比重已由 20 世纪 50 年代的近 50%下降至 2000 年以后的不足 5%，这是市场化建设和信息化发展的共同结果。1994 年以后，资本形成总额一直保持平稳状态，波动不大，有力地保证了经济的平稳增长。可见，投资是经济增长的主要驱动力量。

最后来看对外贸易部门。中国货物和服务贸易出口额占 GDP 的比重呈阶段性变化，1994 年以前不足 20%，1994 年以后到加入世界贸易组织之前基本维持在 30%的水平上，加入世界贸易组织后超过 30%，2006 年达到最高水平，接近 40%，2008 年以后很快下降到 30%以下，降低了 10 个百分点。这种阶段性的变化是受到国内政策调整和外部环境变化冲击的结果。1994 年前后，中国先后进行了外贸综合体制改革、汇率并轨，有力地促进了对外贸易部门的发展。加入世界贸易组织后，政府鼓励招商引资，加之国际市场环境较为有利，使出口在国民经济中的比重显著上升，2006 年最鼎盛时期，出口的经济占比超过了居民消费支出的比重，仅次于资本形成总额的比重。但受到 2005 年人民币升值和 2008 年国际金融危机的连续冲击，出口对国民经济的拉动作用基本回复到加入世界贸易组织前的水平，在 GDP 中的比重又开始低于居民消费支出。国际金融危机爆发以前，美国的透支消费支撑了中国工业产品的高速出口；金融危机之后，即便全球经济出现复苏，但是以美国为代表的消费和贸易赤字的增长速度，无论如何已经不能像过去那样支撑中国出口的高速增长。这对于中国过去以出口为导向的增长方式带来的是根本性挑战：中国积累的庞大工业产品生产能力在国内找不到足够的需求。

通过对改革开放前后的比较，我们可以清晰地看出受内部条件和外部环境的影响，中国经济增长的需求侧驱动力量逐渐演变的过程。改革开放前主要是消费驱动的，改革开放后至国际金融危机以前，逐步形成了投资和出口驱动的增长方式。总需求侧中的投资和出口对推动经济增长作出了很大的贡献。而金融危机后，由于外需严重下滑，在国内的居民消费需求短期难以增加的情况下，为了保证经济平稳增长，中央政府出台了财政刺激计划，这样做的结果使投资驱动的机制被强化，促使了投资主导的经济增长方式的形成。从短期看，这样做的结果是保住了经济的平稳增长，但从长期看，因为供给的结构调整会慢于需求结构，且总量相等未必等于结构相同，突然消失的与外需那部分对应的供给只能“呆滞”在那里，形成“旧的”产能过剩，而新出现的内需还需要扩大新的产能来满足。同时，由于政府的激励不是永久的，政府的需求与私人的消费需求没有替代性，随着刺激计划到期，新形成的产能则会成为“新的”产能过剩。前后“新旧”两次产能过剩叠加起来，使供给结构会出现与长期趋势的严重偏离，进而对经济的长期平稳增长造成困难和资源浪费。余永定（2014）认为，经济增长速度的趋势性下降与中国旧有经济增长方式的不可持续性有关。

（二）投资驱动模式的形成机理

中国以投资为主的驱动模式，实际上是市场化改革、引入竞争机制后政府和企业博弈的结果，同时也是中央和地方分税制与地方政府考核晋升激励机制的结果。

企业参与竞争是可以理解的，政府参与竞争的动因则是1994年实行的分税制改革。刘卓珺（2009）指出，中国式财政分权与其他国家（美国、印度和俄罗斯）不同，在中国式财政分权的过程中，中央创造了一套针对地方政府绩效的激励机制：在垂直的政治管理体制下，中央政府通过相对经济增长指标来考察地方政府官员的政绩，然后对地方政府给予奖励或惩罚，即将地方政府官员的升迁和其相对经济增长的绩效指标挂钩。地方官员为了各自的升迁而努力围绕地方经济增长展开激烈竞争。

这里运用序贯博弈来说明改革开放初期政府和企业投资偏好形成的过程。

阶段一：地方政府招商引资。对于各地方政府而言，由于获得了部分的财权和事权，为了促进地方GDP增长，增加税收来源，就需要在自己的行政区域内吸纳更多的企业，为此，地方政府在策略集为$s=$｛招商引资，不招商引资｝的选择中，形成图1-19中两地政府间的不同策略组合和支付向量矩阵。如果地方政府A和地方政府B都不招商引资，地方经济增长缓慢，就会受到中央政府的惩罚，则双方的所得均为-2。如果地方政府A和地方政府B

的策略组合为 s_2 = {招商引资，不招商引资} 和 s_3 = {不招商引资，招商引资}，则招商引资的一方不仅由于地方经济发展而获得了政绩，还会获得一定的社会声誉和当地人民的支持，因此得益为 4，而不招商引资的一方则在经济增长、税收和政绩等方面均形成负收益-3。如果地方政府 A 和地方政府 B 均采取招商引资策略，则由于竞争可能会使双方的得益均为 2。可见，无论对于 A 还是 B，招商引资均为其最佳策略选择，因此，最终地方政府 A 和地方政府 B 的均衡策略组合为 s_1 = {招商引资，招商引资}。

		地方政府B	
		招商引资	不招商引资
地方政府A	招商引资	2 2	-3 4
	不招商引资	4 -3	-2 -2

图 1-19 地方政府招商引资

此外，地方政府为了招商引资，需要向企业提供较好的投资环境，为了营造较好的投资环境，地方政府就需要从财政中拨款进行基础设施建设和改造。由于中国的基础设施较为落后，对基础设施的投入也较易获得政绩，因此，地方政府有较强的投资偏好。

阶段二：企业投资进入。企业一般在进入新行业或在本行业扩张时进行投资活动，无论属于哪种情况，我们将其统称为“进入”。对于企业来说，无论是投资进入新行业，还是投资进入新地区，都需要进行成本收益分析，并考虑进入、退出壁垒和风险。

假设企业 A 和企业 B 为同行业，并假设该市场为不完全竞争市场，但两个企业进入时投资规模相同，均为 I。在没有任何其他优惠条件的情况下，企业 A 和企业 B 将面临图 1-20 所示的博弈矩阵。即：如果企业 A 和企业 B 同时进入同一个市场，则两者的得益相同，为 (R_1-I)。其中：R_1 为总收入，I 为总投资；如果企业 A 进入而企业 B 不进入或者相反，则支付组合为 $\begin{cases} v_2=(R_2-I,\ 0) \\ v_3=(0,\ R_2-I) \end{cases}$；两者都不进入，则支付组合为 v_4 = (0，0)。

		企业B 进入	企业B 不进入
企业A	进入	R_1-I，R_1-I	R_2-I，0
	不进入	0，R_2-I	0，0

图 1-20　无优惠条件时企业投资进入博弈

如果单个企业进入时市场价格为 P，产量均为 Q，且 $I=f(Q)$，即 I 为产量 Q 的函数，而 I 是既定不变的。单个厂商进入时，企业的收入 $R_2=P\cdot Q$。如果两个企业同时进入，则由于竞争导致价格下降为 Δp，产量会适度增加 ΔQ，因此 $p'=p-\Delta p$，$R_1=(P-\Delta p)\cdot(Q+\Delta Q)$。此时，企业是否进入将取决于生产产品的需求弹性 E_d，由于 $E_d>1$，降低价格会增加收入，$E_d<1$ 则降低价格会减少收入，且从商品性质判断，$E_d>1$ 的商品多为奢侈品，而发展中国家消费者消费的则多为一般商品。所以在这种情况下，企业进入会面临一定的竞争风险和退出壁垒。在这种情况下，企业为了避免风险而不会盲目投资。

但是，如果政府给予招商引资的优惠条件，如低价提供土地、减免税收和低息贷款等，则会改变企业间的竞争格局。图 1-21 为有优惠条件时企业投资的博弈矩阵。

		企业B 进入	企业B 不进入
企业A	进入	R_1-I+S，R_1-I+S	R_2-I+S，$-C$
	不进入	0，$-C$	0，0

图 1-21　有优惠条件时企业投资进入博弈

由于有政府的优惠条件，凡是进入的企业均会得到类似于补贴 S 的优惠，而没有进入的企业由于没有得到优惠，相当于生产成本提高了，记为 $-C$，显然会在竞争中处于不利地位。这时即使同时进入，由于成本降低了，等于企业风险下降了，投资进入的积极性就会大大提高。

综上可见，在地方政府追求 GDP 和政绩的前提下，地方政府和企业博弈的结果是形成投资偏好。

（三）投资驱动的扩散和传导

投资（Investment，简称为 I）本是需求侧的组成部分，但是由于其特殊的身份和作用，使得其在经济循环中成为供给能力形成的起点。投资关联着产品市场和货币市场，同时投资既是短期概念也是长期概念。投资开始时，投资以需求的身份存在，投资结束后则以机器设备、厂房等实物形式进入供给侧，而成为生产要素中的资本（K）。投资作为需求因素，在短期影响经济的稳定性，而在长期扩大投资会扩大生产能力，影响经济增长的可持续性。投资之所以可以较好地促进经济增长，离不开中国经济内部的扩散和传导机制的作用。除了投资自身具有的性质外，与货币政策的激励也有直接关系。在中国现有条件下，无论是政府还是企业，都偏好于以投资作为增加供给能力的主要出发点和抓手，即政府和企业的投资偏好，也经常被称之为投资冲动。下面就政府和企业存在投资偏好的原因及其结果进行简单的机制梳理。

1. 乘数—加速作用。资本是生产中投入的要素，其投入增量的多少将决定总产出的增长水平，即 $\Delta Y = m_i \cdot \Delta I$，而产出的增量将决定下一期的投资水平。假定生产者为适应性预期，投资依据上一期产出缺口进行判断。这个动态过程可以用乘数—加速原理来说明。不考虑税收时，该机制的作用过程可以通过如下推导公式分析其长期的产出路径。

$$\begin{cases} Y_t = C_t + I_t + G_t + NX_t \\ C_t = C_0 + cY_t \\ I_t = v \cdot (\Delta Y_{t-1}) \end{cases} \tag{1.2}$$

式中：C_0 为自发消费；c（$0<c<1$）为边际消费倾向；v（$v>0$）为加速器系数。

式（1.2）表明，t 期的投资取决于 $t-1$ 期的产出增长 ΔY_{t-1}。根据式（1.2），国民收入均衡产出 Y_t 为：

$$Y_t = C_0 + cY_t + v \cdot (\Delta Y_{t-1}) + G_t + NX_t \tag{1.3}$$

可以将式（1.3）展开，并求其特解，即均衡解为：

$$Y^{*} = \frac{C_0 + G_t + NX_t}{1 - c} \tag{1.4}$$

求式（1.3）的补解，假设 $C_0 + G_t + NX_t$ 为常数，则有：

$$(1 - c)Y_t - vY_{t-1} + vY_{t-2} = 0 \tag{1.5}$$

则当 $\left|\frac{v}{1-c}\right| < 1$ 时，差分方程（1.3）包含循环路径，因为 $v > 0$ 且 $0 < c < 1$，即当 $v < 1 - c$ 时，产出的时间路径会随时间 t 的增加而呈波动式向 Y^{*} 收敛。或者从产出增量的角度看，对式（1.3）进行迭代，则有：

$$\Delta Y_t - \frac{v}{1-c}\Delta Y_{t-1} + \frac{v}{1-c}\Delta Y_{t-1} = \frac{v}{1-c}(\Delta G_t + \Delta NX_t) \tag{1.6}$$

式（1.6）可以更好地说明，当政府支出或净出口有变动时，对产出会有冲击作用，这种冲击作用会在乘数—加速器的作用下先被放大后逐渐减弱，即产出增量先增加后减少，使产出水平逐渐回归均衡产出。

式（1.6）和式（1.2）同时也表明了乘数—加速原理的政策含义，即通过财政支出或净贸易收入增加，当期的产出水平提高，可以提高下一期的投资预期，当下一期的投资和消费增加时提高经济增长率。政府为了避免经济下滑或实现较高的经济增长并获得较高的税收收入，就需要持续增加财政支出或扩大贸易顺差。政府购买以生产性支出为主时，对经济具有正向冲击作用，使经济扩张，则财政的生产性支出有类似于投资的性质，这可以部分地解释中国地方政府参与投资的动力。

2. “干中学”和技术模仿—套利机制。阿罗（Arrow，1962）提出了通过投资外部性使技术进步内生化的理论，提出了“干中学”或“投中学”的思想。他认为，知识是投资的副产品，因为新机器的生产和投入使用能够改变生产的环境，学习能够在新的激励中不断地进行，学习是经验的产品，学习只能发生于解决问题的过程中及行动过程中，学习得来的知识作为一种公共产品具有溢出效应，提高全社会的劳动生产率，可以部分地抵消报酬递减。在任一时刻，资本品包含了所有可获得的知识。谢辛斯基对阿罗模型的简化模型表示为：

$$y = F(k, Al) \tag{1.7}$$

式中：l 为厂商劳动；k 为厂商资本；A 为知识水平。

$$A = K^b \tag{1.8}$$

式中：K 为资本总量；$K=Nk$，$b<1$ 为外溢效应常数。

式（1.8）表示技术进步是资本积累的函数。每个厂商从自身和其他厂商的投资活动中学习，劳动的效率取决于弹性为 b 的过去的总投资。经济在总体上具有递增收益，K 的增加不仅可以直接使产出增加，还可提高 A 的水平。如果令 n 为 L 的增长率，则均衡增长率为：

$$g = \frac{n}{1-b} \tag{1.9}$$

式（1.9）说明，均衡增长率部分决定于学习效应 b 的大小，同时也决定于人口或劳动力的自然增长率 n。尽管这个结论中 n 的部分仍然是外生的，但是至少将技术进步的部分原因内生化了。因此，式（1.9）说明，通过资本投资“干中学”的知识外溢效应可以获得技术进步，提高劳动效率，增加产出，促进经济增长。

张平、刘霞辉（2006）认为，“干中学”的技术进步对于后发国家有加速增长的效果，对于后发企业也有同样的激励效应，“干中学”在技术进步扩散方面表现为模仿—套利机制，即一家企业通过引进设备生产一种产品获利后，市场被开发出来，随后大量的企业跟进形成套利。由于先投资者独自承担了技术选择、组织管理和市场开发的风险，使后投资者获得了低风险收益的机会，形成了跟进企业“干中学”的动力机制。林毅夫（2010）将这种现象称为“潮涌现象”①。

可见，中国的生产者在不掌握先进技术的情况下，投资购买发达国家的机器设备，通过边干边学及其扩散机制，缩小与发达国家的工业差距，突破

① 所谓的“潮涌现象”是指发展中国家企业所要投资的产业具有技术成熟、成品市场已经存在、处于世界产业链内部等特征，因而全社会很容易对有前景的产业产生正确共识，即存在“潮涌现象”并导致产能过剩。这种现象在发展中国家大而频仍，影响发展中国家经济。消除这种现象，不仅需要在产业层面做出安排，对宏观战略和经济发展政策也提出了新的挑战。

供给瓶颈。另外，在过度竞争和数量扩张的增长格局中，企业有通过增加投资获取竞争优势的愿望，这是提高企业竞争力的一种途径。

（四）过度投资驱动悖论

上面分析了投资驱动扩散的机制，它是投资对经济增长的正向作用。但长期大量过度投资，则会产生一定的负面作用：一是资本积累的不可逆性导致的产能过剩；二是投资的"外延假说"导致经济增长率下降。图 1–22 为过度投资悖论机制。

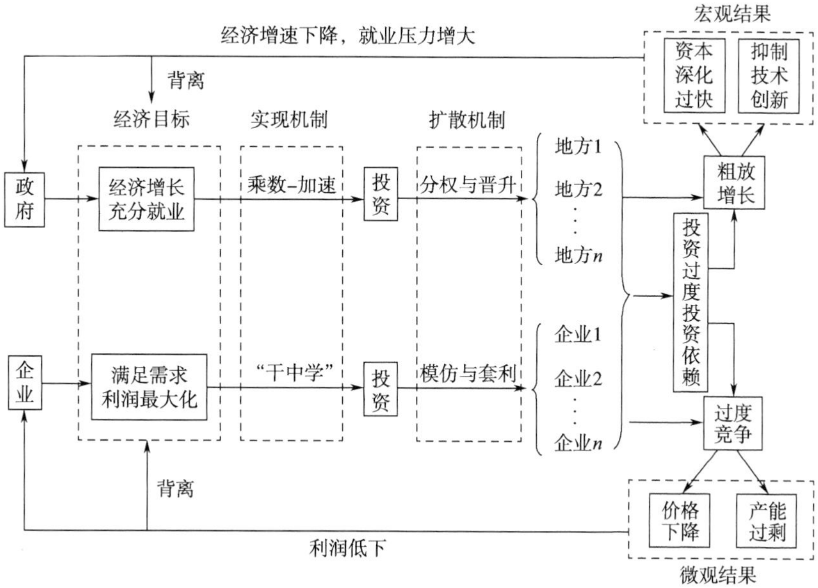

图 1–22　过度投资悖论机制

资料来源：本书根据相关研究整理绘制。

1. 资本积累的不可逆性。资本与投资是存量与流量的关系，而资本与产出也是存量与流量的关系。投资的流量导致资本存量的改变而引发产出流量的变化，但存量的改变总是不如流量快，进而产出的放大与存量改变间的关系可能并非是线性的简单关系。

在投入产出静态模型中，在一个既定的期间内，随着最终需求的变化，产出改变并最终生产出所需的最终需求。但是，在这样一个静态的体系内并不是所有的最终需求都可以生产出来，因为产出的最终需求受到技术与初始要素的限制。当假定技术不变情况下，直接消耗系数 A 与资本系数 B 是一个与时间无关的常数，这时产出与最终需求的进一步扩大必须使初始要素也随之改变。初始要素既包括土地、自然资源等非生产资产，也包括厂房与设备等生产资产，构成了对静态体系的限制因素。动态体系要求在静态体系中这些外生的，特别是这些可再生的初始要素在动态体系中也不断增长与扩大，并带来经济周期的变化与增长。

投入产出动态模型中的资本品可以进一步细分，一部分是原材料和产成品库存，另一部分是作为固定资本的设备与建筑物。原材料和产成品往往随着产出的增加而按比例增加，随着产出的下降，通过转化为投入而逐步减少，直到全部被消耗。产出下降时的情形只不过是产出增长时资本积累过程的一个反向过程。但是对于固定资本，产出增加时可以随投资流量的增加而增加，但产出下降时则无法如同原材料和产成品库存那样通过投入的吸收过程向下调节，已经积累形成的固定设备、建筑物并不会因为产出下降而减少，而只能表现为闲置的生产能力。当产出再次增加时，首先表现为原有闲置生产能力的充分利用，而不是需要新的机器设备，也就是不需要新的投资。

列昂惕夫（Leortief）在最初提出动态投入产出模型时就已经意识到资本积累的不可逆性，并提出了一个分阶段模型，将闲置资本定义为：

$$\bar{S}_{ik}(t) = S_{ik}(t) - b_{ik}x_{ik}(t) \tag{1.10}$$

式中：$\bar{S}_{ik}(t)$ 为闲置资本存量；$S_{ik}(t)$ 为现存资本；$b_{ik}x_{ik}(t)$ 为现阶段生产所需资本。

式（1.10）表明，第 k 个部门拥有的第 i 种产品的现有的资本存量与所需资本存量的差额等于闲置资本。

第一阶段，$\bar{S}_{ik}(t)=0$，表明生产能力充分利用。假设到 t_1时，产出由扩张转为收缩，这时部门 k 的状况可描述为：

$$\bar{S}_{ik}(t_1) = 0,\ {}_1\ddot{x}_{ik}(t_1) < 0,\ {}_1\dot{x}_{ik}(t_1) = 0 \tag{1.11}$$

式（1.11）左边的下标1表示$\bar{S}_{ik}(t_1)=0$条件下的第一阶段。在这个阶段，$\ddot{x}_{ik}(t_1)$，$\dot{x}_{ik}(t_1)$是阶段一的终点，也是下一个阶段的初始条件。

第二阶段，随着$\bar{S}_{ik}(t_1)>0$，表明在整个第二阶段，始终伴随着生产能力的闲置。在开始阶段产出下降，之后产出上升，一直到闲置生产能力全部为产出回升所吸收。假定到t_2时结束，则有：

$$\bar{S}_{ik}(t_2)=0,\quad \dot{x}_{ik}(t_2)>0$$

尽管在整个第二阶段始终存在闲置生产能力，$\bar{S}_{ik}(t_2)>0$，但闲置生产能力的全部吸收作为第二阶段的结束，部门k又回到原来的第一阶段。在上述变化过程中，部门k的资本如机器设备和厂房完全是不可逆的，第二阶段的资本系数为0，即$b_{ik}=0$，即无论产出如何改变，对新增资本品的需求均为0。

综上分段的动态投入产出模型可以表示为：

$$x_i-\sum_{k=1}^{n}a_{ik}x_{ik}=\sum_{k=1}^{n}\dot{S}_{ik}\qquad (\mathrm{i}=1,2,\cdots,\mathrm{n}) \tag{1.12}$$

式中：a_{ik}为直接消耗系数，且当$a_{ik}\geqslant 0$时，资本系数$b_{ik}\geqslant 0$，i，$k=1$，2，…，n。

当$S_{ik}=b_{ik}x_{ik}$，且$\dot{x}_k>0$时，$\dot{S}_{ik}=b_{ik}\dot{x}_{ik}$。

当$S_{ik}=b_{ik}x_{ik}$，且$\dot{x}_k\leqslant 0$时，$\dot{S}_{ik}=0$。

当$S_{ik}>b_{ik}x_{ik}$，$\dot{S}_{ik}=0$。

式（1.12）表明，在生产能力充分利用的情况下，产出增加，资本存量增加，产出下降，资本存量不变；在生产能力未充分利用的情况下，资本存量也不变。在这种部分不可逆的情形下，产出下降带来的闲置资本一旦超过了现期投入量，不仅资本系数b_{ik}，而且直接消耗系数a_{ik}都将为0。

资本的积累源于投资的流动性累积，经济扩张导致投资增加进而使资本存量增加，但当经济收缩时，这些资本存量由于无法被吸收而闲置，则会出现生产能力闲置，也就是常说的产能过剩。

中国加入世界贸易组织后，外需不断扩大，增加投资、扩大产能有强大的需求作为支撑，使经济获得高速增长。但是，随着国内人均收入水平的不断提高和世界经济的普遍下行，在外需减少的同时国内的需求结构也有升级的趋势。在需求结构的双重演变下，原有需求结构进行的资本积累形成的现有供给结构无法适应新的需求结构，则产能结构性过剩成为必然的结果。刘树成、张平、张晓晶（2005）就指出，当前经济波动的主要问题仍是过度投资导致产能过剩引起的波动，加上国际化后的外部冲击形成引致新周期波动因素，但核心问题是国内生产要素价格扭曲导致的粗放式发展问题，这种发展模式导致了高速增长的不稳定性。

2. 投资的“外延假说”。通过投资实现经济增长被称为外延式增长方式，即以事物的外部因素作为动力和资源的发展模型，强调数量增长、规模扩大，是一种适应需求的外形扩张。这种外延式的拉长方式在一定程度上可以拉动经济迅速增长，但过度则会导致相反的结果。

张军（2002）指出，对“苏联式”增长恶化，曾经普遍持有一种流行的理论即所谓的“外延假说”。其基本命题是：经济增长主要依赖于资本的高速积累，当资本的增长持续快于产出的增长时，资本的边际回报率就趋于下降并最终导致产出总量的增长下降和经济衰退。用新古典经济学经济增长理论很简单地可以作出说明。根据新古典增长理论，随着资本深化，如果资本增长率超过人口的自然增长率或劳动投入的增长率，经济增长率就会下降。

“外延假说”也可以用增长核算法进行证明，在规模报酬不变的条件下，将 $C-D$ 生产函数表示为（由于没有更好的方法说明该机制，只能借用原作者的说明方法，特此说明）：

$$Y = AK^{\alpha}L^{1-\alpha} \tag{1.13}$$

式（1.13）两边除以 K 并取倒数，则有：

$$\frac{K}{Y} = \frac{1}{A}\left(\frac{K}{L}\right)^{1-\alpha} \tag{1.14}$$

因为 $\frac{\dot{X}_{(t)}}{X_{(t)}} = \frac{\mathrm{d}\ln X_{(t)}}{\mathrm{d}t}$，所以为了求 $\frac{K}{Y}$ 的增长率，先对式（1.14）两边取对数，再进行差分，则有：

$$\left[\frac{\dot{K}}{Y}\right] = (1-\alpha)\left[\frac{\dot{K}}{L}\right] - \dot{A} \tag{1.15}$$

式中：$\left[\frac{\dot{K}}{Y}\right]$、$\left[\frac{\dot{K}}{L}\right]$ 和 $\dot{A}$ 分别表示资本—产出比、资本—劳动比和全要素生产率的变化率。式（1.15）表明，投资增加的速度如果快于劳动增加的速度，则资本—劳动比（人均资本存量 k）将不断提高，而按新古典增长理论，k 不断向稳态人均资本 k^* 趋近，则意味着经济增长速度下降，如果代表全要素生产率变化率的 $\dot{A}$ 不变或慢于资本—劳动比的增长，则资本—产出比上升，意味着投资的增长率会高于产出的增长率，高投资低产出即为粗放式经济增长。导致粗放式增长的原因在于投资技术的选择，如果资本—产出比上升或资本—劳动比上升，均意味着发生了劳动节约型技术进步。

这里有必要指出的是，在资本主义市场经济条件下，投资也存在着类似的作用。曼德尔（Ernest Mandel）长波理论中扩张性长波的特点是：利润增长、加速积累、加速发展，但是，随着资本有机构成的提高以及资本积累矛盾的加剧，具体条件会使利润衰减、资本加速积累的力量消失，并形成下一个技术革命的巨大障碍。进入收缩性长波：利润减少、积累逐渐减速、经济发展减速。马克思也指出，资本积累的一般规律是随着扩大再生产平均利润率会下降。但与中国的情况不同的是，资本主义的周期性波动是由于其固有的矛盾导致的，而中国主要是由政府和企业投资的盲目性引发，由内生的制度机制和粗放增长方式推动的，这是可以通过转变增长方式而逐步得到改善的。

上述理论解释恰好说明了中国的实际情况。从微观上讲，在“干中学”和模仿套利机制下引进国外的先进技术也有弊端。由于国外的先进技术多是基于本国劳动稀缺而资本丰裕的要素禀赋结构进行的研发，因此多为劳动节约型技术，这种技术进步的结果是资本在产出中收入的份额相应增加，劳动收入的份额相应减少，资本获得较高的回报，会激励投资进一步扩大，而投资的扩大，使资本的边际产出下降，同时企业之间的竞争逐渐演变为古典式竞争，导致产品缺乏差异，价格下降，利润减少。随着竞争的加剧，企业会越来越无力进行技术创新，使技术创新能力和意愿被压抑。从宏观上讲，由于技术进步率没有明显提高，投资的技术选择偏向于劳动节约型，经济增长率下降；同时，依托于投资的“干中学”带来的技术进步也会随着时间的推移而不断减弱，影响长期经济增长能力。

在上述投资因素的作用中，政府（特别是地方政府）主要受乘数—加速原理的作用，将财政政策支出转变为“准投资”，以刺激地方经济的增长；“干中学”和模仿套利机制主要是说明私人投资动机和扩散机制，政府和私人投资的不断加大增强了对投资的依赖，过度投资抑制了消费的增长，同时也抑制了企业技术创新的动力，进而决定了粗放式的经济增长方式，最终导致了产能过剩和经济增速下降。投资对政府和企业的这种作用，由于产生了自相矛盾的结果，因此本书将其称之为“投资悖论”。图 1-22 已经说明了“投资悖论”作用的原因、机制和最终的结果。由此可见，无论对于中国政府还是中国企业而言，依靠投资驱动，不但没有产生驱动经济长期增长的内生机制，反而导致了宏观经济的不可持续性。因此，本书将这种机制称为“过度投资悖论”，并认为是需要转变的。

中国经济增长与宏观稳定课题组（2010）采用数据包络分析法（DEA）的曼奎斯特（Malmquist）指数法对 1978—2008 年我国分省 TFP 测算的结果显示，TFP 增长率在低水平波动，表明经济资本化对于经济超越和效率改进有正面激励效应，但对于技术创新却可能有一定的抑制作用，使其对经济增长的贡献减少；认为资源向资产部门过快集中，出现了资产价格快速上涨、产能过剩和实体经济创新不足的问题，需要进行制度和政策调整，才能有效激励内生技术进步，转变发展方式，保持经济可持续增长。

二、外部的经济冲击

当前，中国经济对内正面临转型问题，对外则面临外部冲击的考验，整体形势还是比较严峻的。自改革开放以来，中国已经经历了数次外部冲击，包括 1998 年的亚洲金融危机、2008 年的次贷危机。与以往相比，中国经济面临前所未有的复杂局面。2013 年就有学者提出中国经济进入“三期”（经济增长速度换档期、结构调整阵痛期和前期政策消化期）叠加阶段。从外部看，冲击的主要来源也有三个：一是受到次贷危机影响，西方发达国家普遍实施并随后退出量化宽松的货币政策，使包括中国在内的发展中国家的经济受到了较大冲击；二是受美国总统特朗普当选后发起的贸易战影响，中美贸易冲突使中国的出口具有较高的不确定性；三是受世界经济格局调整的影响，地缘政治竞争日趋激烈，使石油的价格波动风险性加大。

（一）西方发达国家量化宽松政策的冲击

有资料显示，与1990—2000年和2009—2017年相比，2001—2008年的世界经济增长速度最高，而高收入国家的经济增长速度在1990—2017年却不断下降，金砖国家的经济增长速度则明显高于高收入国家（见图1-23），可见，世界经济增长的“火车头”不断由发达国家转向了发展中国家。发达国家为了稳定经济和刺激经济复苏，在常规利率政策无效的情况下，纷纷采取了量化宽松的货币政策，因此，次贷危机后量化宽松的货币政策也成为世界经济的一大特点。发达国家纷纷采取量化宽松政策的主要目的是扩张本国经济，同时也可以防止系统性风险的发生。但量化宽松政策放出的大量流动性通过开放国际市场的传导机制，成为世界经济不稳定的主要因素。

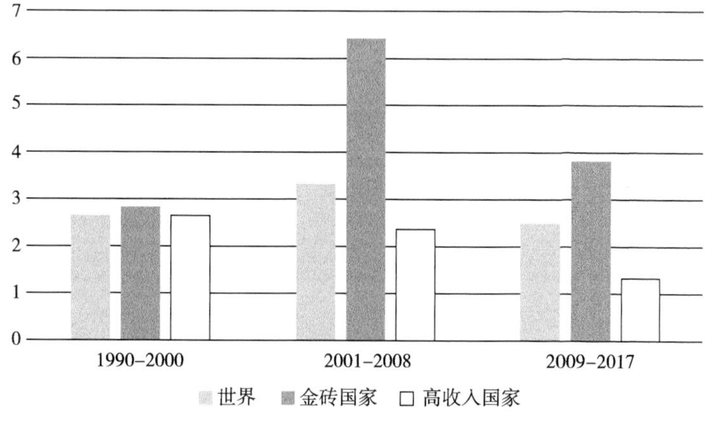

图1-23　1990—2017年世界、金砖国家和高收入国家经济增长阶段变化

资料来源：世界银行WDI数据库。

量化宽松（Quantitative Easing，简称 QE）最早是由维尔纳（Richard Werner，1995）正式提出的，是指在经济衰退过程中，无法通过降低利息刺激经济时，中央银行通过公开市场业务操作干预经济的一种手段。QE 作为一种非常规的货币政策，是一把双刃剑：一方面，发达国家实行量化宽松的货币政策是为了应对世界金融危机，防范系统性风险的发生，同时可以扩张经济，防止出现严重的经济衰退；另一方面，由于量化宽松的货币政策释放了大量的流动性，并通过世界金融市场传导到全世界，对世界金融稳定造成不利影响。量化宽松的货币政策最早起源于日本，而美国在次贷危机爆发后，由于常规的货币手段的作用已经穷尽，只能使用量化宽松的货币政策手段，以弥补市场中的流动性短缺的情况。2008 年 11 月美国首次实行了 QE，接手次贷危机的不良债务，主要目标是拯救受损的金融系统，稳定信用体系。此后，为了复苏经济，美国相继进行了第二、第三和第四次 QE。美国实行 QE，通过资产再平稳渠道，通货膨胀预期传导渠道，财政、汇率和信贷渠道（金雪军，曹赢，2016）向其他国家传导，使其他国家的经济也面对困境和冲击。为了稳定本国的经济，日本、欧盟等发达国家也在美国之后相继实行了量化宽松的货币政策。日本与美国的情况有所不同，日本经济的显著特点是长期面临“平成通缩”的困扰，为了激励经济复苏，日本运用财政政策干预并实行了低利率的政策，但都收效不大。在走投无路的情况下，20 世纪 90 年代末，日本学者建议运用 QE 的政策工具，使央行可以在低利率下仍可以向经济中注入流动性。其后由中原伸之正式提出并于 2001 年开始实施 QE 政策。美国采取量化宽松的货币政策对其他国家具有溢出作用，这种溢出作用在美国采用 QE 和退出 QE 两个阶段均具有冲击性。陈虹、马永健（2016）认为，美国实行 QE 有利于中国的对外贸易，因其带来输入性通货膨胀，大量热钱涌入，推高物价和资本价格；当美国退出 QE 时则会抽走流动性，对发展中国家带来经济下行和通货紧缩的风险。

（二）中美贸易摩擦加大了贸易的不稳定性

美国和中国分别作为经济总量第一和第二的两个大国，双边贸易额不断攀升。如图 1-24 所示，2001 年双边贸易总额为 804 亿美元，其中中国对美国的出口额为 542 亿美元，进口额为 261 亿美元；2017 年双边贸易总额达 5 836 亿美元，其中中国对美国的出口额为 4 297 亿美元，进口额为 1 539 亿美元，可见两国贸易增长迅速。中国与美国一直是双方重要的贸易伙伴，2006 年中国首次超过墨西哥成为美国第二大贸易伙伴国，2013 年中国成为美国第一大贸易伙伴国。而自中美贸易摩擦以来，2018 年中国又成为美国第三大贸易伙伴国。

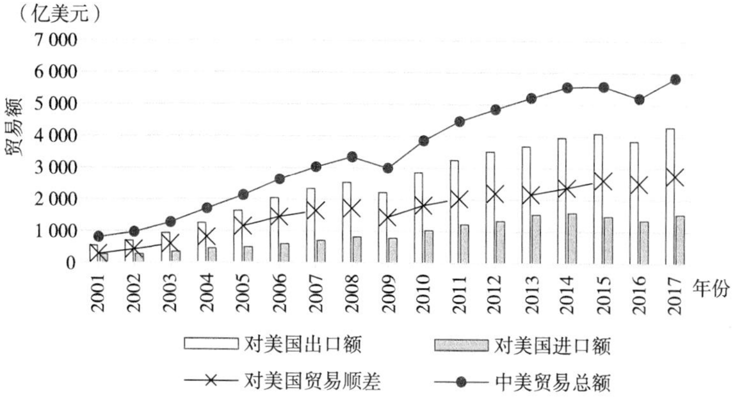

图 1-24　2001—2017 年中国对美国出口额、进口额和贸易顺差

资料来源：历年《中国统计年鉴》。

2017 年 8 月，美国发起了对中国商品的“301 调查”，当年的立案数达到 51 件，之后贸易摩擦开始升级。特朗普要求对中国发起知识产权调查，在与中国的贸易问题上，特朗普暗示可能还会采取其他行动，对此中国采取了针锋相对的应对措施，中美贸易摩擦升级。此后，中美之间频繁进行了多轮的高层磋商（如表 1-12 所示），从 2018 年 2 月到 2019 年 2 月中美进行了七轮高级别贸易磋商，双边进行了多次互访。在这个过程中，中美双方的贸易摩擦并没有停止，处于一种边打边谈的状态。

表 1-12　2018—2019 年中美高级别贸易磋商

轮次	时间	双方互访
第一轮	2018 年 2 月 27 日至 3 月 3 日	刘鹤率团访美
第二轮	2018 年 5 月 3 日至 5 月 4 日	美国财政部部长姆努钦率团访华

续表

轮次	时间	双方互访
第三轮	2018年5月15日至5月19日	刘鹤率团访美
第四轮	2018年6月2日至6月19日	美国商务部部长罗斯率团访华
第五轮	2019年1月30日至1月31日	刘鹤率团访美
第六轮	2019年2月14日至2月15日	美国贸易代表莱特希泽率团访华
第七轮	2019年2月21日至2月22日	刘鹤应邀率团访美

资料来源：段炳德．本轮中美贸易摩擦的进展、背景及其宏观经济影响［J］．中国劳动关系学院学报，2019（4）：14-18.

中美贸易摩擦无法早日平息的根本原因在于世界经济格局的变化。发达国家在世界经济体系中的主导地位有所下降，经济低迷，出现“日本化”趋势，而发展中国家，特别是金砖国家超越势头迅猛，中国改革开放之后通过40年的发展，已经成为世界第二大经济体，并将在未来的世界经济格局中发挥更为深远的作用和影响。相比之下，发达国家市场活力不足，创新速度减缓，与发展中国家中的新兴经济体的差异不断缩小。受竞争压力增大的影响，美国等发达国家对中国经济的不断发展具有警惕和遏制的“共识”，导致贸易保护主义抬头。因此，从世界整体格局的竞争角度看，中美贸易摩擦不是短期可以解决的。这不仅会对中国的对外贸易稳定发展产生较大的冲击，也会在更高层次的创新、知识产权等领域对中国设置障碍，使中国向创新驱动方式转型面临较大阻力。

中国作为现行多边贸易体系最大的受益者，应致力于继续维护多边贸易体系，因为只有稳定开放的多边贸易格局，才有利于世界各国充分发挥比较优势，形成优势互补、互利共赢的世界经济体系。为此，中国将继续扩大改革开放，按国际货币基金组织（IMF）的要求改善营商环境，执行《外商投资法》，扩大外资准入领域，大力实施知识产权保护，并开展国际合作，扩大进口规模，继续推进“一带一路”建设，加强与沿线国家的互联互通。

（三）石油的价格波动风险性加大

能源地缘政治最早是由美国学者梅尔文·科南特（Melvin A. Conomt,

1978）提出来的，从20世纪90年代起，中国的学者们开始关注能源地缘政治。董秀成、皮光林（2015）认为，能源作为全球稀缺资源，各国竞争是十分激烈的。受油气自然资源分布的影响，全球能源地缘政治博弈的区域主要包括中东、中亚—俄罗斯、亚太、非洲和拉美地区，参与战略争夺的国家主要是美、俄、日、欧和中、印等大国。中东地区由于石油资源十分丰富，向来是包括美、俄、日、欧战略争夺的对象，各国在中东博弈的目标在于保障本国的石油供应和石油运输通道的安全。中亚—俄罗斯以俄罗斯为主，体现为俄美的战略抗衡，欧盟力图摆脱对俄的能源依赖，其他国家希望稳定与俄的能源合作，亚太地区油气资源存量不多，各主要大国博弈的重点在于石油通道和海上油气资源，非洲和拉美地区的能源博弈则主要体现为各大国利益的竞争。

由于油气资源对各国经济发展和生活具有重要的战略价值，加之油气资源主要供给国自身的宗教、种族等内部矛盾和冲突不断，使得能源贸易这一经济活动深受政治力量博弈结果的影响，诸多因素交错，各方势力云集博弈的复杂性，使得能源供应数量和价格稳定的风险极高。中国的油气进口依存度较高，油气价格的波动会形成价格冲击，影响中国经济的稳定增长。为此，中国在未来通过外交手段稳定油气进口的基础上，对内要进一步节能减排，加大技术创新投入力度，提高能源的综合利用效率。

三、宏观经济面临新挑战

国际金融危机使中国不得不面对复杂不利的国际环境，次贷危机之后，中国经济增长率一路下行，对此党和政府很快作出了准确和务实的判断，党的十八大以来对这些问题不断进行研判，提出解决问题的对策。

（一）中国经济发展的战略规划

中国共产党自十三大提出经济发展战略分“三步走”以来，经过十五大“三步走”战略目标具体化，到十八大已经明确提出到2020年全面建成小康社会，十九大报告进一步明确“十三五”是全面建成小康社会的决胜阶段，是实现“两个一百年”（到建党一百年建成经济更加发展、民主更加健全、科教更加进步、文化更加繁荣、社会更加和谐、人民生活更加殷实的小康社会；再奋斗 30 年，到中华人民共和国成立一百年时，基本实现现代化，把我国建成社会主义现代化国家）奋斗目标的关键时期。从党的十九大到二十大，是“两个一百年”奋斗目标的历史交汇期。

根据习近平总书记的十八大报告①，中国社会主义现代化建设的“三步走”战略前两个目标已经提前实现。从 2020 年到 21 世纪中叶可以分为如下两个阶段发展：

第一个阶段（2020—2035），在全面建成小康社会的基础上，再奋斗 15 年，基本实现社会主义现代化，我国经济实力、科技实力将大幅跃升，跻身创新型国家前列；人民平等参与、平等发展权利得到充分保障，法治国家、法治政府、法治社会基本建成，各方面制度更加完善，国家治理体系和治理能力现代化基本实现；社会文明程度达到新的高度，国家文化软实力显著增强，中华文化影响更加广泛深入；人民生活更为宽裕，中等收入群体比例明显提高，城乡区域发展差距和居民生活水平差距显著缩小，基本公共服务均等化基本实现，全体人民共同富裕迈出坚实步伐；现代社会治理格局基本形成，社会充满活力又和谐有序；生态环境根本好转，美丽中国目标基本实现。

第二个阶段（2035—2050），在基本实现现代化的基础上，再奋斗 15 年，把我国建成富强民主文明和谐美丽的社会主义现代化强国。到那时，我国物质文明、政治文明、精神文明、社会文明、生态文明将全面提升，实现国家治理体系和治理能力现代化，成为综合国力和国际影响力领先的国家，全体人民共同富裕基本实现，我国人民将享有更加幸福安康的生活，中华民族将以更加昂扬的姿态屹立于世界民族之林。

（二）经济发展面临的主要挑战

中国经济经过高速发展阶段，经济总量迅速增加，成为世界经济总量第二的国家，并进入上中等收入国家行列。但同时也积累了许多问题，使中国迈向高收入国家行列面临挑战。

---

① 党的十八大报告全文. 人民网强国社区. http://bbs1. people. com. cn/post/2/1/2/164995138. html.

1. 在国际环境复杂的情况下，原有的发展路径不可持续。中国原有经济增长路径主要是通过需求侧拉动，通过投资和出口驱动促进经济增长，这种方式是中国自身工业化的需要，也是中国加入世界贸易组织承接国际产业转移成为世界加工厂的必然结果。在国际环境较为有利的情况下，特别是2001—2007年，这一时期是中国经济增长速度最高的时期。但随着世界金融危机的爆发，从世界范围内看，摆脱危机，使经济恢复活力，单纯依靠需求推动的宏观经济调控的作用是有限的。因此，世界银行希望通过改善营商环境，减少政府管制，通过微观搞活的方式摆脱经济衰退。从这个意义上讲，将经济发展的驱动力从需求侧转换到供给侧不单纯是中国需要面对的，也是危机后世界各国的共识。

2. 供给侧结构性动力下降。由于未来的经济增长的驱动力需要转换到供给侧，首先就需要了解供给侧的情况。供给侧主要涉及生产者的生产能力和生产要素，生产要素主要包括劳动（L）和资本（K），供给结构主要包括产业结构、产权结构、要素结构及其空间分布，其生产能力主要来自生产要素的禀赋状况。仅从要素结构情况看，中国的人口结构已经进入转型阶段，总和生育率下降，出生率和死亡率“双降”，导致人口老龄化和少子化趋势不断加剧，这将导致劳动力数量的绝对减少和劳动参与率的下降，同时也会导致储蓄率的下降。从资本积累的角度看，通过前一个阶段的大量投资提高了资本存量，但是受资本边际报酬递减规律的影响，资本对经济增长的拉动作用将呈现递减趋势。这意味着供给侧结构性动力正在下降。

3. 资源环境压力增大。在中国经济的供给侧和需求侧“双侧减速”的情况下，资源环境压力也升至“天花板”。由于工业化过程需要资源和能源，中国的资源和环境承受了较大的压力，使经济发展的可持续性受到较大的挑战。“绿水青山就是金山银山”，失去了良好的自然环境，拥有再多的钱财也是无用的。随着科技的进步，人类利用和改造自然的能力提高了，但人类仍是自然的一部分，仍受自然规律的作用，破坏自然、耗尽能源，只能让人类生存和发展更加困难。因此，只有顺应自然、保护和爱护自然和生态环境的发展才是有未来的。

第四节　高质量发展与供给侧结构性改革

党的十九大明确指出，中国特色社会主义进入新时代，新时代社会的主要矛盾已经转化为人民日益增长的美好生活需要和不平衡不充分的发展之间的矛盾。践行以人民为中心的发展思想，必须适应社会主要矛盾变化，以供给侧结构性改革为主线，促进形成强大的国内市场，使供需在更高水平上良性循环，推动我国经济高质量发展。

一、经济增长的供给侧结构性减速

中国经济增速由高速转向中高速不是周期性原因，正是由于供给侧结构性问题导致的。中国经济增长前沿课题组（2013）指出，中国经济增长减速主要受结构性问题的影响，即人口结构转型、生产率的产业再分布、收入分配调整、城市化率提高、资本效率递减和全要素生产率改进空间狭窄①。

上述结构性问题都属于供给侧范畴，可见中国经济的高速增长虽然是依靠拉动总需求实现的，但伴随着经济的不断发展，经济结构会发生相应的演进，演进的结果可能损害了供给侧的动力结构。比如，随着人均收入水平的提高，人口会发生转型，出生率和死亡率下降，导致劳动力绝对数量减少；同时，随着人均收入水平的提高，产业结构不断由第一产业主导，通过工业化转变为第二产业主导，完成工业化后，第三产业将成为主导产业，这个过程被称为“经济服务化”。第三产业成为主导产业将导致生产率的下降，因为第三产业的效率不如第二产业的效率高。经济增长决定于总供给和总需求，其中，长期经济增长决定于总供给，短期经济增长决定于总需求；总供给是经济增长实现的内在能力，总需求是经济增长的外在实现条件。如果供给侧结构出现了问题，说明潜在产出会下降，即未来的生产能力会下降。也就是

---

① 中国经济增长前沿课题组. 中国经济转型的结构性特征、风险与效率提升路径[J]. 经济研究，2013(10):4-17.

说，总供给是决定一个经济体经济总量的根本，基本能力不好，即使外部条件再好，也无济于事。

二、供给侧结构性改革与高质量发展的关系

供给侧结构性改革与高质量发展具有同一关系，高质量发展是供给侧结构性改革的目标和结果，而供给侧结构性改革是中国经济实现高质量发展的抓手和途径。

由于中国经济的总需求侧已经出现了原有动力不足，总需求的动力结构需要转换，国内需求出现了升级趋势，而此时供给侧结构积累了一些问题。为了维持潜在产出水平的稳步提升，实现新旧动能的转换，使经济由原来的要素数量驱动型向高质量要素驱动的高效率经济转型，率先着重解决供给侧结构性问题就显得尤其重要。加之金融危机之后，在各国大规模运用需求管理的宏观调控手段，而经济增长仍然乏力的情况下，经济增长的动力就需要从总需求侧转换到总供给侧。也就是说，刺激经济的手段将由以政府的宏观调控为主转向以依靠市场机制和微观主体的活力为主。从这个意义上讲，无论从中国经济跨越中等收入陷阱、跻身高收入国家行列，还是从应对世界金融危机的角度讲，中国都需要从“粗放”型发展转向“质量效率”型增长，也就是高质量发展。而高质量发展的本质和核心就是培育高质量的总供给能力，而不单纯是大规模的需求。

因此，中央不断强调深化供给侧结构性改革，指出中国经济增长的主要矛盾集中在供给侧结构性问题，未来应坚持这一工作主线不放松。为此，在2015 年 12 月 18 日的中央经济工作会议上，习近平总书记就提出要加强供给侧结构性改革，在适度扩大总需求的同时，为了提高供给的整体质量和效率，采用“三去一降一补”（去产能、去库存、去杠杆、降成本、补短板）的政策，巩固提升传统优势，培育和塑造新动能，以增加经济增长的动力。2017 年 12 月召开的中央经济工作会议进一步强调供给侧结构性改革要做好“破、立、降”工作（“破”，即大力破除无效供给，把处置“僵尸企业”作为重要抓手，推动化解产能过剩；“立”，是指大力培育新动能，强化科技创新，推

动传统产业优化升级，培育一批具有创新能力的排头兵企业，积极推进军民融合深度发展；“降”，是指大力降低实体经济成本，降低制度性交易成本，继续清理涉企收费的查处和整治力度，深化电力、石油天然气、铁路等行业改革，降低用能和物流成本)，促使劳动力、资本、信息和技术等要素全面发力，促进经济向高质量发展方向转变。2018 年 12 月召开的中央经济工作会议进一步提出了“巩固、增强、提升、畅通”的八字方针（“巩固”是指巩固“三去一降一补”成果，加大破、立、降力度；“增强”是指增强微观主体活力，发挥企业和企业家的主观能动性；“提升”是指提升产业链水平，注重利用技术创新和规模效应形成新的竞争优势，加快解决关键核心技术“卡脖子”的问题，培育和发展新的产业集群；“畅通”是指要畅通国民经济循环，形成国内市场和生产主体、经济增长和就业扩大、金融和实体经济良性循环)。

党的十九大报告也对供给侧结构性改革与高质量发展的关系进行了明确有力的阐述：中国经济已由高速增长阶段转向高质量发展阶段，正处在转变发展方式、优化经济结构、转换增长动力的攻关期，建设现代化经济体系是跨越关口的迫切要求和我国发展的战略目标；必须坚持质量第一、效益优先，以供给侧结构性改革为主线，推动经济发展质量变革、效率变革、动力变革，提高全要素生产率，着力加快建设实体经济、科技创新、现代金融、人力资源协同发展的产业体系，着力构建市场机制有效、微观主体有活力、宏观调控有度的经济体制，不断增强我国经济创新力和竞争力。

三、向高质量发展方式转变的条件

要实现向高质量发展方式的转变，应具备三个主要条件：充分发挥市场机制的作用；构建有利于科技创新的体制；高水平的人力资本积累。这三个条件是逐步深入的，是中国经济发展的历史阶段过程所决定的。

（一）充分发挥市场机制的作用

中国的改革开放过程实际上是一个由计划经济向市场经济转轨的过程。这是因为，从资源配置的角度讲，市场配置方式是具有经济效率的，因此，以市场机制倒逼经济结构调整，围绕新增长点进行精耕细作式的改革，可以实现质量和效益的经济增长。在改革开放初期，由于计划经济的主导作用较强，政府需要通过渐进式改革逐步让位于市场调节方式，加之工业化需要进行必要的大规模的物质资本积累，特别是对基础设施的投资，这些都需要政府主导实现。但随着产业结构不断升级为第三产业主导型，则需要发挥微观主体的创新能力，自我创新并创造就业岗位，此时市场机制应发挥主导作用。这是由经济结构不断发生转变的结果决定的，这也是由中国向市场经济转型的过程决定的，这也是启动新的经济增长动力所必需的条件。

（二）构建有利于科技创新的体制

由中等收入向高收入水平迈进的过程其实也是一个结构转变的过程。经济起飞阶段受工业化资本积累的制约，必须由投资驱动实现经济增长，而到高收入阶段，这种驱动方式的动力将不断衰竭。真正的发达国家，其经济增长主要是依靠提升全要素生产率实现的，对企业而言就是需要通过技术创新参与产业/行业竞争，而不是单纯地依靠价格和成本优势维持生存。向技术创新驱动方式转型的过程不是一蹴而就的，而首先应该是一个制度创新的过程。因为技术本身就具有准公共物品的属性，低成本的扩散性很强，还具有较强的正外部性，单纯通过市场自发供给会导致对供给者激励不足，会导致供给不足，因此，需要从制度上进行激励机制设计，保护和促进创新的积极性和收益的可获性，就是构建合理有效的创新体制。一方面要保护技术创新者的积极性，同时也要使技术扩散不要太过迟缓，这是目前需要解决的一个重点问题，也是向创新驱动方式转型的关键性制度构建。

（三）高水平的人力资本积累

技术创新本身是人的智力成果的体现，这就需要在此之前进行高水平的人力资本积累，这是向创新驱动方式转型的基础和核心。人力资本与物质资本虽然同为资本范畴，但人力资本与物质资本的显著区别在于其投资者和所有者不一定是同一主体，最终是否有相应的产出与其投入的多少未必是正相关的。人力资本积累也是一个比较复杂的问题，因为这是一个微观和宏观相结合的问题。从微观角度讲，家庭作为人力资本投资的主要投资者，其微观意愿和决策将决定人力资本积累的水平和状态；从宏观角度讲，国家即使拥有高水平的人力资本存量，要想使人力资本发挥其作用，也首先要激励人力资本的所有者——劳动者，劳动者受到激励后才能进行创新活动。这一点与物质资本完全不同，物质资本的投资者就是其所有者，物质资本投入后就有固定的产出水平是可以预期的，而人力资本在这方面具有很大的不确定性。这是因为，人力资本投资后归属于被投资人，而被投资人作为人力资本的所有者可以决定其努力程度，而这种努力程度是私人信息，具有信息不对称性，需要“激励相容”的激励机制才能提高其产出水平，而物质资本投入后并不需要激励机制，直接就可以获得相应的产出。

从上述三个主要条件可以看出，中国向高质量发展方式转变的过程本质上是制度创新的过程，主要是如何通过机制设计实现高效增长的问题。

本章小结

中国经过改革开放 40 年的发展，取得了令世界瞩目的成就，经济高速增长并成为上中等收入国家。中国经济的高速增长为世界经济的增长和稳定作出了贡献，成功的原因主要在于：①党和政府正确有力的领导；②充分发挥比较优势；③成功的渐进式改革；④开放合理有度。伴随中国的经济增长，中国的经济结构也发生了较大的变化，这种结构变化突出表现为三次产业结构、高等教育结构、需求结构和城市化率发生了较大的变化，与发达国家相比，这些结构变化水平还不高，还有待深入。

次贷危机爆发后，中国经济原有的增长动力枯竭，总供给侧也出现了结构性问题，加之发达国家接二连三的量化宽松（QE），使世界经济不稳定性增强，使中国经济的总供给和总需求双侧结构性减速，在这种情况下，中国还要面对外部的风险冲击。为了使中国经济能够实现平稳增长，在防范系统性风险的同时，中国经济需要向高质量发展方式转变。

供给侧结构性改革与高质量发展具有同一关系，高质量发展是供给侧结构性改革的目标和结果，而供给侧结构性改革是中国经济实现高质量发展的抓手和途径。要实现向高质量发展方式的转变，应具备三个主要条件：充分发挥市场机制的作用，构建有利于科技创新的体制，高水平的人力资本积累。这三个条件是逐步深入的，是由中国经济发展的历史阶段过程所决定的。

第二章

对中国经济实现高质量发展的认识

中国经济通过改革开放和工业化过程，获得了较高速度的发展，取得了举世瞩目的成就。为了加快实现工业化，中国在经济发展的前期主要“重积累、轻消费”，也就是对内不断增加要素投入、压抑国内消费，对外扩大出口拉动的作用。但次贷危机后，随着世界经济和中国经济的深刻变化，原来的发展模式不可持续了，中国经济增速放缓，结构性问题突出。中国经济在“新常态”下如果维持可持续的平稳增长，就需要增长方式由高速增长向高质量发展的路径转换。由于在以往发展的过程中，中国经济已经积累了诸多发展的矛盾和问题，这就对转变发展方式、优化经济结构和转换增长动力提出了严峻挑战。

第一节　高质量发展的本质和内涵

受国内外复杂的经济形势影响，中国经济面临增长模式由高速增长阶段向高质量发展阶段转变，即经济增长的速度在由高速向中高速转换的过程中，要提高经济增长的效率，丰富经济发展的内容，从单纯的增长向经济全面、均衡、可持续的发展方向转变。在党的十九大和2017年的中央经济工作会议上，中央明确提出了未来要促进中国经济实现高质量发展的目标。这表明，高质量发展将作为中国经济当前和今后一个时期内的根本工作方针。如果将中国经济高速增长的前40年视为解决“有没有”的问题，那么现在强调高质量发展，其意义则重在解决“好不好”的问题。

一、高质量发展的本质

党的十九大将中国现阶段经济发展的主要任务和目标描述为“新时代中国社会主要矛盾是人民日益增长的美好生活需要和不平衡不充分的发展之间的矛盾，必须坚持以人民为中心的发展思想，不断促进人的全面发展、全体人民共同富裕”。这一判断指出了中国转向高质量发展的本质，是要从“物质”生产体系转向“以人民为中心”的消费升级、创新、高效、包容的可持续发展轨道。据此，张平、张自然（2018）将高质量发展的本质总结为“以人民为中心”①。

虽然马克思的经典理论主要以资本循环运动作为研究对象，指出了工业化阶段的发展规律，认为生产是起点，消费是附属，消费的作用仅是为了劳动力再生产，但是马克思在社会主义构想中即阐述了关于人的发展、自由联合体和按劳分配的理论，指出了人的解放和全面发展是社会主义发展和实现共产主义的本质。中国作为社会主义国家，在全面建成小康社会的基础上，将“以人民为中心”作为新时代中国特色社会主义的指导思想。人民消费成为经济循环的起点，而不再是生产环节的附属。消费的内涵不仅是提供劳动力再生产的日常消费，而且是通过逐渐偏向知识消费的消费结构升级，实现人的全面发展，提高人力资本水平，促进科技创新与知识生产，并建立消费对于经济效率的补偿机制，以此改善经济效率、实现城市化过程的可持续性。这一模式将形成一个以人民为中心的新经济循环体系，实现创新、效率提升、价值创造与公平分享的高质量发展。

二、高质量发展的内涵

对于高质量发展的内涵的认识，学者们的看法不尽相同。王军和李伟都认为高质量发展应包括六大内涵。

王军（2017）从高质量发展的实现条件和内容出发，提出高质量发展的六大内涵：①高质量发展的基础和前提是不要追求经济增长速度，而要注重经济发展的健康和可持续性；②要以民生的持续改善为本；③坚持进行生态文明建设；④实现高质量发展的手段要求宏观调控政策的稳定、协调和连续；⑤供给侧结构改革是实现高质量发展的动力支撑；⑥防控金融风险是实现高质量发展的保障和条件②。

李伟（2018）认为：“高质量发展应包括六大内涵，意味着高质量的供给、高质量的需求、高质量的配置、高质量的投入产出、高质量的收入分配

① 张平，张自然. 高质量发展的本质是以人民为中心[N]. 经济参考报，2018-10-10(005).

② 王军. 准确把握高质量发展的六大内涵[N]. 证券日报，2017-12-23(A03).

和高质量的经济循环。”①

（1）促进高质量的供给，就是要提高商品和服务的供给质量。中国虽然可谓是产业及其配套体系的门类是全球最齐全的，而且有220多种工业品产量世界第一，但不容忽视的是，我国的多数产品在价值链中仍处于中低端，许多产品的关键技术不掌握在我们手中。因此，需要提高供给质量，以便能够适应消费升级的要求，真正能够更好地满足人民日益丰富的物质文化生活需求。

（2）促进高质量的需求，就是要促进供需在更高水平上实现平衡。随着城市化水平的提高，中国的市民化规模不断扩大，需求的数量也不断增加。但是，由于城市建设无法完全满足城市化的要求，城市的公共服务供给也严重不足，特别是居民在养老、医疗和教育等方面的需求还无法完全得到较好的满足。因此，为了解决这些问题，就需要提高需求质量，同时也是为了带动供给端质量的提高。

（3）实现高质量的配置，就是要充分发挥市场配置资源的决定性作用，完善产权制度，理顺价格机制，减少配置扭曲，打破资源由低效部门向高效部门配置的障碍，提高资源配置效率。

（4）实现高质量的投入产出，就是要更加注重内涵式发展，扭转实体经济投资回报率逐年下降的态势；在人口红利逐步消退的同时，进一步发挥人力资本红利，提高劳动生产率；提高土地、矿产等能源资源的集约利用程度，增强发展的可持续性；最终实现全要素生产率的提升，推动经济从规模扩张向质量提升转变。

（5）实现高质量的分配，就是要推动合理的初次分配和公平的再分配。初次分配环节，要逐步解决土地、资金等要素定价不合理的问题，促进各种要素按照市场价值参与分配，促进居民收入持续增长。再分配环节，要更好地发挥税收的调节作用、精准脱贫等措施的兜底作用，注意调节存量财富差距过大的问题，形成高收入有调节、中等收入有提升、低收入有保障的局面，

① 李伟.高质量发展有六大内涵[N].人民日报海外版,2018-01-22(03).

提高社会流动性，避免形成阶层固化。

（6）促进高质量的经济循环，就是要使供需匹配渠道变得畅通，包括金融为实体经济服务的渠道，逐步缓解经济运行当中存在的三大失衡——供给和需求失衡、金融和实体经济失衡、房地产和实体经济失衡，确保经济平稳可持续运行。

中国社会科学院经济研究所的相关研究（2018）认为，中国转向高质量发展的基本特征可以归纳为以下六点：

（1）以人民为中心的深度城市化。持续提升科教文卫体等知识消费比重，更多地让人民分享发展成果，提高居民初次分配比重，政府提供更多、更高质量的公共服务。

（2）创新驱动的持续提升效率。包括持续提高劳动生产率、增加全要素生产率的贡献率和促进可持续发展这三个基本效率指标。

（3）保护产权，规范政府行为，实现市场配置资源。政府规制在后发国家的赶超阶段具有重要作用，而在转向高质量发展的过程中，需要让市场在资源配置中发挥决定性作用，完善产权保护，校正过度干预行为，发挥政府的公共服务职能。

（4）经济稳定性。转向高质量发展阶段的经济复杂度更高，全面深化改革开放将难以避免一些内部和外部冲击，需要重视宏观经济的稳定运行。经济稳定的核心是通货膨胀和汇率波动，其背后是城市化过程中积累的土地、金融和财政风险，不仅需要短期政策调节，还涉及特定发展阶段的宏观管理框架，需要结构性改革。

（5）生态文明建设和可持续发展。高质量发展既要满足人民对物质文化生活的需要，也要满足人民对优美生态环境等美好生活的需要，实现可持续发展。

（6）经济协调主体转型。加快改革当前的行政区划体制，以城市作为空间协调发展的引领，配合中央政府的布局规划、激励设计和支出功能，完成经济协调主体转型。

对于高质量发展内涵的理解，基于中国经济平稳可持续增长的角度考虑，我们赞同中国社会科学院经济研究所的观点，应包括经济增长的稳定、可持续、创新、协调和资源配置合理等方面的内容。同时，考虑到当前国内和国外的政治经济形势，中国经济实现高质量发展不是一蹴而就的，需要在稳定经济发展水平的同时，逐步向全面协调的方向发展。这个转变的过程情况复杂，首先要解决长期以来积累的问题，在防止系统性风险发生的同时，有效应对外部不确定性的冲击，为高质量发展创造有利条件和环境。

三、高质量发展的核心机制

“知识消费—人力资本提高—创新效率补偿”的循环，是高质量发展的核心机制。中国在工业化阶段偏重于中低层次教育，形成了较大比重的低层次人力资本，目前面临人力资本升级的问题。从日本和韩国的发展经验可以看出，两国在大规模工业化结束后的15～20年中都实现了高等教育的普及，预计到2025年，两国高等教育人力资本比重①将分别达到50%和70%。人力资本结构的快速提升促进了整体创新能力，是转向高质量发展的重要保证，其内涵是广义人力资本的快速提高，包括科学、教育、文化娱乐、健康医疗和体育等多方面的快速发展。在高质量发展的过程中，经济增长伴随着知识消费比重和人力资本结构的提升，从而推动劳动生产率提高、全要素贡献比重增加和可持续性增强。在新经济循环中，劳动要素的质量不断提升，并持续创造和分享价值。这一过程需要建立和完善新的体制机制，由政府提供稳定环境和高质量服务，通过自主协调实现经济的内生增长，并使市场机制与宏观稳定相互协调。

推动中国高质量发展和经济转型需要两大引擎：一是以提升广义人力资本为基准的深度城市化；二是提升制造业的国际竞争力。深度城市化的本质是人的聚集，核心是形成以人民为中心的“知识消费、资本深化和高劳动生产率”的良性循环。知识消费是指科教文卫体等消费比重持续提高的消费结

① 高等教育人力资本比重为劳动力中受过高等教育（大专以上）人力资本占所有不同教育层级（初等教育、中等教育和高等教育）人力资本的比重。

构升级，以此促进人力资本结构升级；资本深化是指资本质量和存量优化提升，从而提高资本回报率；高劳动生产率是指制造业和服务业的产业效率持续提升，从而形成良性循环。中国深度城市化的目标是实现效率的持续改进，这需要明确两个趋势：一是服务业的要素化趋势；二是消费的跨期投资特性，典型如教育、研发和信息等产业会为其他产业提供知识、技术等生产要素，或直接生产人力资本。从发达国家经济服务化的发展经验来看，这些与知识有关的服务业份额越来越大，作用也越来越重要，体现出要素化的趋势，并被美国一些经济史学者认为是“立足于工业物质生产力巨大发展之上的新高端阶段”。在服务业要素化趋势下，消费越来越具有瞄向未来效率补偿和效率增进的跨期投资特性，尤其是知识消费。在人力资本提升的要求下，消费的性质已经发生了很大的变化，成为广义人力资本再生产的关键环节。这种跨期的动态补偿会存在一定的不确定性，需要顶层设计和战略定力。提升制造业的国际竞争力，需要中国制造业在自主创新能力、资源利用效率、产业结构水平、信息化程度和质量效益等方面不断提升，实现转型升级和跨越发展。

通过分析各国在此阶段的经济发展状况，可以概括出三项共性特征：第一，工业化的核心是通过产出的快速增长解决稀缺性问题，其成熟的标志是突破贫困陷阱，达到中等收入水平，此后将进入向高收入发达水平持续迈进的阶段，将通过大众高消费的城市化带动发展；第二，新兴工业化国家普遍能够依靠大规模工业化达到中等收入水平，但却只有极少国家能够突破中等收入陷阱，这是因为，在从工业化向城市化转型的过程中，多数新兴工业化国家的服务业和消费未能提供可持续发展所必需的效率补偿；第三，在从工业化赶超转向高质量发展的转型过程中，经济结构条件的变化将对发展中国家带来宏观不稳定问题，社会再平衡的必要性凸显。

四、高质量发展的核心动力

袁俊（2018）认为，高质量发展的核心动力是提高资源的配置效率，这也是实现高质量发展的抓手，是实现高质量发展的关键所在。这是由于从存量资源利用的角度看，提高资源的流动性，盘活存量，发挥现有资源的作用，是提高经济效率的关键，特别是全要素生产率的改进是提高资源配置效率的综合表现。实现要素自由流动的条件有两个：一是要素的收益率在不同部门间存在差异；二是存在要素自由的体制机制。而拉开不同行业要素收益率的途径主要有两个方面：一是在于各个行业的发展是否以创新为动力。通过创新使新行业产生，使行业间的收益率差距扩大，形成主导产业，带动要素重新配置，从低收益率的产业向高收益率的产业流动，优化产业结构。二是通过改善营商环境降低企业的运营成本。世界银行《2019 年营商环境报告》显示，中国的营商环境全球排名为 46 位，相比上年相对提高了 32 位，成为全球营商环境改善最显著的国家。通过这种制度建设的推进，使政府和市场的关系更加明晰，降低资源流动和配置的成本，吸引外部的优势资源进入，促进存量资源的流动，提高经济运行效率，促进高质量发展的实现。

结合上述分析可知，实现高质量发展的重点在于通过完善市场机制，改善经济结构和提高经济效率。其中，提高经济效率是实现高质量发展的动力，而提高经济效率的主要途径是调整优化经济结构，这是因为经济结构的变化和演进决定经济的稳定性；经济结构调整带动资源的流动，改变资源配置，促进经济效率的提高。

第二节　高质量发展评价体系

按中央的工作精神，在实现高质量发展的过程中，要进行顶层设计，要拟定和出台推动高质量发展的指标体系、政策体系、标准体系、统计体系、绩效评价和政绩考核办法，使各地区、各部门在推动高质量发展上有所遵循。要支持各地区结合实际积极探索推动高质量发展的途径，在实际工作中要主动按相对要求对表推进。据此，从顶层设计的角度出发，为了实现高质量发展的对表推进，就需要建立一套相对科学的评价指标体系。

一、高质量发展评价指标的选择和体系构建

根据前述对于高质量发展的内涵的理解，可以构建高质量发展的评价体系。

（一）高质量发展指标的选择依据

中国社会科学院经济研究所“经济增长前沿课题组”每年出版一本专著《经济蓝皮书：夏季号——中国经济增长报告》，已连续 8 年对中国区域可持续发展进行跟踪评价，认为中国经济应该从以 GDP 为核心的评价标准转向以劳动生产率与 TFP 增长为基准的创新和效率的评估方式，强调可持续性和包容性的增长，其评估结果对区域可持续发展水平和发展方向有一定的指导意义。《经济蓝皮书：夏季号中国经济增长报告》的可持续发展指标和上述高质量发展指标相当接近，一级指标共分为五项：经济增长、增长可持续性、政府效率、人民生活和环境质量。第二个一级指标“增长可持续性”对应高质量发展指标的“创新效率”，第四个一级指标“人民生活”和高质量发展指标的“生活质量”类似。对应二级指标和三级指标略有不同。

《经济蓝皮书：夏季号——中国经济增长报告》将可持续发展评价指标分为三级，其中一级指标包括经济增长、增长可持续性、政府效率、人民生活和环境质量。每个一级指标包含若干二级指标。其中，经济增长包括产出效率、经济结构和经济稳定；增长可持续性包括产出消耗、增长潜力；政府效率包括公共服务效率和社会保障；人民生活仅有一项二级指标，即人民生活；环境质量包括生态环境、产出能耗、工业排放、环保产值、空气监测、优良天数和环保投资等。二级指标下再设相应的 65 个具体指标，以期通过完整的指标体系评估中国省域经济可持续发展水平，见表 2-1。

表 2-1　中国省域可持续发展评价指标体系

一级指标	二级指标	具体指标
经济增长	产出效率	TFP
		全社会劳动生产率
		资本产出率
		投资效果系数
	经济结构	GDP2（第二产业增加值占 GDP 比重）
		GDP3（第三产业增加值占 GDP 比重）
		城市化率

续表

一级指标	二级指标	具体指标
经济增长	经济稳定	经济增长波动率指标
		对外开放稳定性
		人均 GDP 增长率
		通货膨胀率指标
		失业率指标
增长可持续性	产出消耗	劳动投入弹性指标
		资本投入弹性指标
		能源消耗弹性指标
	增长潜力	专利授权量
		地方财政教育事业费支出
		劳动力受教育水平（用人力资本表示）
		人口增长率
		地方财政科学事业费支出
		有效劳动力比例
		人均邮电业务量
		万人耕地面积
		产品质量
政府效率	公共服务效率	市场化程度
		城镇社区服务设施数
		交通事故指标
		火灾事故指标
		城市设施水平（包括城市人口用水普及率、城市每万人拥有公共厕所数、城市每万人拥有公共交通车辆、城市燃气普及率、城市人均公共绿地面积、城市人均拥有铺装道路面积）
	社会保障	城镇基本养老保险覆盖率
		城镇基本医疗保险覆盖率
		城镇失业保险覆盖率
		农村社会养老保险覆盖率

续表

一级指标	二级指标	具体指标
人民生活	人民生活	人均 GDP
		人均可支配收入占 GDP 的比重
		城镇家庭平均每人可支配收入
		农村居民家庭人均年纯收入
		城乡人均纯收入比指标
		地方财政卫生事业费支出
		城镇居民恩格尔系数
		农村居民恩格尔系数
		个人资产（用人均储蓄存款额表示）
		万人拥有医生数
		万人床位数
		万人卫生机构数
		城乡消费水平指标
		消费水平
环境质量	生态环境	自然保护区面积
		万人城市园林绿地面积
		人均水资源量
	产出能耗	万元 GDP 能耗指标
		万元 GDP 电力消耗指标
	工业排放	工业废水排放量
		工业二氧化硫排放量
		工业烟尘排放量
		工业粉尘排放量
	环保产值	工业“三废”综合利用产品产值比

续表

一级指标	二级指标	具体指标
环境质量	空气监测	PM10
		PM2.5
		二氧化硫
		二氧化氮
		臭氧
	优良天数	空气质量良好天数
	环保投资	环境污染治理投资占 GDP 的比重
		治理工业污染项目投资占 GDP 的比重

（二）高质量发展的评价指标体系构建

中国经济已经进入由粗放型增长转向集约型发展阶段。粗放型经济增长方式的特征是依靠增加生产要素投入促进经济的增长，即数量型经济增长。集约型经济增长方式的特征是依靠生产要素的有效配置促进经济的增长，即提高经济发展质量。经济增长不仅包含数量的增长，还要有质量的增长，即高质量的发展。中国社会科学院经济研究所（2018）依据经济发展的质量的本质和基本特征，参考国际上相关五大指标体系，构建了经济发展质量指标①。关于高质量发展指标的设计，以 OECD 发达国家作为参照样本，将高质量发展评价指标分为三级，其中一级指标包括经济增长、创新效率、政府效率、生活质量和环境质量。每个一级指标包含若干二级指标。其中：经济增长包括增长效率、经济结构和经济稳定；创新效率包括创新水平和市场效率；政府效率包括公共服务效率和社会保障；生活质量包括消费升级和消费促进；环境质量包括生态环境、产出能耗、城市排放、空气监测和环保投资与回收等。二级指标下再设相应的 67 个具体指标（其中 50 个指标可以国际比较，17 个指标不可国际比较），以期通过完整的指标体系评估中国和 OECD 发达国家高质量发展方面的差距，发现短板，并努力缩小和 OECD 发达国家的差距，

① 中国社会科学院经济研究所. 推动中国经济发展尽早转向高质量轨道的政策建议[R]. 2018. 5.

见表 2-2。

表 2-2　高质量发展指标设计

一级指标	二级指标	具体指标	指标解释	国际可比
经济增长	增长效率	GDP 增长率	GDP 年度增长率	是
		城镇调查失业率*	城镇调查失业率	是
		资本回报率	资本回报除以资本存量	是
		第二产业劳动生产率增长率	不变价格的第二产业劳动生产率增长率	是
		第三产业劳动生产率增长率	不变价格的第三产业劳动生产率增长率	是
	经济结构	GDP2	第二产业增加值占 GDP 的比重	是
		GDP3	第三产业增加值占 GDP 的比重	是
		城市化率	非农人口占常住人口的比重	是
		资本化率	股市总市值/GDP	是
	经济稳定	CPI 波动率*	CPI 指数同比增长率	是
		汇率波动率*	2017 年各货币兑美元月平均汇率的标准差	是
		净出口波动率*	2017 年净出口的标准差	是
		房地产价格波动率*	2017 年房地产价格变动率	是
		居民负债水平*	家庭债务占 GDP 比重排名	是
		企业负债水平*	企业债务占 GDP 比重排名	是
		政府负债水平*	政府债务占 GDP 比重排名	是
创新效率	创新水平	PCT 国际专利数量	2017 年 PCT 国际专利申请数量（按来源国统计）	是
		科技论文发表数量	2016 年所有领域科技论文数量（按来源国家统计）	是
		互联网普及度	使用互联网人口占比	是
		TFP 增长	TFP 增长率	是
		研发强度	研发费用/GDP	是
		知识产权保护	知识产权保护	是

续表

一级指标	二级指标	具体指标	指标解释	国际可比
创新效率	市场效率	货物市场效率	为综合指标，包括地方竞争强度、反垄断的有效性、税收负担率、创业的时间、货物关税等	是
		劳动力市场效率	为综合指标，包括工资的灵活性、劳资关系和吸引人才的容量等	是
		金融市场发展	为综合指标，包括金融服务的可获得性、风险资本的可获得性、贷款的可获得性和银行的稳定性等	是
		技术成熟度	为综合指标，包括前沿技术的可及性、企业层面的技术吸收能力、互联网使用人数和 FDI 和技术转移等	是
		市场规模	为综合指标，包括国内市场规模、国外市场规模、GDP 和出口	是
		出口国内增加值率	出口产品中隐含的国内增加值的比重	是
		附加值率	产业的增加值/总产出	是
政府效率	公共服务效率	营商指数	营商指数主要包括开办企业、办理施工许可证、获得电力、登记财产、获得信贷、保护少数投资者、纳税、跨境贸易、执行合同和办理破产十个方面的内容，每个方面都从程序个数、所需时间长度、所需成本等质量和成本效率方便设置若干个指标，最后根据这些指标计算出一个综合性指标，即营商便利度	是
		PMR：产品市场监管指标*	OECD 产品市场数据库（PMR）是一套全面的、可在国际上进行比较的指标，用以衡量政策促进或抑制竞争可行的产品市场领域的竞争程度	是

续表

一级指标	二级指标	具体指标	指标解释	国际可比
政府效率	公共服务效率	专业服务监管（含法律、会计等的规范）*	OECD 专业服务业部门监管指标衡量专业服务和零售分销部门的监管条件。专业服务指标涵盖法律、会计、工程和建筑行业的入门和行为规范	是
		能源交通通信监管指标（ETCR）*	OECD 能源、交通和通讯监管指标（ETCR）包括电信、电力、天然气、邮政、铁路、航空客运和公路货运七个部门的监管规定	是
		零售业监管指标*	OECD 零售指标包括进入门槛、运营限制和价格控制	是
		公共服务满意度	公民对医疗体系的满意度和公民对教育体系的满意度的加权	是
	社会保障	法治指数	法治指数	是
		政府开放度指数	WJP 开放式政府指数使用四个维度衡量政府的开放度：宣传法律与政府数据、信息权、公民参与和投诉机制	是
		税收和转移支付对基尼系数下降的影响	税收和转移支付政策可以使基尼系数下降的水平	是
生活质量	消费升级	（科教文卫）消费比重	（科教文卫）消费比重	是
		大学教育人力资本比重	大专以上人员在就业人员中所占比重	是
	消费促进	初次收入分配中劳动收入比重	初次收入分配中劳动收入比重	是
		城市居民收入差别（缩小）	城市居民收入差别（缩小）	否
		城乡居民收入差别（缩小）	城乡居民收入差别（缩小）	否
		居民可支配收入增长速度	城市居民可支配收入增长速度	是
		最低生活保障水平	最低生活保障水平	否
		社会保障	社保缴费占财政收入的比重	是

续表

一级指标	二级指标	具体指标	指标解释	国际可比
环境质量	生态环境	人均水资源量	水资源量/年底总人口数	是
		自然保护区面积	自然保护区面积（万公顷）	否
		万人城市园林绿地面积	城市园林绿地面积/年底总人口数	否
	产出能耗	万元 GDP 能耗指标*	万元 GDP 能耗 = 能源消费总量/GDP；万元 GDP 能耗指标 = 1/万元 GDP 能耗	是
		万元 GDP 电力消耗指标*	万元 GDP 电力能耗 = 电力消费总量/GDP；万元 GDP 电耗指标 = 1/万元 GDP 电力能耗	否
	城市排放	城市人均垃圾生产量*	城市人均垃圾生产量（吨）	是
		CO_2/GDP*	CO_2 排放量和 GDP 的比值	是
		工业废水排放量指标*	工业废水排放量 = 1/工业废水排放量	否
		工业二氧化硫排放量指标*	工业二氧化硫排放量 = 1/工业二氧化硫排放量	否
		工业烟尘排放量指标*	工业烟尘排放量 = 1/工业烟尘排放量	否
		工业粉尘排放量指标*	工业粉尘排放量 = 1/工业粉尘排放量	否
	空气监测	PM2.5 集中度指标*	PM2.5 集中度为 PM2.5 年均浓度（微克/立方米）；PM2.5 集中度 = 1/PM2.5 集中度（微克/立方米）	是
		暴露在 PM2.5>35（微克/平方米）的人群比例*	暴露在 PM2.5>35（微克/平方米）的人群比例	是
		PM10 指标*	PM10 指标 = 1/PM10（微克/立方米）	否
		二氧化硫指标*	二氧化硫指标 = 1/二氧化硫	否
		二氧化氮指标*	二氧化氮指标 = 1/二氧化氮（微克/立方米）	否

续表

一级指标	二级指标	具体指标	指标解释	国际可比
环境质量	空气监测	臭氧指标*	臭氧指标=1/臭氧（微克/立方米）	否
		空气质量良好天数	空气质量达到及好于二级的天数	否
	环保投资与回收	环保科技占全部科技的比重	环保科技投资占全部科技投资的比	是
		治理工业污染项目投资占GDP的比重	治理工业污染项目投资额占GDP的比重=治理工业污染项目投资额/国内生产总值（现价）	否
		工业“三废”综合利用产品产值比	工业“三废”综合利用产品产值比=工业“三废”综合利用产品产值/国内生产总值（现价）	否

注：加*的指标表示该指标为非正向指标。所有高质量发展指标均正向标准化。

数据来源：WDI、ILO数据库、WIOD、IMF Global Debt Database、WIPO statistics database、美国NATIONAL SCIENCE BOARD、Conference Board、GCI、OECD、World Economic Forum（WEF）、GCI（全球竞争力指数）、世界银行、WJP、SWIID、undata、Barro-Lee.

二、新经济的统计体系

新经济带来的持续创新能够带来产品和服务质量的提升，从而提高公众的福利水平，但是，传统的经济统计并未将这种新经济带来的效果纳入其中，低估了整体产出水平。基于工业生产的中国统计体系已经无法对中国经济结构中的变化作出及时的反映，一方面对新经济的规模很难有效地评估，另一方面对新经济为整体经济带来的益处又很难衡量。

（一）面对新经济，现有统计体系的主要不足之处

中国的统计体系需要革新以适应新经济。一般认为，新经济是由信息技术和传统产业的深度融合创新引发的全新的产业革命，因而新经济的业态和商业模式多种多样，从而很难界定，这使得对新经济的具体统计核算较为困难。

由于新经济具有弱投入产出联系、强个体化网络化联系和正网络外部性

特征，这就使得传统的基于工业生产的统计体系很难有所作为。现有的统计体系面对新经济“捉襟见肘”，其不足主要体现在八个方面：①新经济很难纳入现有的统计分类；②新经济的很多活动不是以法人和个人为主体的，统计调查方法很难覆盖；③新经济带来的廉价服务和质量提升没有纳入 GDP 核算中，被严重低估；④分享经济带来的存量革命，一直被排除于现有的 GDP 产出核算以外；⑤新经济使得人们的闲暇、教育和工作时间相融合，传统的就业和教育统计已经不再适用；⑥新经济带来的产品和服务质量提升，与现有的价格编制方法相矛盾；⑦信息流和资金流的双向特点，使得消费者和生产者的界限日益模糊；⑧消费品和投资品的划分也日益困难。

（二）对创新新经济统计的建议

对新经济统计核算的创新，应当遵循以下两项原则：

一是以鼓励创新研发为导向。统计核算应当尽可能地将新经济的研发支出和知识资本形成纳入经济核算中。在经济结构转型的大背景下，新经济的崛起无疑为经济新动能的培育提供了比较好的条件，因此新经济统计体制的改革也应当以鼓励新经济的创新发展为目标，合理评价新经济对现实经济的贡献，充分展示新经济对现代经济体系建设的推动作用。

二是创新测量核算的思维和角度。传统的经济核算主要来源于企业的产出层面，核算的一般是公允价格下的生产者剩余，而在新经济模糊生产和消费的情况下，建议从消费者剩余的角度进行思考。新经济对经济社会带来的影响，更多的是通过“存量革命”和“网络化效应”降低了信息不对称和成本，提高了消费者的剩余，用公允价值计算的企业产出很可能低估了消费者的福利提升。以新经济企业的研发投入和消费者剩余作为突破口的原因在于，新经济的创新产出成果多种多样，服务的群体和数量也无法进行简单加总，对于创新的投入的计算则比较容易；另外，消费者的剩余是消费者效用的提升，是可计数、可加总的福利体现。

统计部门应当与监管部门合作，实现数据共享。新经济不断解构投入产出的生产关系，构建个体化的信息网络集合体，每时每刻都在创造海量的数据，信息流和资金流都不是再按月和季度这么长的时间跨度进行计算。事实上，对于新经济企业而言，月度统计报表的填写模式显然已经不再适用。这是因为，一方面瞬息万变的信息流使得企业也不清楚某一个时点的数据是否可信；另一方面时点数据对于新经济而言并没有太大的意义。因此，建议统计部门和监管部门协调合作，在法律允许的基础上接入新经济企业的数据后台，实现实时监管和统计数据的一手收集，做到流量监管和流量统计相结合。

第三节　高质量发展评价体系的意义和内部协同

高质量发展评价体系中的五个一级指标选择和设立的目的在于树标杆、找差距，找出我国与高质量国家发展的差距，通过找差距促进转型，旨在通过增长的稳定、创新的促进、政府公共服务能力的提升、以人为本的生活质量改善和生态环境的优化等指标评估，督促经济社会自然协调发展。这些指标很多都是国际组织调研、测度的，是一个全球统一可比的指标体系框架，对中国转型绩效评估是有意义的。

高质量发展评价体系中的五个一级指标之间并非是孤立的，而是相互协调统一的，是相互联系的整体。

一、高质量发展评价体系的意义

中国提出要促进和实现经济的高质量发展，这表明了中国政府对中国经济进行深度改革开放的决心，是政府进行经济管理和宏观政府供给的标准化和与国际接轨的过程。建立高质量发展评价体系是为高质量发展建立标准，并将其他标准协调统一在高质量发展的评价标准中，同时将统计数据的采集、收集、整理和分析使用标准化，并与国际标准接轨，有助于政府的监督管理工作更为科学、准确和高效地施行。在中国经济面临转型发展的前提下，建立高质量发展评价体系的重要性不言而喻，对政府职能的转变尤为重要。

（一）高质量发展评价体系的落脚点是政府制度供给标准改革

宏观政策稳定和社会政策托底，是政府政策最重要的基准。产业政策要强调放松管制，为微观主体创造良好的营商环境。改革的落脚点，应放在政策管理框架和政策供给方式的改革上。

社会政策托底，是各国在转向高质量发展中最为重要的一个环节。在2008年金融危机之后，国际社会认识到实现社会保障的全覆盖对于缓解危机、应对经济衰退具有重要作用。2009年联合国行政首长理事会在应对金融危机问题上专门提出了建立社会保障底线的建议：一是基本收入保障；二是健康、食品、教育和住房等公共服务的普遍获得。国际劳工组织将社会保障底线定义为保障全部社会成员在生命周期内遇到社会风险时可以获得的社会保护，包括最低收入和基本的健康保障。中国近年来积极推进新农合等农村社会保障体系建设和2020年全面建设小康社会。中国已经基本建立起社会保障体系，社会政策底线思维逐步确立，但需要结合社会发展指数体系明确定义社会底线。

标准体系除了具有鲜明的技术属性外，其制度属性亦十分突出。综合而言，标准是一种技术制度。从标准的定义看，标准是经协商一致达成的一种规范、一种文件。从标准化的实践看，随着经济、社会、科技和国际贸易的日益发展，标准的“规制”作用日益凸显，成为一种越来越重要的“治理”手段。目前，中国标准体系的问题是供给严重落后于需求。中国当前以政府为主的标准供给模式，已不能很好地满足经济社会快速发展的需求，应当充分利用社会和市场资源，发挥社会和市场活力，拓宽标准供给渠道。

中国在技术体系中过多地强调其技术属性，对于其制度属性涉及很少，对相关方权利、义务和利益的协调与平衡，对标准公开、公平、公正的维护与保证，对标准化管理与标准制定的关系认知较少。标准体系是一项重要的制度性公共产品，但利益相关者参与较弱，标准体系满足不了快速发展的社会需求。标准化体制改革问题，实质上就是标准化职责在政府、社会和市场之间的优化配置（即标准化共同治理结构），让市场激励标准的制定者和受益人。当今国际竞争已经进入标准之争，中国迈向高质量发展必须改革标准体系的供给方式，加强政府标准体系的供给能力，授权民间机构和行业协会等依据变化进行标准化的供给。美国、德国和英国等发达国家都建立了适应市场经济和国际贸易发展需要的政府授权民间机构主导的标准化体制。各国标准一般由国家标准和社会团体标准构成，除政府标准外，都有体系比较健全、数量庞大的社会团体标准。社会团体均可受政府委托承担具体起草政府标准的工作，政府也可将社会团体标准转化为政府标准。

中国应当积极改革标准体系供给体系，积极推进标准体系的应用，促进高质量发展。建立和完善节能减排、质量管理、国际贸易便利化、视觉健康与安全防护、现代服务、公共安全、公共管理与政务信息化、信息分类编码、人类工效和食品感官分析等领域的标准体系。

（二）高质量发展评价的目标是宏观与微观协调发展

与产业和微观政策配套的是标准化体系。“标准是生产中的法”，中央文件也已经明确将标准与经济、法律并列作为政策调控的基石。转型目标—产业和微观政策—标准化是一个打通宏观与微观的主线。

产业、微观政策均属于供给侧改革范围，具有长期性。转型阶段的当务之急，就是减少政府干预，降低这些政策实施的过度选择性特征。迈向高质量发展过程中的关键，就在于让市场在资源配置中起到决定性作用，让政府成为维护市场秩序的积极有为的政府。中国当前的市场分割、竞争不充分、产权保护不利以及市场欺诈等问题与秩序建设不完善有关，应减少政府干预和审批过度，让政府从干预者转向服务者。产业政策体系应基于市场公平原则进行重新设立，反垄断、放松管制、知识产权保护和鼓励多元参与的创新是产业政策的重点。微观政策关键在于让微观“活”，“活”的根本是政府从审批制逐步转向负面清单管理，提升营商环境质量，推动社会中介组织的发展，改变直接干预管理，建立多方参与的治理体系。

2015 年中央经济工作会议提出要实施相互配合的“五大政策支柱”。“五大政策支柱”为：宏观政策要稳，产业政策要准，微观政策要活，改革政策要实，社会政策要托底。“五大政策支柱”各自对应“稳、准、活、实、托底”的任务要求，为结构性改革提供一系列政策制度的支撑。政策体系激励迈向经济质量的轨道，明确激励转型的目标、方法和进行政策体系管理框架的改革。

宏观经济政策目标就是要“稳”，经济增长平稳是高质量发展的重要保障。其一，国际经验表明，在跨越中等收入陷阱时，一国经济只要不出现危机导致的经济停顿或汇率危机导致的本币大幅度贬值，都可以成功跨过中等收入阶段。中央提出的“稳中求进”是宏观政策的根本指引。宏观政策稳定化指的是，立足于传统的 GDP 与通货膨胀（菲利普斯曲线）均衡的调控目标区间，兼顾潜在增长率变化的前瞻性趋势，共同定义增长的目标。其二，宏观经济稳定的任务，主要是降低金融风险，经济转向高质量发展阶段。衡量波动的指标不仅仅是通货膨胀，而是更需关注汇率、净出口等外部波动，也更要对房地产和其他资产价格波动进行监测，它们直接影响经济的稳定。其三，降低外部冲击对中国的影响。尽管中国经济日益融入全球化，但依然处于“小国经济”地位：货币不是国际货币，商品国际定价地位仍然不强，是世界波动的接受者，小国模型必然受到外部冲击。美国加息、减税、贸易等政策对我国都是有冲击性的，只有稳定国内经济，才能有效抵御国际冲击，特别是汇率和资本流动的冲击。宏观政策更需倚重市场进行宏观政策目标的实施，高度重视宏观政策对要素价格的定价和市场流动性的决定性意义。

（三）高质量发展的评价体系是统计体系国际化的过程

统计体系需要一个逐步国际化的接轨过程，应突出效率、创新、新经济和消费者剩余的统计导引作用。特别要强调劳动生产率提升、创新贡献提升和居民生活质量提升，逐步用高质量复合指标替代单一 GDP 增长的统计方式，形成新的统计指标考核模式。

（四）高质量发展评价的指标是政府转变职能的方向

以往对政府官员（特别是地方官员）的政绩考核以经济增长为主，GDP 增速将对官员的升迁具有重要影响，考核内容唯速度论，不包括与“质量”相关的内容。1994 年中国确立社会主义市场经济体系以来，这种“唯 GDP 增速”的考核方式，对于中国实现“起飞”，冲出“贫困陷阱”起到了很好的激励作用，但现在已经不符合中国经济转型升级发展的现实要求。在中国经济跨越“中等收入陷阱”向发达国家转变的过程中（前述“工业化”和“城市化”过程对政府具有不同的要求），政府绩效考核要以公共服务为目标，要重视人民满意度和自我承诺进度的考察。区域创新能力培育、社会政策效果应作为政府绩效评价的主要标准。评价指标的设立，是为了促进政府转移到公共服务的职能上来，发挥改革引领者、督促者和落实者的作用。

政府职能评价指标（见表2-3），是从服务型政府职能的角度，对政府的职能进行更为综合系统的评价，而不是仅从经济增长的角度说明政府的绩效。

表2-3　政府职能评价指标

评价项目	序号	评价子项目	权重
行政业绩（45%）	1	履行职责	30
	2	完成年度重要工作	7
	3	政府重大投资项目	3
	4	改革与创新能力	5
行政效率（20%）	5	行政审批	6
	6	办理人大建议、政协提案	3
	7	处理信访、投诉	3
	8	效能监察	2
	9	电子政务应用	6
行政执行力（25%）	10	督查督办	2
	11	政风行风	3
	12	政令检查	2
	13	廉洁状况	6
	14	重大事故问责	3
	15	财经责任问责	2
	16	行政执法	3
	17	行政复议及行政诉讼	4
行政成本（10%）	18	部门预算支出（项目支出+人均公用经费支出）	6
	19	财政绩效检查评价	2
	20	财政、财务收支的真实、合法和效益	2

表 2-3 中各评估子项目指标的含义如下：

（1）履行职责：指政府部门履行法律法规赋予的职责及本级政府确定的工作职责。

（2）完成年度重要工作：指政府部门完成市政府年度主要工作责任制一览表中确定的工作任务，以及部门年度责任目标白皮书确定的重要工作。

（3）政府重大投资项目：指市政府年度投资项目建设进度目标任务书中确定的项目。

（4）改革与创新能力：指政府部门组织实施市改革办认定的年度改革计划项目的能力。

（5）行政审批：指政府部门实施行政许可及非行政许可的审批和登记。政府部门应当在本部门的门户网站上公开经市政府同意的行政审批事项及相应的审批实施办法。行政审批的办理时限以政府部门公布的行政审批实施办法规定的时限为准。行政审批绩效排名，是指市行政审批电子监察系统的每月绩效测评名次。

（6）办理人大建议、政协提案：指政府部门按时办理人大建议、政协提案的情况及人大代表、政协委员对处理结果的满意情况。

（7）处理信访、投诉：指政府部门按时处理公民、法人或者其他组织的信访、投诉事项的情况。

（8）效能监察：指市政府监察机关对政府部门效能监察的情况。

（9）电子政务应用：指政府部门政务信息网上公开、政务信息资源共享、网上申请、查询行政审批以及在线处理行政许可的情况。政务信息网上公开，指政府部门在网上向社会公开其按照规定应当公开的信息。政务信息资源共享，指政府部门之间相互获取、使用政务信息资源的情况。网上申请行政审批实现率，指政府部门的可网上申请的行政审批项目数与行政审批项目总数之比。网上查询行政审批实现率，指政府部门的可网上查询的行政审批结果的项目数与行政审批项目总数之比。在线处理行政许可实现率，指政府部门的实现在线处理的行政许可项目数与行政许可项目总数之比。

（10）督查督办：指政府部门办理市政府督查督办事项的情况。

（11）政风行风：指市政府纠正行业不正之风办公室民主评议政府部门政风行风的情况。

（12）政令检查：指市政府监察机关对政府部门政令执行检查的情况。

（13）廉洁状况：指公务员在廉洁行政方面出现的违法违纪状况。

（14）重大事故问责：指对政府部门职责范围内发生的突发公共事件、重大责任事故进行调查、追究责任的情况。

（15）财经责任问责：指对政府部门职责范围内发生的违反财经法纪行为进行调查、追究责任的情况。

（16）行政执法：指行政执法主体依法实施行政检查、行政强制措施、行政处罚和行政强制执行的行为。行政执法结案率，指行政执法结案件数与行政执法立案件数之比。行政执法错案率，指被追究行政过错的案件数与行政执法立案数之比。

（17）行政复议及行政诉讼：行政复议纠正率，指行政复议纠正案件数与行政复议案件总数之比。行政复议纠正案件，指复议机关撤销、变更政府部门作出的具体行政行为，确认政府部门作出的具体行政行为违法以及责令政府部门履行法定职责的案件。行政复议案件总数，指政府部门为被申请人、由复议机关立案受理并作出复议决定的案件数。行政诉讼败诉率，指行政诉讼败诉案件与行政诉讼案件总数之比。行政诉讼败诉案件，指人民法院经过审理作出撤销判决、变更判决、责令履行判决和确认违法判决的案件。行政诉讼案件总数，指政府部门为被告、由法院立案受理的案件数。

（18）部门预算支出：指政府部门预算的人员公用经费实际支出和项目实际支出。其中，项目实际支出指经财政部门核定的政府部门履行职能类项目支出、年度预算一次性项目支出及年度预算准备金。

（19）财政绩效检查评价：指财政机关、审计机关对政府部门500万元以上项目（不含基本建设项目）的财政绩效检查结果评价情况。

（20）财政、财务收支的真实、合法和效益：指审计机关对政府部门财政、财务收支的审计结果情况。

二、高质量发展评价体系的内部协同

高质量发展评价指标体系内部是协调统一的，这种协同性体现在理论上设计的各指标之间，也体现为政府与市场关系的协同。

（一）高质量发展评价指标之间的协同

高质量发展评价体系中的五个一级指标为经济增长、创新效率、政府效率、生活质量和环境质量。与以前相比，这五个一级指标之间的关系有所不同。在以数量扩张为主的高速经济增长阶段，一切使经济获得高速增长，一方面，不断增加产出，而不论资源和环境为此付出了怎样的代价，为了快速实现工业化，就要进行物质资本的积累，在产出既定的情况下，就无法有效保障生活质量的提高。另一方面，在生产要素数量投入即可获得产出高速增长的时代，“干中学和模仿套利机制[①]”（张平、刘霞辉，2006）简单易行，讲求创新和效率无利可图，是画蛇添足。随着经济转型压力的增大，原有通过高投入实现高增长的途径的生存空间不断缩小，对环境质量、生活质量的要求不断提高，经济增长的方式也需要向创新转型，这就需要未来的经济增长实现各方面的协调发展，就要求五个一级指标之间不是相互矛盾的，必须是协同发展的关系。因此，在高质量发展阶段要以创新发展为手段，以效率增长为途径，节约资源，保护生态环境，转变政府职能，向民生和服务型政府转变，以满足人民的物质文化生活需要为根本进行经济建设。

（二）政府与市场的协同

高质量发展阶段，五个一级指标设立的目标和运行都有着积极性的变化，即对市场和政府在资源配置的关系上进行了更为大胆的改革，明确了未来更大程度地依托于市场机制进行资源配置。因此，协同的动力来自市场在配置资源上起决定性作用，来自统一开放、竞争有序的市场体系，以及政府职能由干预型政府转向公共服务型政府。

---

① 中国经济增长与宏观稳定课题组. 干中学、低成本竞争机制和增长路径的转变[J]. 经济研究，2006(4):4-14.

2013 年，中共十八届三中全会提出，中国社会主义经济建设中应发挥市场在资源配置中的决定性作用；继十八届三中全会后，2014 年习总书记在中共中央政治局第十五次集体学习中明确强调“正确发挥市场作用和政府作用，推动经济社会持续健康发展”①。习总书记强调，准确定位和把握使市场在资源配置中起决定性作用和更好发挥政府作用，必须正确认识市场作用和政府作用的关系。政府和市场的关系是我国经济体制改革的核心问题。党的十八届三中全会将市场在资源配置中起基础性作用修改为起决定性作用，虽然只是一词之差，但对市场作用是一个全新的定位，“决定性作用”和“基础性作用”这两个定位是前后衔接、继承发展的。使市场在资源配置中起决定性作用和更好发挥政府作用，二者是有机统一的，不是相互否定的，不能把二者割裂开来、对立起来，既不能用市场在资源配置中的决定性作用取代甚至否定政府作用，也不能用更好发挥政府作用取代甚至否定使市场在资源配置中起决定性作用。

在这之后，大量中央文件强调，“我们要坚持社会主义市场经济改革方向，从广度和深度上推进市场化改革，减少政府对资源的直接配置，减少政府对微观经济活动的直接干预，加快建设统一开放、竞争有序的市场体系，建立公平、开放、透明的市场规则，把市场机制能有效调节的经济活动交给市场，把政府不该管的事交给市场，让市场在所有能够发挥作用的领域都充分发挥作用，推动资源配置实现效益最大化和效率最优化，让企业和个人有更多活力和更大空间发展经济、创造财富”。可见，中央通过顶层设计，不断将市场机制配置资源的地位由基础性作用提升至决定性作用。

工业化赶超时期，政府的 GDP 目标与企业利润目标、人民生活物质满足目标高度一致，政府干预资源配置有助于增长。高质量发展阶段，经济驱动力主要依靠创新获得效率，创新最有效的方式是市场激励。创新分为供给创新和需求创新。供给创新即供给创造需求。通过科学规律进行的创新人们才

① 习近平在中共中央政治局第十五次集体学习时强调“正确发挥市场作用和政府作用 推动经济社会持续健康发展”[N]. 人民日报,2014-05-28(24).

会使用，与需求关联小，这一类创新往往由政府基础科学支出和大型科研机构推动。需求创新即需求推动的创新活动才是推动经济增长的核心："纵向创新"旨在产品质量改进与创新替代；"横向创新"旨在满足消费者选择多样性、消费者剩余增加等。在高质量发展阶段，需求多元化越来越明显，政府无法进行基于需求的创新干预了。政府逐步从直接配置资源转向完善市场和维护市场秩序，以提供公共服务为主。

第四节　高质量发展面临的主要任务

高质量发展是城市化可持续发展和以人民为中心发展理念的内在要求。随着人口红利消失，以往依赖低成本劳动力优势的增长模式终结，人力资本、内需和创新将逐渐成为中国城市化的新引擎。由于发展阶段性特征发生了变化，未来高质量发展的工作，面临的主要任务和需要重点解决的问题包括以下三个方面。

一、加强和完善金融财政体系建设，促进金融和财政的协调

经济新常态和城市化发展为政府目标和资源配置效率提出了新要求：一方面，强调市场配置资源的基础性地位，完善和发挥市场的激励作用，核心是金融体系的稳定和健全，既有利于多样化资产投资渠道的畅通，又有利于企业投融资需求的满足；另一方面，促进社会保障制度和公共服务体系的完善，以人民生活质量提高促进经济社会发展。在财政转型问题上，中国的短期目标应是改变大规模工业化时期生产型财政收支的模式，把制度建设的重点转变到服务民生上来；长期目标应是调整原有以工业税收为主体的财税模式，逐步形成以消费税、收入税和财产税为主体的财税模式，财政改革的立足点应是不断提高居民的福利保障水平。在金融市场建设问题上，中国应当以市场稳定和效率导向为重点，建立多层次、多功能的金融市场，进而为家庭资产多样化提供稳定的金融环境，适应高质量发展的要求。

改革政策要实，改革政策本身不是一般的改革措施，改革是要对政策管

理框架进行改革。当前的机构改革已经向这方面迈出了可喜的一步。中国宏观管理框架是基于工业化过程的货币与财政管理框架，货币发行基于央行外汇占款，财政收支是基于生产领域的流转税，政府支出在生产领域份额较高。面对2019年中国城市化率突破60%的基本现实，1995年建立的宏观管理政策框架需要进行修订了。货币发行逐步转向“公债货币化”、以内需为主的货币发行体系；财政则要逐步从间接税转向直接税，财政支出转向公共服务。这些政策性框架具有系统性。产业政策原有框架也是基于部委体系的，基本上是由部委分立直接推出的支持性产业政策，显现出传统计划系统的特征。以开发区为例，商务区和自贸区归属于商务部，保税归属于海关，高新区归属于科技部，金融区归属于“一行两会”，而基于城市化发展的空间布局被部委分割后，协作创新、聚集效应都被破坏，这种产业政策运营框架不符合中国高质量发展的路径。在微观政策改革方面，应从直接政府管理框架转向多元参与的治理框架，政府职能从直接干预经济转向提供公共服务，维持市场统一、开放、公平、经营有序的市场体系建设，积极推动社会行业组织的发育。

二、转向高质量内生发展路径

传统经济理论把消费看作是储蓄和投资的抵消项目，这是工业化阶段形成的思维模式，因为积累和增长是工业化的核心。然而在发达经济阶段，居民消费结构中的科教文卫体等广义人力资本消费越来越具有跨期投资的特性，是一种有助于未来整体经济效率提高的储蓄向高效率消费的转化途径。这种有效率的储蓄转化，是城市化区别于工业化的一个重要特征，其意义在于可持续发展和对抗未来的不确定。中国在转向高质量发展的过程中，应重视高层次人力资本积累不足的问题，高层次人力资本不足，目前已成为抑制中国高质量发展的瓶颈。当经济步入城市化阶段，可持续的增长需要能够促进效率提升的广义人力资本消费。因此，中国现阶段的供给侧结构性改革，本质上应视为突破工业化时期增长—消费循环的不可持续性，应建立和培育消费结构升级所蕴含的效率补偿机制，深化公共服务领域的改革，放松管制，推动科教文卫体等现代服务业升级，解决与人民需求不相符的供给不充分的问题。

三、着力解决经济发展不平衡性问题

在数量型、粗放型增长向高质量发展的转型中，经济发展不平衡问题是一种普遍现象，也是高质量发展需要着力解决的问题。转移支付和公共投资应重点向扶贫、区域发展协调、城乡发展协调、竞争性企业扶持和环境改善方面倾斜。在城市化时期，以平衡为重要目标的公共政策，比以往具有更大的综合性和系统性。

本章小结

本章主要对高质量增长的本质、内涵进行剖析，在分析高质量增长的核心机制和动力的基础上，构建高质量发展评价体系，提出构建评价体系的意义和指标体系内部的协同性，提出未来中国高质量发展中将面临的主要任务和需要重点解决的问题。

受国内外政治经济环境条件的制约，中国经济增速放缓，经济面临发展模式转型要求，未来中国经济将从高速增长转向高质量增长阶段。经济高速增长是中国经济体系从无到有的过程，未来的高质量发展是中国经济“从劣到优”的过程。

（1）从中央提出中国经济要向高质量发展转变的要求后，学者们虽然都认为高质量发展有六大内涵，但对这六大内涵的具体内容和提法略有不同。我们认同从发展的理论出发，赞同中国社会科学院经济研究所的看法，高质量增长六大内涵为：以人民为中心的深度城市化；创新驱动的持续提升效率；保护产权，规范政府行为，实现市场配置资源；经济稳定性；生态文明建设和可持续发展；经济协调主体转型。高质量发展的核心机制是“知识消费—人力资本提高—创新效率补偿”的循环，核心动力是提高资源的配置效率。

（2）在对高质量发展内涵进行分析的基础上，结合国际经验，构建高质量发展评价体系，选取五个一级指标和 65 个具体指标对高质量发展进行客观评价。对高质量发展进行评价是政府职能转变的要求，是实现高质量发展的手段，也是与国际接轨的表现。

（3）未来中国经济在进行高质量发展的过程中面临的主要任务和需要重点解决的问题在于：加强和完善金融财政体系建设，促进金融和财政的协调；转向高质量内生发展路径；着力解决经济发展不平衡性问题。

第三章

对供给结构及其效率的深入探讨

经济结构的演进和变化对于经济增长具有重要意义。经济结构从经济增长的角度可以分为供给结构和需求结构，但是由于长期经济增长的潜力决定于总供给，短期经济波动决定于总需求，因此一般的研究均着重从供给结构出发。在高质量发展阶段，也需要从供给结构及其效率的角度出发研究高质量发展的路径和条件。

第一节　对供给结构的界定

皮亚杰在《结构主义》中对结构有深刻的阐述。他认为，结构是一种由种种转换规律组成的体系。这个转换体系作为体系（相对于其各成分的性质而言）含有一些规律，这些规律可以被理论家形式化（公式化）。正是由于有一整套转换规律的作用，转换体系才能保持自身的守恒或使自身得到充实，而且这种转换并不是在这个体系的领域之外完成的，也不求助于外界的因素。一个结构应具有三个特性：整体性、转换性和自身调整性。整体性是指结构作为自身的整体性，都有一个唯一的对立关系；自身调整性是指一个结构所固有的各种转换不会越出结构边界之外，只会产生总是属于这个结构并保存该结构的规律成分①。

一、经济结构的内涵和划分

具体到经济结构的界定，佩卢（F. Perroux）认为，经济结构是表示在时间和空间里有确定位置的一个经济整体的特性的那些比例和关系。廷伯根（J. Tinbergen）则认为，经济结构是有关经济对某些变化作出反应的方式的不可直接观察到的特征所作的考虑。在计量经济学中，这些特征用系数表示，而且这些系数的整体提供了双重信息：一方面，这个系数的整体提供了这个经济的蓝图；另一方面，它确定了对某些变化作出反应的途径。据此，经济结构可以被看作是适应外界影响的一个社会体系诸成分稳定布局的体系。这

① 皮亚杰. 结构主义(汉译世界名著丛书)[M]. 北京:商务印书馆,1984.

个体系可以自我调节，具有适应环境的功能；同时，这个体系的形成受到经济主体感情和认知调整作用的影响。因此，一定的经济结构是主客观共同作用的历史构造过程，这个过程的结果是有概率性的。当受到新的外部冲击时，现有的经济结构会决定该经济体系的反应和适应性调整的具体形式和内容。库兹涅茨（Kuznets）则认为，经济结构与经济增长紧密相关，经济结构调整是经济增长的结果。

由于经济结构实际包括的内容纷繁复杂，是多系统、多层次、多内容的复合体，因此对经济结构应如何划分尚没有明确而系统的权威阐述。综合已有的研究成果我们认为，应主要从四个角度划分经济结构，即：经济的组成结构，经济的成分结构，经济地理结构，经济的实现结构。

（一）经济的组成结构

经济是一个复杂的体系，参与经济运行的主体是由不同的系统、部门组成的，因此可以依据组成对经济结构进行划分，这种划分可以从不同的角度进行。例如，按产业结构可以将经济结构划分为三次产业结构；从技术层次和类型角度也可以对经济结构进行划分，依据技术类型可以将经济结构划分为劳动密集型、资本密集型和知识密集型；按技术的等级可以将经济结构划分为高级（尖端、先进）、中级和低级（落后和原始）技术结构；还可以按组成规模将经济结构划分为大、中、小的组成结构。

（二）经济的成分结构

经济的成分结构主要是指参与经济运行的主体的所有制结构，各个国家的所有制不同，划分的所有制结构也会有所不同，如在中国，经济的所有制结构主要包括国有及国有控股、集体、私营和外商独资等。

（三）经济地理结构

一个国家（或地区）的经济分布于不同的地位空间内，不同的空间分布具有资源和条件的异质性，产出的结果和效率也就不同，因此可以按地理位置划分经济结构。如中国经济按地理位置习惯性分为东部、中部和西部，按城市群又分为京津冀、长三角、珠三角和北部湾等。

（四）经济的实现结构

从马克思主义经济学的角度理解，经济是社会再生产的过程，包括生产、分配、交换和消费四大活动，可以将经济结构按经济实现环节分为生产结构、分配结构、对外贸易结构和消费结构等。从西方经济学角度理解，在现代生产方式下，总产出的实现是总供给和总需求均衡的结果，因此经济结构按经济实现的途径分为供给结构和需求结构，还可以从市场经济实现的机制角度，将经济划分为竞争结构和价格结构等。

二、供给结构的内涵和划分

从宏观经济均衡的角度，可以将经济结构划分为对立统一的供给结构和需求结构。供给结构与需求结构的辩证关系主要体现在经济发展过程中，两者是相互联系又相互制约的矛盾对立统一整体。首先，供给结构的调整会使消费结构得到满足，而消费结构的升级又会引导供给结构变化，即供给创造需求，需求拉动供给；其次，供给结构变动缓慢会制约需求的实现，而需求结构决定了供给不能肆意扩张，即供给限制需求，需求制约供给。在宏观经济中两者的关系表现为：供给与需求的不均衡是常态，但两者又在结构变换中不断趋于均衡，这种变换使两大结构在相互适应的同时推动了经济增长，同时也产生了经济周期性运动。因此，在分析供给结构时，离不开对需求结构的充分认识。

对于供给结构没有明确标准的定义。本书认为，供给无疑是指供给者的供给能力和供给结果，如果将供给等同于生产，则供给的核心是生产能力，而在经济学中生产被看作是生产要素投入产出的过程，即生产函数，因此供给能力就表现为生产者在生产过程中对要素的配置和效率。而在通常情况下，供给者自身的产权组织形式会影响生产过程中的要素配置形式和效率。另外，供给者按其产出的产品的功能用途不同会被划分为不同的产业（行业），因此，供给结构包括供给的产权结构、要素结构、产业结构和地区结构。从国民收入核算的方法看，支出核算属于总需求角度核算，收入核算和增加值核算均属于总供给核算，本质上是基于生产要素结构和产业结构两个方面。

结合高质量发展的要求，在本书的研究中，供给结构将涵盖产业的结构、生产要素的结构和生产者的产权结构，并侧重分析这些结构演进和变化对经济效率的影响和结果。由于空间结构多数存在收敛机制，因此，本书仅结合高质量发展的要求研究人力资本的空间结构问题，其他结构性问题不在空间层面展开。

第二节　对效率和结构效率的理解

人们大多情况下提到的效率，一般都会被习惯性地理解为资源的配置效率，在市场经济完全效率的情况下就是实现帕累托最优，很少有人在更宽泛的意义上理解效率的内涵，也不会有人直接想到结构效率。

一、对效率的系统理解

车圣保（2011）提出，对效率的理解应从一个集合的角度出发，可以依据不同的标准界定效率，在进行效率分析时应从集合效率的状态进行研究才能得到比较全面的结论[①]。主流经济学派中，新古典经济学与新制度经济学都对效率进行了较为明确的界定，两者的内容和分析方法虽然有一定差别，但相同的是两个学派都依次从动态和静态、宏观和微观两个角度及层次研究效率，因而效率首先被分为静态和动态效率，再进一步对应分为微观（宏观）静态效率和微观（宏观）动态效率。

（一）静态效率

新古典经济学认为的静态效率就是我们所熟知的资源配置效率。假设价格和技术水平既定，在市场机制作用有效的情况下，存在市场配置资源的最优状态，即市场出清：包括局部市场的马歇尔均衡，该均衡结果对应的是微观静态效率最优；还包括所有市场的一般均衡，即瓦尔拉斯（Walras）均衡，对应的是宏观静态效率最优。这两种静态均衡的实现机制和实现条件都是大

① 车圣保. 效率理论评述[J]. 商业研究，2011(5)：31-35.

家熟知的，故不赘述。新古典经济学一般运用投入—产出法对静态效率进行测算。

新制度经济学是研究制度的机制设计和结果的，因此其静态效率是分析不同制度的结果的，对应于微观主体内部的制度和机制的运行结果就是微观静态效率，而对应的宏观制度体制和体系的运行结果即为宏观静态效率。由于宏观制度是由微观制度组成的，是通过微观制度体现的，或者反过来讲，微观制度都“嵌”在宏观的制度体系中，不同的微观制度的个体效率被称为安排效率；其与整个宏观制度体系的“契合度”被称为结构效率。制度经济学一般运用交易成本—收益法和受约束的最大化均衡方法分析静态效率。

新制度经济学中的成本一般是交易成本，也经常称其为交易费用。从契约达成的过程角度一般被分为事前成本和事后成本，但由于交易成本的具体内容的界定并不一致，量化分析时收集数据存在困难，以及制度差异会导致交易成本来源不同，使该方法的运用存在困难。

因此，在研究静态效率时，一般也可以假定当事人成本是既定的，他们在比较收益后选择占优策略提高经济效率。为了说明这个作用过程，我们运用“囚徒困境”比较“平均主义”和“奖勤罚懒”两个机制的静态效率（见图 3-1）。

甲 \ 乙	偷懒	勤快
偷懒	2，2	3，1
勤快	1，3	2，2

(a)“平均主义”机制的博弈

甲 \ 乙	偷懒	勤快
偷懒	2，2	2，4
勤快	4，2	4，4

(b)“奖勤罚懒”机制的博弈

图 3-1　“平均主义”和“奖勤罚懒”静态效率比较

如图 3-1 所示，假设企业内部有甲和乙两个员工，无论企业设计何种分配方案，他们的策略均为（偷懒，勤快）。勤快的意思是多干，偷懒的意思是少干或不干。假设企业的分配机制有两种 ，即“平均主义”和“奖勤罚懒”。对应甲和乙的行动策略，两种分配机制的博弈结果显示，“平均主义”的分配机制下甲和乙两人具有纳什均衡解，两人的占优策略均为偷懒，得益均为 2，则得益总和为 4。而在“奖勤罚懒”的分配机制下，甲和乙两人的占优策略均为勤快，均衡解为（4，4），总得益之和为 8。通过对比可见，改变分配机制是存在微观静态效率的。

（二）动态效率

一般动态研究是指引入时间序列，即在考虑到时间因素影响后对事物的一种分析方法。新古典经济学中虽然没有动态效率的概念，但是在对生产函数进行研究时引入时间序列后，将研究分为短期（假定一种生产要素投入数量是不变的）和长期（假定所有生产要素投入数量均可变）。借助这种思想，陆明、陈钊（1998）提出，可以从要素质量是否存在变化的角度区分静态效率和动态效率。也就是说，在要素质量既定的条件下，通过对要素数量的重组提高效率即为静态效率；而动态效率通过提高投入要素的质量改善产出效率。这种考虑生产要素质量变化的思想，在高质量发展中是非常有用的，符合高质量发展的要求。

新制度经济学中的动态效率也是考虑了时间因素的效率，是假定制度没有变化，而随着时间的推移，外部的环境条件发生了变化，使得制度的适用性发生了变化。可能会出现两种结果：一是现在相对于过去更为有效，这种有效性提高被称为适应性效率；二是现在相对于过去更无效，这种结果被认为是效率满足边际递减规律的结果。

适应性效率（Adaptive Efficiency）是指一个社会具有解决不同时期的社会制约因素，进行学习创新、承担风险的所有活动的意愿。对于微观组织而言，对内则表现为在日常经济管理活动中通过内部博弈参加者修正和重写契约来规范行为的选择，是一个微观主体最大概率地允许内部交易方式的变动和创新的空间。

从长期看，适应性效率满足效率的边际递减规律。新古典学派提出的边际递减规律原是指产出水平会随着投入的生产要素数量的增加而减少，将其引入制度创新或机制设计中，用来说明一项制度或机制的激励作用效果会随着时间的推移而递减。主要原因在于制度运行一段时间后，其自身的不足或与其嵌入的制度体系的不协调问题会逐渐暴露出来，从而会降低这项制度的效果。

二、对结构效率的分析

经济结构的演进过程通常是通过要素的流动和重新配置实现的，要素流动的动力应在于效率的差异，生产要素应当由效率低的产业向效率高的产业流动，效率高则产出水平高，产出水平高就意味着收入水平高，因此经济结构变动是有效率的。对结构效率进行分析的方法可以分为单要素结构效率分析和结构效率分解（分离）法，单要素结构效率分析可以分为资本的结构效率和劳动的结构效率。

（一）资本的结构效率

可以用来分析资本的结构效率的指标主要是增量资本产出率（Incremental Capital-Output Ratio，简称 ICOR），一般为投资增量与产出增量的比值，其数值越大表示资本投资的效率越低，表明资本密度程度越高；反之则表示资本密度程度低，而资本投资的效率越高。通过对不同产业 ICOR 的计算结果进行比较，可以分析产业间资本变化的结构效率，用公式表示为：

$$ICOR_i = \frac{\Delta K_i}{\Delta Y_i} \tag{3.1}$$

（二）劳动的结构效率

劳动的结构效率可以用比较劳动生产率和产业结构偏离度测算。

（1）比较劳动生产率（也称为相对国民收入）是三次产业增加值结构和就业结构相对变化的速度，用公式表示为：

$$CL_i = \frac{\dfrac{Y_i}{Y}}{\dfrac{L_i}{L}} \tag{3.2}$$

（2）产业结构偏离度通常的测算方法有两种：一种方法是各产业的增加值比重和就业比重之比与 1 的差；另一种方法是产业增加值比重与就业比重之差。不论采用哪种方法，如果测算结果为正，表明劳动生产效率较高，也就是劳动力的结构效率是正的，结果为负则表明劳动力结构效率低。

$$S_i = \frac{\frac{Y_i}{Y}}{\frac{L_i}{L}} - 1 \tag{3.3}$$

$$S_i = \frac{Y_i}{Y} - \frac{L_i}{L} \tag{3.4}$$

前述两种方法都是从单一要素角度考察结构效率的指标，一般可以主要用来说明要素效率，用于分析结构效率还不是最好的，分析结构效率比较系统的方法是偏离—份额法。

（三）偏离—份额法

偏离—份额法（Shift-Share Method）是由法布里坎特（Fabricant，1942）提出来的，后来经过杜恩（Dunn）、佩罗夫（Perloff）、兰帕德（Lampard）和穆恩（Muth）等人的完善形成的①。这种方法可以比较好地把单纯由产业结构变动引起的效率变化分解出来，其模型推导过程如下：

$$g = \frac{G_t - G_0}{G_0} = \frac{\frac{Y_t}{I_t} - \frac{Y_0}{I_0}}{G_0} = \frac{\sum_{i=1}^{3}(\frac{Y_{it}}{I_i} - \frac{Y_{i0}}{I_0})}{G_0} \tag{3.5}$$

式中：I 为投入的生产要素资本或者劳动；Y 为产出水平。

$$\frac{Y_{it}}{I_t} - \frac{Y_{i0}}{I_0} = \frac{Y_{it}}{I_{it}}\frac{I_{it}}{I_t} - \frac{Y_{i0}}{I_{i0}}\frac{I_{i0}}{I_0} = G_{it}S_{it} - G_{i0}S_{i0} \tag{3.6}$$

进一步推导可得：

$$\begin{aligned} G_{it}S_{it} - G_{i0}S_{io} &= G_{i0}S_{it} - G_{i0}S_{i0} + G_{it}S_{it} - G_{i0}S_{it} - G_{it}S_{i0} + G_{i0}S_{i0} + G_{it}S_{i0} - G_{i0}S_{i0} \\ &= G_{i0}(S_{it} - S_{i0}) + (G_{it} - G_{i0})(S_{it} - S_{io}) + (G_{it} - G_{i0})S_{i0} \end{aligned} \tag{3.7}$$

① 干春晖，郑若谷. 改革开放以来产业结构演进与生产率增长研究——对中国1978—2007年“结构红利假说”的检验[J]. 中国工业经济，2009(2)：55-65.

最终可得；

$$g=\frac{G_t-G_0}{G_0}=\frac{\sum_{i=1}^{3}G_0(S_{it}-S_{i0})}{G_0}+\frac{\sum_{i=1}^{3}(G_{it}-G_{i0})(S_{it}-S_{i0})}{G_0}+\frac{\sum_{i=1}^{3}(G_{it}-G)S_{i0}}{G_0} \quad (3.8)$$

式（3.8）中：$\frac{\sum_{i=1}^{3}G_0(S_{it}-S_{i0})}{G_0}$为生产要素静态转移效率，表明如果生产要素的效率既定，从效率低的产业向效率高的产业转移时引起的生产要素生产率的增长水平；$\frac{\sum_{i=1}^{3}(G_{it}-G_{i0})(S_{it}-S_{i0})}{G_0}$为生产要素向较高增长率的产业移动时对增长的贡献，是产业结构变化和劳动生产效率变化共同作用的结果；$\frac{\sum_{i=1}^{3}(G_{it}-G)S_{i0}}{G_0}$为假设产业结构不变时，产业内部生产要素效率的增长。其中前两项内容为结构效应。

（四）函数分解法

刘霞辉等（2014）构建了多层次分解框架。该框架用中国经济增长及供给侧因素建立了一个多层次的分解框架，结合 C-D 生产函数和经济增长核算方程原理，对中国经济增长和三次产业各自的增长情况进行要素结构性分解。

该分解框架主要包括三个方面：①基于人口结构变化的 GDP 增长率分解；②基于产业结构变化的全社会劳动生产率增长率分解；③利用 C-D 生产函数进行潜在增长率的核算与模拟。其中，③在历史核算的基础上，利用经济变量的动态趋势进行情景模拟，以理解供给侧非线性变量对潜在增长率的影响。这三个变量为人口结构转变的非线性变化、城市化率和投资率的非线性关系、要素分配效率的非线性变化。表 3-1 为经济增长的生产要素结构分解。

表 3-1 经济增长的生产要素结构分解

分解内容（符号，单位）	符号	符号含义
[1] GDP 增长率（g,%）	g	经济增长率
[2] 资本投入增长率（gk,%）=（$I-\delta\cdot K$）/K	gk K I δ	资本投入增长率 资本 投资 折旧率
[3] 资本产出弹性（α）	α	资本产出弹性
[4] 资本贡献（CK,%）=[2]×[3]/[1]	CK	资本贡献
[5] 劳动人数投入增长率（gL,%）	L	劳动数量
[6] 劳动产出弹性（β）	β	劳动产出弹性
[7] 劳动贡献（CL,%）=[5]×[6]/[1]	CL	劳动贡献
[8] TFP 增长率（gt,%）	t gt	TFP TFP 增长率
[9] TFP 贡献（Ct,%）=100%-[4]-[7]	Ct	TFP 贡献

资料来源：李扬，张平，刘霞辉，袁富华，张自然．中国经济增长报告（2013—2014）TFP 和劳动生产率冲击与区域分化计［M］．北京：社会科学文献出版社，2014.

上述结构效率分析方法在分析生产要素效率和产业结构优化时经常被采用，本书在分析要素的结构效率和产业的结构效率时采用上述分析方法。

国民经济是包括许多系统的多层次、多因素的复合体。一个经济体的经济结构是否合理，主要看它是否建立在合理经济的可能性上。也就是说，是否符合一国或地区的实际情况，是否能发挥经济的比较优势，是否有利于各组成部分的协调发展，是否有效地利用人力、物力和财力，能否有利于提高劳动生产率并推动技术进步，是否短期有利于经济增长，长期有利于经济的持续发展，最终是否能在取得最大经济成果的同时较好（或最大限度）满足人民生活需要。由于未来在经济转型发展的过程中，经济增长方式要由粗放经济增长方式向集约增长方式转变，则经济的驱动力主要来源于供给侧的效率改进，因此就有必要研究供给结构效率与经济增长的关系。

第三节 现阶段供给结构存在的问题及其根源

现阶段影响经济平稳增长的供给结构性因素主要包括产能过剩、人力资本和物质资本投资不协调以及自主创新的条件和动力不足。只有从根本上解决这些问题，才能使经济平稳增长。

一、供给结构存在的主要问题

产能过剩（Overcapacity 或 Excess Capacity）的存在使经济波动和经济结构扭曲，人力资本和物资资本投资不协调和自主创新的不足，可能导致长期经济增长乏力。

（一）产能过剩

产能过剩的存在使经济波动和经济结构扭曲，人力资本和物资资本投资不协调和自主创新的不足，可能导致长期经济增长乏力。

目前除了个别具有稀缺性的能源及原料产品可能存在供给不足外，绝大部分工业产品以及消费品近年来在全球主要工业国家都面临着供过于求、生产过剩的问题。长期性、全球性产能过剩已经成为既定事实，也是导致20世纪90年代全球经济发展缓慢的主要原因。产能过剩问题已日益普遍且“常态化”，中国则从20世纪90年代开始出现产能过剩问题，至今已经有过三次产能过剩的经历。最近一次是受2008年国际金融危机的冲击，中国的产能过剩已经从结构性和阶段性过剩演化为更为严重的持续性和全面性过剩。

最初国内对于是否存在产能过剩问题存在着认识上的较大分歧。2004年标准普尔（Standards & Poors）指出中国制造业产能已过剩。茅于轼（2006）通过辩证分析指出，中国所谓的产能过剩，实质上是由于宏观经济扭曲而导致的微观经济失衡；刘福垣（2006）认为，中国只有结构性问题，不存在产能过剩。IMF（国际货币基金组织）高级经济学家高路易（2006）依据世界银行的投资环境调查报告认为，中国并没有形成产能过剩；张晓晶（2006）则认为，中国存在局部性和结构性的产能过剩，但程度被夸大了。

此后，学者们对于产能过剩进行了界定和识别。一般认为，产能过剩是一定技术水平下的实际产出或全要素投入的最佳产出超过或偏离了均衡价格下的有效需求，从“十一五”期间的张保权（2006）、李江涛（2006），到“十二五”时期的曹建海、江飞涛（2010），王立国、张旭日（2010）基本都持相似的观点。

产能过剩不仅是经济周期波动引起的，更可能是有投资层面的原因。林毅夫等（2010）认为，面对经济景气循环，包括中国在内的许多经济体都明显暴露出产能过剩的问题。产能过剩可能独立于行业外部条件或经济周期波动的影响，而主要是由个体理性投资的“潮涌”引发的。一方面，产能过剩引发市场恶性竞争，经济效益难以提高、企业倒闭或开工不足、人员下岗失业和银行不良贷款率提高等问题，进而影响经济复苏；另一方面，它更给应对经济危机的刺激政策提出了不可忽视的限制，如果社会投资或政府投资都继续进入过剩的产业，短期内可能促进经济增长，但长期则会进一步导致产能过剩加剧，结构调整更加困难。

衡量产能过剩的指标主要是产能利用率（Capacity Utilization，简称 CU），即实际产出与设计生产能力的比值。产能利用率已知可以通过两种途径进行计算：一是通过统计调查，一般可以反映实际情况，比较准确可靠，中国目前只有主要行业协会有能力发布这样的数据；二是宏观计量方法，包括状态性分解方法（峰值法、H-P 滤波法、BK 滤波法）、结构性方法（生产函数法）和混合型方法（SVAR、多变量状态性分解）等，运用这些方法只能得到理论近似值。其中，生产函数法是国内学者们研究时较常采用的方法，但选用的生产函数差别较大，例如：韩国高等（2011）采用可变成本函数以及运用综合指数法并结合灰色系统理论；魏琪嘉（2014）运用总量生产函数；国家行政学院经济学教研部课题组（2014）采用 AK 生产函数和 H-P 滤波两种方法；沈坤荣等（2012）采用生产能力利用率法，对中国 35 个工业行业的产能利用率进行了测度。

由于产能过剩主要集中于某个行业，所以一般都计算产业的产能利用率。本书侧重从宏观层面考虑投资对经济增长的影响，因此选取“产出—资本比”法计算中国宏观产能利用率。帕尼克（Panic，1978）在假定资本存量与产能具有稳定比例关系的前提下，提出了运用产出—资本比推算产能利用率的方法。

设产出—资本比为 $(Y/K)_t$，当 $t=1,2\ldots T$ 时，对产出—资本比进行趋势回归，回归方程为：

$$(Y/K)_t = \alpha_0 + \alpha_1 t + \varepsilon_t \qquad t = 1, 2\ldots T \tag{3.9}$$

式中：α_0、α_1 为回归系数；ε_t 为随机误差项。

对回归结果中的 ε_t 取最大值，即 $u_t = \max\{\hat{\varepsilon}_t, t = 1, 2\cdots T\}$，代入（3.9）式，得到潜在资本—产出比 $(Y/K)_t^*$。

因此，产能利用率可以表示为：

$$CU = \frac{(Y/K)_t}{(Y/K)_t^*} \times 100 \tag{3.10}$$

根据式（3.9）和（3.10）对 1992—2013 年中国的产能利用率进行估计，结果见表 3-2 所示。如果依据美国学术界一般接受的产能利用率的适当水平是 82%，则 2008 年以前中国的宏观产能利用率整体上基本高于 95%，而 2008 年以后则不断下降，2013 年仅为 81%。可见，原来只是某些行业产能过剩严重，国际金融危机之后，则表现为整体性产能过剩。但钟春平、潘黎（2014）发现，各方统计的中国产能利用率的具体数据有很大差异。2011 年 OECD（经合组织）公布中国制造业产能利用率为 85.60%；IMF 统计认为，2008 年之前中国平均产能利用率在 80%左右，但危机后的 2011 年则降至 60%左右。而国内对微观企业调查的情况却显示，国内的国有企业，如钢铁企业在危机后的产能利用率依然是比较高的。因此，中国最紧迫的任务是提高数据质量，以便确定是否存在产能过剩并判断产能过剩的程度。

表 3-2　1992—2013 年中国产能利用率

年份	Y/K	$(Y/K)^*$	CU	年份	Y/K	$(Y/K)^*$	CU
1992	0.31	0.37	89.8	2003	0.24	0.27	98.5
1993	0.32	0.36	93.0	2004	0.23	0.26	98.0
1994	0.31	0.35	95.0	2005	0.22	0.25	97.4
1995	0.31	0.35	95.6	2006	0.21	0.24	97.3
1996	0.30	0.34	96.0	2007	0.21	0.23	98.3
1997	0.29	0.33	96.6	2008	0.19	0.23	95.8
1998	0.28	0.32	95.7	2009	0.17	0.22	91.0
1999	0.27	0.31	95.6	2010	0.16	0.21	87.7
2000	0.27	0.30	96.6	2011	0.15	0.20	86.2
2001	0.26	0.29	97.4	2012	0.14	0.19	83.5
2002	0.25	0.28	98.3	2013	0.13	0.18	81.0

注：根据附录四数据计算。

表 3-2 对中国产能利用率的估计，即使数据有问题，但整体的趋势应当是可信的。它可以从趋势上确定受金融危机冲击、受外需突然减少的影响，中国经济中存在产能闲置率上升的情况，相对于没有危机时，闲置状态更加明显了。

（二）自主创新的条件和动力不足

国家发展是分阶段的。一种观点认为，国家的发展阶段是线性的，是从线性低端向高端发展，如罗斯托（Walt Whitman Rostow，1962）提出，每个国家都要从传统社会阶段发展到追求生活质量等六个阶段；另一种观点认为，国家的发展阶段是循环式的，如波特（Porter，1990）认为，国家发展分为四个阶段：要素驱动阶段、投资驱动阶段、创新驱动阶段和财富驱动阶段。这四个发展阶段表明了经济增长动力源泉是动态转换的。

在要素驱动阶段，经济增长主要依靠要素的投入；在投资驱动阶段，经济增长主要来源于资本的不断积累；创新驱动阶段经济增长的动力主要源于企业创新。由于要素驱动和投资驱动最终要受要素禀赋“瓶颈”作用和资本边际效率递减规律的作用，难以支持经济的长期可持续增长，当要素驱动和投资驱动走到尽头时，则需要经济增长方式向创新驱动转型。

通过前述分析可知，中国经济通过政府主导的投资驱动阶段，提高了劳动生产率，促进了技术进步，使经济获得了高速增长。但金融危机后，投资驱动的增长方式逐步显露出其对长期经济增长的不利影响，包括压制自主创新、不利于充分就业及降低经济增长速度等，这意味着中国投资驱动阶段即将终结，应向创新驱动阶段过渡。

熊彼特（Joseph Alois Shumpeter，1912）从经济学角度指出，创新是将原始生产要素重新排列组合为新的生产方式，是提高经济效率、降低成本的一个经济过程。对于发展中国家而言，创新主要是指自主创新。相对于技术引进和技术模仿，自主创新是创新主体独立地依靠自己的智慧和力量，通过拥有自主知识产权的独特核心技术以及在此基础上实现新产品的价值过程。自主创新多是在学习和借鉴国外先进技术的基础上，为摆脱对外部技术的依赖，依靠自身力量，通过独立的研发而获得的对核心技术的内部突破，一般体现为新的科学发现或拥有自主知识产权的技术、产品和品牌等。自主创新可以分为原始创新、集成创新和引进创新。引进创新是发展中国家提高自主创新能力的重要途径。

可见，如果说投资驱动相对于要素驱动而言，主要区别在于是否存在技术进步的贡献，那么创新驱动相对于投资驱动而言，显著的不同在于是否具有自主创新的能力。通过前述分析可知，在投资驱动阶段，首先，技术进步的主要机制在于“干中学”和技术的模仿扩散，技术进步主要来源于规模和管理效率的提升，而非纯技术进步。其次，在这种情况下，企业需要投资的是成熟的技术和成熟的市场，企业在需求既定的条件下，需要进行成本竞争，扩大市场份额，这本质上是“需求决定供给”的过程；而创新驱动阶段则是“供给创造需求”，企业需要研究开发新产品，但由于是否有需求是不确定的而具有较高的风险。此外，在投资驱动阶段政府可以发挥主导作用，因为扭曲要素价格、降低成本可以诱导企业投资，或是通过增加或改善基础设施投资而拉动经济增长；但在创新驱动阶段，政府只能发挥辅助作用，因为政府也无法预知新技术、新产品是否具有市场需求，无法保证创新无风险，只能依靠市场进行筛选，因此，创新的主导力量在于企业和市场，而非政府。政府只能对创新的企业或企业家进行适当的激励。

从以上三个方面的区别看，投资驱动的实现机制是有别于创新驱动的实现机制的，中国在投资驱动的惯性中，缺少自主创新的动力和条件。自主创新的动力不足主要表现为：企业生存以成本竞争为主要手段，企业无须进行技术创新即可以生存，而进行技术创新既要承担风险，还要承担外部性成本，费力不讨好。自主创新的条件不足主要表现为：获得独立的知识产权及其产权保护成本较高，难度也较大。

（三）人力资本积累和利用不协调

物质资本积累是通过投资实现的，而投资除了物质资本以外，还应包括人力资本投资。舒尔茨（Thodore W. Schults，1960）将获取知识和技能视为人力资本投资，并指出人力资本是促进现代经济增长的重要原因，人口质量和知识投资在很大程度上决定了人类未来的前景。如果将花费在物质资本上的投入视为会给未来带来收益的投入，那么人力资本的投入也有相同的作用。舒尔茨认为：第一，人力资本投资和物质资本均存在收益率，人力资本投资和物质资本投资的量主要由两者的收益率决定。人力资本收益率和物质资本收益率相等时，两者存在一个最佳投资比率。第二，人力资本与各个要素之间存在替代和互补的关系，由教育形成的人力资本，提高了劳动者的智力水平，可以代替其他如土地、自然资源等生产要素，也可以使物质资本等要素投入下降，进而使收入分配趋于均等化。人力资本投资包括初等、中等和高等层次的正规教育、成人教育、在职培训和医疗保健设施及服务等投入。

一般用接受学校教育的年限和水平衡量各国人力资本的差异。如表 3-3 所示，按世界银行人力资本的统计指标——高等院校总入学率，对中国、美国、日本和韩国的大学入学率进行比较，可见中国至 2012 年的高等教育普及程度仅相当于日本 20 世纪 70 年代的水平，与韩国 20 世纪 80 年代的水平相当，与美国则差距更大。

表 3-3　1971—2012 年中国、美国、日本和韩国高等院校总入学率（%）

年份	中国	美国	日本	韩国
1971	—	47.3	17.3	6.8
1972	—	48.2	19.0	7.0
1973	0.2	48.7	20.3	7.2
1974	0.3	49.0	22.0	7.4
1975	0.5	51.1	23.9	7.6
1976	0.6	54.8	25.9	8.3
1977	0.6	52.9	27.4	8.6
1978	0.7	53.4	29.8	9.2
1979	1.0	52.6	30.3	10.4
1980	1.1	53.6	30.5	12.4
1981	1.8	55.7	30.3	14.9
1982	—	57.0	29.8	19.1
1983	—	57.6	29.3	23.7
1984	2.0	58.4	29.2	27.7
1985	2.4	58.3	28.7	30.9
1986	3.0	59.4	27.7	33.4
1987	3.1	62.1	28.1	34.6
1988	3.1	64.8	28.8	35.1
1989	3.0	67.6	29.1	35.5
1990	3.0	71.3	29.4	36.5
1991	2.9	73.1	29.4	37.6
1992	2.9	77.7	29.6	39.2
1993	2.9	79.4	34.3	42.9
1994	3.7	79.1	38.0	44.6
1995	4.5	79.2	39.1	48.3
1996	5.0	78.8	41.6	53.7
1997	5.4	73.9	43.4	69.3
1998	6.0	71.8	44.6	66.5

续表

年份	中国	美国	日本	韩国
1999	6.5	72.7	46.2	72.4
2000	7.6	67.8	48.4	76.7
2001	9.8	68.1	49.6	79.6
2002	12.5	77.9	50.4	82.2
2003	15.2	80.2	51.4	84.4
2004	17.4	81.2	53.0	87.5
2005	18.8	80.6	54.3	91.7
2006	20.0	83.1	56.2	97.0
2007	20.5	83.7	56.9	101.9
2008	20.7	85.0	56.9	104.0
2009	22.4	87.6	57.3	104.2
2010	24.1	92.6	58.1	102.8
2011	25.3	93.9	60.1	100.5
2012	28.0	93.2	61.4	96.6

注：世界银行根据联合国教科文组织统计研究所的计算方法，高等院校入学率为大学生在校总人数占中学之后5年人口总数的百分比。

资料来源：世界银行WDI数据库。

投入与产出之间增长速度之差，一部分是物质资本投入带来的规模收益，另一部分来源于人力资本带来的技术进步的结果。战后资本主义国家经济的高速增长和日本、德国的经济赶超就说明了物质资本即使遭到破坏，只要有高水平的人力资本，即可以使经济获得高效率的增长，或者可以认为，对于经济增长而言，人力资本比物质资本更具有决定性作用，特别是在效率提高方面。

夏杰长、徐斌（2014）的研究结果表明，中国人力资本与经济增长二者关系呈现出阶段性变化的非线性特征，并存在线性与非线性之间转移频繁。1981—1993年和2004年以来两个阶段，两者之间关系表现为线性特征，表明人力资本对经济增长作用不显著，而只有在1994—2003年，两者间的关系才呈现出非线性形式，表明这一阶段人力资本对经济增长的促进作用显著。王秋实（2013）运用灰色关联分析方法，对中国31个省的工业行业人力资本和物质资本的耦合度进行测算结果表明，虽然各省份的人力资本和物质资本的耦合度不同程度地有所提高，但多数属于低水平耦合，且时间变化波动性较大，导致中国的劳动生产率和经济效率存在“低水平锁定”。这些研究表明，中国的人力资本投资并没有很稳定地发挥促进经济增长的作用，并高度从属于物质资本投资的需求，高水平的人力资本没有表现出对经济增长的持续性促进作用。

从接受学校教育水平的人力资本供求情况，也可以看出中国人力资本积累和利用的不协调。依据中国人力资源市场网的全国人才市场供求情况分析资料，采用人才供求比表示供求情况，可以用公式（3.11）表示：

$$HC_j = \frac{S_j}{D_j} \tag{3.11}$$

式中：D_j为对j层教育水平的人力资本的需求；S_j为j层教育水平的人力资本的供给。

通过中国人力资源市场网的季度报告中人才供给和需求的学历结构数据可以计算出人才供求比。如表3-4所示，中国人力资本按受教育水平划分为大专及大专以下、本科生和研究生（包括硕士和博士）。近年来，中国劳动者的学历水平整体是不断提高的，表现为大专以上学历水平的劳动者数量不断增加，本科扩招后，就业结构主要以本科生为主。但用人单位对大专及大专以下学历水平的劳动者需求一直占人力资源市场的50%以上，特别是国际金融危机后，大专及大专以下学历水平的劳动者供求比快速下降，说明低学历劳动者的就业压力远小于高学历者，而研究生学历的劳动者在人才市场上的供求比则从2005年的1.72逐渐上升至2013年的2.98。这表明，中国企业用人主要从事操作性工作，对于技术工人的需求较大，为了节约成本，不需要高学历的劳动者。或者说，雇用高学历的劳动者对于提高劳动生产率无用，即使雇用了也不能起到应有的作用。反观发达国家，美国和韩国的高等教育基本达到普及的程度，那就意味着中国在人力资本投资和积累方面还没有较好地适应需求，与企业的物质资本积累不相适应，特别是高等教育阶段的人才培养与社会需求不相适应。

表 3-4　2005—2013 年中国人力资本按受教育水平分类的供求比

年份	大专及大专以下	本科生	研究生
2005	2.81	2.60	1.72
2006	2.69	2.28	1.96
2007	2.60	2.29	2.13
2008	2.38	2.37	2.25
2009	2.45	2.57	2.68
2010	2.26	2.57	2.64
2011	2.24	2.48	2.72
2012	1.83	2.67	2.96
2013	1.62	2.30	2.98

注：表中数据是在季度数据的基础上经算术平均得到的。

资料来源：根据中国人力资源市场网（China Human Resourses Market）数据计算，http://www.chrm.gov.cn/channels/841.html。

钱颖一（2014）指出，中国对教育投入之大、人才平均水平之高，对推动中国经济在低收入发展阶段的快速增长非常重要，因为它适合了模仿和改进的追赶功能，加上毕业生的基础知识扎实，模仿能力强，员工队伍整体有很强的执行力。但在杰出人才的培养方面，中国却不如人口基数相似的印度。印度的平均受教育程度不如中国，但在杰出人才培养方面却强于中国，全球著名的商学院如哈佛学院、华盛顿大学商学院和芝加哥商学院等的现任院长都是印度裔的，世界知名公司如百事、万事达等的 CEO 也是印度人。钱颖一认为，中国在这方面存在障碍的主要原因在于教育过程扼杀了人的好奇心和想象力。这两方面的能力被压抑后，先天的个性差别缩小了，即方差小了，这在模仿改进的追赶阶段无关紧要，但进入中等收入国家后，经济增长主要依靠创新驱动，方差小的后果就比较严重了。

由此可见，未来中国经济跨越中等收入陷阱，由要素驱动、投资驱动向创新驱动转型的过程中，除营造相应的制度环境外，首要的还是转变教育方式，培育创新型人才，即需要科技发展和人才培养。

二、供给结构存在问题的根源

供给结构存在上述问题的原因主要在于中国经济尚处于转型期间，并对最终的社会主义市场经济体系还没有明确的理论认知，只能进行渐进式的改革尝试。

（一）渐进向市场经济转型的结果

改革的过程主要表现为逐步从计划经济体制向市场经济体制转型，已经转型的部分为市场经济的，没有转型的部分则计划经济的色彩浓重，加之“二元结构”的影响，使经济处于两种体制混合的状态。

如果将市场分为产品市场（包括有形产品和无形产品）和要素市场（包括劳动力和资本市场等），在渐进式改革的前提下，上述市场的市场化程度并不均衡，开放度也不同。中国加入世界贸易组织后，有形产品市场的市场化和开放度较高，而要素市场的市场化程度相对较低，主要体现在价格决定并非完全市场机制作用的结果，如利率、汇率的半市场化。而市场机制特别是价格机制是影响资源配置的主要信号，价格的人为扭曲会使资源错配，产生效率损失和结构扭曲，使产出无法达到最优，影响经济增长的水平和效率。但这种情况也是符合中国的实际情况和经济发展的需要。中国幅员辽阔，人口众多，地区差异大，若同苏联一样采取“激进式”改革是行不通的，只能逐步引入市场机制，并使市场范围不断扩大直到合适的边界。

（二）激励机制行政化

激励机制包括正向激励和负向激励，正向激励就是做得好给予奖励，负向激励就是做错了受到惩罚，负向激励也被称为约束机制。钱颖一（1999）指出，不能简单地认为实行自由化、私有化和民主化就等同于实现了市场经济。市场机制的作用除了马歇尔讲的供给需求决定资源配置的作用外，还应包括供给和需求背后的激励和竞争机制。熊彼特（Schumpeter）认为，资本主义的活力在于创新；哈耶克（Hayek）则认为，经济自由、信息和制度有效地保障了分散决策。所谓经济自由是指给大众经济决策的自主权，包括个人、地方政府官员，如果有运用信息进行自主决策的权力，就是有效地调动其积极性，发挥了经济激励的作用。钱颖一（2009）认为，改革开放前，计划经济体制下政府对于个人和企业是无所不管的，企业和个人是没有经济自由的，改革开放的主要变化就在于政府干预减少了，市场发挥作用了，这是中国经济增长的主要制度原因。中国作为赶超型国家，为了获得足够的“动力”，中央政府实行了与地方政府的经济分权，其益处是充分调动了地方政府的积极性，有利于因地制宜实现经济增长，并取得了显著的效果，这个大方向是没有错的。

市场经济与计划经济的区别不仅在于是否利用价格机制实现资源配置，更本质的是激励与约束的机制不同。市场经济应通过制度安排给予广大人民对生产和创新提供强有力的激励，同时又对每一个经济决策者进行约束，这种约束就是要决策者对自己的经济决策的后果负责。因此，激励和约束是市场经济的本质内容，仅在政府间以及政府和企业间建立正向激励机制是不够的，还要有负向激励的约束机制，再结合竞争机制的作用，才能完成由计划经济向市场经济的转型过程。约束的核心是承诺的可信性，计划经济的失败在于承诺的不可信，存在“权力悖论”现象：政府既可以承诺一件事情，也有权力取消它。研究表明，政府的政治动机往往使经济约束软化。

近年来，中国的约束也有行政化趋势。在应对经济过热、治理重复建设和产能过剩等问题时，往往使用行政措施，这种做法是不能从根本上解决问题的。相对于大众和企业而言，政府并不具有信息优势，行政干预会使激励、约束和竞争机制效率降低，如由政府组织和管理创新活动，因为创新的激励无法全部归个人和企业所有，会抑制大众和企业的创新热情，20 世纪 90 年代日本与美国争夺信息产业霸权的失败就很好地证明了这一点。真正的约束机制应是通过企业的进入—竞争—退出实现的，也只有通过这种淘汰方式生存的企业才是真正具有竞争力和创新能力的企业。

（三）宏观调控政策体系不完善

随着中国经济的发展和开放度的提高，国际经济地位也不断提升，未来进行宏观调控的复杂性和难度也会日益增加。卢锋（2010）指出，中国开放的宏观经济政策架构还有待完善。宏观经济调控主要有四大宏观目标（经济增长、充分就业、价格水平稳定、国际收支平衡）是众所周知的，但在实践中，除了这四大目标外，不同的经济体在不同时期还会面对其他问题，因此应结合经济运行的实际情况、实际问题，并结合经济体的阶段性发展目标进行具体分析和选择。就其政策作用效果而言，也没有标准的结果，主要是由于传递机制不同，效果和负面作用也会不同，西方国家的经验也表明了这一点。以治理“滞胀”为例，欧洲在反通胀的过程中还要为建立欧元区作准备，实行了“双紧”的政策，结果欧洲在建立欧元区的同时，失业率较高，经济增长率较低；美国则由于在应对“滞胀”时还要面对来自日本的国际竞争压力，只能在紧货币的同时，对财政进行结构性改革，鼓励企业投资和创新，结果导致了20世纪90年代“新经济”的出现，其负面影响是国际收支逆差和财政赤字，并引发了日本经济的长期衰退。

在成熟市场经济条件下，宏观调控的主要手段是货币政策和财政政策，调整的原因或基于总量失衡（供给和需求关系失衡）和结构失衡。戴有根、陈士强（1988）认为，国民经济平衡问题可以分为绝对意义上的平衡和相对意义上的平衡。在供给结构合理时，可以实现对现有资源的充分利用，社会总需求大于社会总供给，可以采取“双紧”的政策实现绝对意义上的平衡，此时通过控制社会总需求可以实现总供给的最大增长；而在社会总供给结构不合理时，总供给如按资源的“短线”决定产出量，会导致部分产能闲置，如按“长线”决定产出量，则会使“短线”部门超负荷工作，在这种情况下，无论按哪种情况进行平衡，都是相对平衡，无法实现高速增长。此时，总量失衡和结构失衡并存，宏观政策除了将总需求控制在潜在总供给基本适应范围内的同时，应促进供给结构的调整。在市场经济条件下，供给结构的调整主要依靠市场机制进行，主要通过资产存量调整和投资流量调整实现。一般而言，除非企业退出，否则无论是市场机制还是宏观调控措施对于存量调控都很困难，因此，供给结构调整的重点应集中于投资流量的调整。

中国经济目前的情况就是总量和结构失衡并存。随着经济的发展，总量失衡不再是供给结构的短线问题，而是供给结构的过剩，特别是受国际金融危机的冲击，这种供给过剩问题更为突出。为此，未来中国要从投资驱动型和出口驱动型向消费驱动型转变。厉以宁（2013）认为，向消费驱动型经济转变，要提高个人可支配收入，因此需要改革分配制度、完善社会保障体系、搞活国有资本以及进行土地确权等一系列改革 。显然，这些问题都不能在短期内解决，但短期内还要稳定经济增长和就业，为培育居民消费赢得时间和条件，为此适度增加政府财政支出是必要的。但政府支出的“中转”只能解决总量替代，不能解决结构性矛盾。对于现在已经形成的产能过剩和未来转型后的消费主导型经济均没有结构的接继性，这是中国调整供给结构的困难所在。

如果单纯进行需求管理是无法解决结构性问题的。因为需求管理会导致经济波动，而经济周期波动是跨期动态无效率的。资源在经济扩张时期被过度利用，在紧缩期内闲置，资源沉淀和资源利用效率的下降使经济增长和社会福利水平长期无法达到或接近最优水平，结果是加剧了产能过剩。因此，宏观经济调控在进行需求管理的同时，加强供给管理，特别是供给的结构管理是必要的。李杨（2013）认为，从全球看，需求管理已经走向末路了，由于需求管理长期过度使用，其效率已经递减，各国均实施需求扩张政策，极易引发国家和地区间的贸易战、货币战等恶性竞争。以过高的消费率、过低的储蓄率和过滥的福利制度为特征的消费拉动型经济发展方式，以产业空心化和服务过度化发展为主要弊端的深层次结构扭曲，金融业过度放松管理和滥用金融创新形成的过高金融杠杆率，这些问题不是简单地增加需求所能解决的。这里可以借鉴美国供给管理的做法：经济危机中，美联储买了很多金融机构、非金融机构的债务、股份等资产用以维稳，只要一有可能就让它回归市场；另外，鼓励创新、强调结构调整和进行第三次工业革命等，都是供给管理方面的措施。

卢锋（2010）梳理了现阶段中国的宏观调控手段，并将其归纳为三大类：第一类是总量参数型调控手段，主要通过货币、财政政策进行调节，包括法定准备金、利率、公开市场业务和财政赤字等，还包括银行资本充足率和房贷首付比例等间接手段，其直接目标在于控制金融风险；第二类是准入数量型工具，包括投资项目审批、信贷和建设用地供应数量调控，这类政策多半具有产业政策的性质；第三类是行政调控手段，包括价格行政干预、用地限制和严厉处理典型事件等，这类手段往往在上述两类措施不见效或收效甚微时采用。卢锋同时指出，在经济追赶中，为了应对出现的新矛盾和实现宏观稳定，而采用灵活有效的措施进行应对是必要的，但也要重视调控方面的两个主要问题：一是总量参数型工具运用不足，如财税体制中“逆周期自动调节”作用有限，汇率和利率改革不到位，无法发挥它们在宏观经济失衡中的调节作用；二是非常规宏观政策措施运用过多，如在应对通货膨胀和经济过热时运用本来已经放弃的信贷数量控制措施，以及冻结土地供应和行政定价等暂时性措施。

从现有的宏观调控体系看，除了非常规手段外，主要以总量和数量型工具为主，从未来中国经济发展的需要看，政府宏观调整不但要注意总量，更应注意结构。通过财政手段扩张总需求时，应注意研究由于政府支出而增加的产能建设在未来的需求转换问题。通过创造需求实现 GDP 的增长，要想在短期内实现目标，就必然要进行产能建设，而这些产能建设出来，政府支出又不能长期维持这种产能，这不是效率损失，而是结构损失。

本章小结

供给结构没有标准的界定。根据佩卢（F. Perroux）对经济结构的界定，经济结构是表示在时间和空间里有确定位置的一个经济整体的特性的那些比例和关系，供给是指供给者的供给能力，将供给结构分为产权结构、要素结构、产业结构和地区结构。

从集合的角度理解效率，不能只将效率理解为资源的配置结果，还可以从不同角度理解效率，包括静态效率、动态效率和结构效率。效率首先被分为静态和动态效率，再进一步对应，分为微观（宏观）静态效率和微观（宏观）动态效率。其中，静态效率是资源配置效率，动态效率多是制度变迁的效率，结构效率则是考虑经济结构变动的效率。

一般对于结构效率进行分析时，对单要素结构效率进行分析的指标包括增量资本产出率（ICOR）、比较劳动生产率和产业结构偏离度，对结构效率进行综合分析的方法主要有偏离—份额法和函数分解法。

国际金融危机之后，中国经济中供给结构存在的问题主要是产能过剩、自主创新的条件和动力不足以及人力资本和物质资本投资不协调，问题的根源在于渐进向市场经济转型、激励机制行政化和宏观调控政策体系不完善。只有从根本上解决这些问题，才能使中国经济平稳增长。

第四章

产业结构演进及其效率分析

产业结构（Industial Structure）有狭义和广义之分。狭义的产业结构是指产业间的关联，包括产业间的比例和产业之间的投入产出关系；广义的产业结构还包括产业内的企业关系，即产业组织。在产业经济学中，一般而言，产业结构有三种含义：第一，是指社会再生产过程中，生产资料和生活资料的物质生产部门之间的生产联系和比例关系，主要是农业、轻工业、重工业三者之间的比例关系；第二，是指国民经济中各物质生产部门内部的组成及其相互间的生产联系和比例关系，如工业内部原料工业和加工工业之间的比例关系；第三，是指国民经济中各产业（包括非物质生产部门）的组成及其相互间的联系和比例关系，主要是指第一、第二和第三产业之间的联系和比例关系。本章主要研究第三种产业结构关系，即三次产业之间的联系和比例关系。

第一节　产业结构与经济增长和经济效率的关系

学者们对资源配置、产业结构和经济效率之间关系的探讨，始于古典学派。亚当·斯密很早就指出，通过社会分工会提高劳动生产率，增加国民财富，并指出经济中“看不见的手”会将资源优化配置。产业结构的变动本身就体现了这种资源优化配置的过程。而在新古典经济学和发展经济学之后，西方学者们对于三者关系的研究主要是专注于对经济增长的核算，在分析增长动力来源的过程中阐述和检验三者的关系。库兹涅茨（1949）很早就认为经济增长与产业结构的转换是正相关的，产出的增长要通过产出份额的转换才能得以实现。此后，丹尼森（Denison，1967）通过实证也确认了产业结构变化对经济增长具有较大的促进作用。博也（Hiroya，1972）运用柯布—道格拉斯（Cobb-Douglas）生产函数对日本战前和战后三次产业要素投入的产出弹性进行了测算和对比，结果表明，随着经济的增长，战后日本三次产业全要素生产率（TFP）显著提高了，随着产业结构的变化，资本和 TFP 对经济增长的贡献高于劳动的贡献。施蒂格利茨和达斯古普塔（Stiglitz and Dasgupta，1980）研究了产业组织和技术进步的关系，指出发达经济体的经济增长主要源于技术进步，而产业集中度会影响企业的技术创新活动。尼尔森和帕克（Nelson and Pack，1999）在分析亚洲经济增长的奇迹时就注意到技术进步和产业结构演进在经济增长中具有重要作用，而杨（Young，2003）则将中国改革开放后的经济增长成果归结为劳动生产率的提高，这种效率提高的基础来源是农村剩余劳动力转移形成的产业结构变化，在此基础上带来了劳动力参与率提高、物质资本积累增加、劳动力的教育水平提升和 TFP 的增加。

产业结构是经济结构的重要组成部分，产业结构的演变在中国经济增长中的意义受到学者们的肯定。国际货币基金组织（1997）在研究报告中指出，1978 年以后中国经济的高速增长主要在于实行市场化的改革，开放市场以及从农业中向非农产业转移剩余劳动力。马晓河（2010）认为，世界经济发展的经验表明，产业结构是否能够成功且快速实现转型是中国从中等收入国家迈入高等收入国家行列的重要条件。吕炜（2010）指出，包括中国在内的世界各国都在试图通过宏观经济政策调整产业结构的布局，优化产业结构，提高经济增长的质量和效益，进而保持国民经济持续、快速和健康发展。

对于产业结构和效率关系的研究，一方面，有学者认为效率会影响甚至决定产业结构的变迁。吉亚辉（Ji Yahui）和祝凤文（Zhu Fengwen，2010）用比较劳动生产率、产业结构和就业结构的偏差程度指标对 1978—2008 年甘肃省的产业结构效率进行测算，指出甘肃的三次产业竞争力较弱，会影响未来甘肃省的产业结构演进。李汝资等（2017）认为，产业结构变迁与经济效率两者关系密切，并运用 DEA-BCC 模型和曼奎斯特（Malmquist）生产率指标测算了中国三次产业的动态 TFP 和静态效率。结果表明，中国三次产业的全要素生产率（TFP）对经济增长的贡献排序为一、二、三，产业结构演进对经济增长的影响不及 TFP，而 TFP 又是影响产业结构调整的主导因素，三次产业的 TFP 变动具有区域差异性，三次产业的 TFP 水平较低且结构不合理的区域将会面临产业结构转型升级的困难。另一方面，学者们认为产业结构变动对效率会产生影响，如果将这种影响称为“结构红利”的话，对于是否存在“结构红利”是有争议的。张军、陈诗一（2009）认为，1978 年以后工业产业结构红利显著存在。余泳泽等（2016）的研究认为，中国的产业结构升级显著地提升了TFP。干春晖、郑若谷（2009）认为，要素流动推动产业结构演进，进而带动生产率的提高，且具有阶段性特征。生产率的提高源自产业内部，特别是第二产业内部，劳动力的流动具有“结构红利”的作用，而资本没有“结构红利”。苏振东（2012）也认为，中国的三次产业结构变动具有阶段性“结构红利”，工业内部的结构变化具有“结构负利”。刘伟、张辉（2008）指出，中国产业结构变迁的红利是不断递减的，尽管还有潜力，但未来中国经济的可持续增长动力将主要来源于技术进步。而李小平、陈勇（2007）则认为，劳动和资本转移对中国工业的TFP总贡献较小，即结构红利并不显著。

从现有的研究成果看，对于产业结构与经济增长的关系有比较明确的结论，即随着经济增长产业结构会不断发生演进，而且演进的过程是明确的，应由“三二一”经“二一三”、“二三一”再到“三二一”，随着产业结构的变化，经济增长的主导产业应由农业逐步向工业和服务业转变。产业结构随着经济增长水平而演进的规律是被许多国家的实践检验的，具有普遍意义。但对于产业结构变动与经济效率的关系的研究并没有得出共识，还不能系统地解释产业结构效率变动的一般内容是什么，以及产业结构效率的影响因素是什么。为此，本章将在这方面做一些探讨。

第二节　中国三次产业结构演进及其对经济增长的贡献

产业分类标准主要来源于按国际标准产业分类（ISIC/Rev. 4）。按国际标准产业分类（ISIC/Rev. 4），将产业分为A~V共21个门类、99个大类。参照国际标准，国家统计局制定了《国民经济行业分类》（GB/T 4754—2002），将产业分为A~T共20个门类、96个大类，而《2007年中国投入产出表》的附录二“中国2007年投入产出表部门分类解释及代码”，在I级分类中划分了42个行业，而《中国统计年鉴》将产业划分为三次产业，第一产业是指农、林、牧、渔业；第二产业是指采矿业、制造业、电力、煤气及水的生产和供应业、建筑业；第三产业是指除第一、第二产业以外的其他行业。通过对这些划分方法的比较发现，这些划分方法基本上是相同的，只是在归并的大类行业的数目上有差别（具体对应关系见附录四）。

一、三次产业结构的演进

中华人民共和国成立以来，中国已经从一个农业落后、工业“一穷二白”的国家发展成为一个产业门类齐全、工业化接近完成的国家，三次产业结构也从“一二三”农业大国转变为“三二一”的工业化国家。1952—2017 年中国三次产业增加值结构变化见图 4-1。

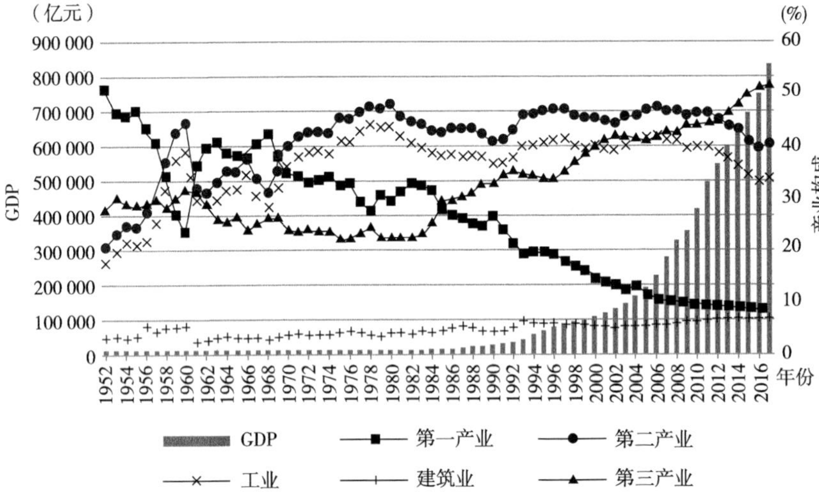

图 4-1　1952—2017 年中国三次产业增加值结构变化

资料来源：中国国内生产总值核算历史资料（1952—2004）和 2018 年《中国统计年鉴》。

如图 4-1 所示（原始数据见附录五），中国的三次产业由中华人民共和国成立初期的“一三二”，经过“二一三”（除“大跃进”时期的“二三一”），再到“二三一”，最终 2013 年转变为“三二一”的结构。除了 1960—1970 年受政治因素的影响，工业化始终是产业结构调整的重要原因。第一产业连同工业增加值占 GDP 的比重于 1970 年超过农业在 GDP 中的份额，

1985 年第三产业增加值占 GDP 的比重超过第一产业并稳步提升，2013 年第三产业产值占 GDP 的比重首次超过第二产业。三次产业结构的变化体现了中国由农业大国向工业大国转变的过程，也是向后工业化时期转变的一个开端。

对三次产业结构进行描述通常用三次产业的增加值结构、就业结构和资本结构三个指标（见表 4-1）。其中，资本结构中的资本存量数据依据永续盘存法按 1992 年价格计算。

表 4-1　1952—2017 年中国三次产业增加值结构、就业结构和资本结构（%）

年份	增加值结构			就业结构			资本结构		
	第一产业	第二产业	第三产业	第一产业	第二产业	第三产业	第一产业	第二产业	第三产业
1952	51.0	20.8	28.2	83.5	7.4	9.1			
1953	46.3	23.3	30.4	83.1	8.0	8.9			
1954	46.0	24.6	29.4	83.1	8.6	8.3			
1955	46.6	24.4	29.0	83.3	8.6	8.1			
1956	43.5	27.3	29.2	80.6	10.7	8.7			
1957	40.6	29.6	29.8	81.2	9.0	9.8			
1958	34.4	37.0	28.6	58.2	26.6	15.2			
1959	26.9	42.7	30.4	62.2	20.6	17.2			
1960	23.6	44.5	31.9	65.7	15.9	18.4			
1961	36.4	31.9	31.7	77.2	11.2	11.6			
1962	39.7	31.2	29.1	82.1	8.0	9.9			
1963	40.6	33.0	26.4	82.5	7.6	9.9			
1964	38.7	35.3	26.0	82.2	7.9	9.9			
1965	38.3	35.0	26.7	81.6	8.4	10.0			
1966	37.8	37.9	24.3	81.5	8.7	9.8			
1967	40.5	33.9	25.6	81.7	8.6	9.7			
1968	42.4	31.0	26.6	81.7	8.6	9.7			
1969	38.2	35.4	26.4	81.6	9.1	9.3			
1970	35.4	40.3	24.3	80.8	10.2	9.0			

续表

年份	增加值结构			就业结构			资本结构		
	第一产业	第二产业	第三产业	第一产业	第二产业	第三产业	第一产业	第二产业	第三产业
1971	34. 2	42. 0	23. 8	79. 7	11. 2	9. 1			
1972	33. 0	42. 8	24. 2	78. 9	11. 9	9. 2			
1973	33. 5	42. 9	23. 6	78. 7	12. 3	9. 0			
1974	34. 0	42. 5	23. 5	78. 2	12. 6	9. 2			
1975	32. 5	45. 5	22. 0	77. 2	13. 5	9. 3			
1976	32. 9	45. 2	21. 9	75. 8	14. 5	9. 3			
1977	29. 5	46. 9	23. 6	74. 5	14. 8	10. 7			
1978	27. 7	47. 7	24. 6	70. 5	17. 3	12. 2			
1979	30. 7	47. 0	22. 3	69. 8	17. 6	12. 6			
1980	29. 6	48. 1	22. 3	68. 7	18. 2	13. 1			
1981	31. 3	46. 0	22. 7	68. 1	18. 3	13. 6			
1982	32. 8	44. 6	22. 6	68. 1	18. 4	13. 5			
1983	32. 6	44. 2	23. 2	67. 1	18. 7	14. 2			
1984	31. 5	42. 9	25. 5	64. 0	19. 9	16. 1			
1985	27. 9	42. 7	29. 4	62. 4	20. 8	16. 8			
1986	26. 6	43. 5	29. 8	60. 9	21. 9	17. 2			
1987	26. 3	43. 3	30. 4	60. 0	22. 2	17. 8			
1988	25. 2	43. 5	31. 2	59. 3	22. 4	18. 3			
1989	24. 6	42. 5	32. 9	60. 1	21. 6	18. 3			
1990	26. 6	41. 0	32. 4	60. 1	21. 4	18. 5			
1991	24. 0	41. 5	34. 5	59. 7	21. 4	18. 9			
1992	21. 3	43. 1	35. 6	58. 5	21. 7	19. 8	1. 2	79. 5	19. 3
1993	19. 3	46. 2	34. 5	56. 4	22. 4	21. 2	1. 2	76. 7	22. 1
1994	19. 5	46. 2	34. 4	54. 3	22. 7	23. 0	1. 1	73. 8	25. 0
1995	19. 6	46. 8	33. 7	52. 2	23. 0	24. 8	1. 1	71. 3	27. 6

续表

年份	增加值结构			就业结构			资本结构		
	第一产业	第二产业	第三产业	第一产业	第二产业	第三产业	第一产业	第二产业	第三产业
1996	19.3	47.1	33.6	50.5	23.5	26.0	1.1	68.9	30.0
1997	17.9	47.1	35.0	49.9	23.7	26.4	1.1	66.6	32.3
1998	17.2	45.8	37.0	49.8	23.5	26.7	1.1	63.6	35.3
1999	16.1	45.4	38.6	50.1	23.0	26.9	1.1	60.8	38.0
2000	14.7	45.5	39.8	50.0	22.5	27.5	1.2	58.4	40.4
2001	14.0	44.8	41.2	50.0	22.3	27.7	1.3	56.0	42.8
2002	13.3	44.5	42.2	50.0	21.4	28.6	1.4	53.7	44.9
2003	12.3	45.6	42.0	49.1	21.6	29.3	1.7	51.0	47.4
2004	12.9	45.9	41.2	46.9	22.5	30.6	1.8	49.2	49.0
2005	11.6	47.0	41.3	44.8	23.8	31.4	2.0	48.2	49.8
2006	10.6	47.6	41.8	42.6	25.2	32.3	2.1	47.5	50.5
2007	10.3	46.9	42.9	40.8	26.8	32.4	2.1	46.9	50.9
2008	10.3	46.9	42.8	39.6	27.2	33.2	2.3	46.5	51.2
2009	9.8	45.9	44.3	38.1	27.8	34.1	2.4	45.9	51.7
2010	9.5	46.4	44.1	36.7	28.7	34.6	2.5	45.2	52.3
2011	9.4	46.4	44.2	34.8	29.5	35.7	2.6	44.8	52.6
2012	9.4	45.3	45.3	33.6	30.3	36.1	2.6	44.4	53.0
2013	9.3	44.0	46.7	31.4	30.1	38.5	2.6	43.9	53.5
2014	9.1	43.1	47.8	29.5	29.9	40.6	2.6	43.4	54.0
2015	8.8	40.9	50.2	28.3	29.3	42.4	2.7	42.9	54.4
2016	8.6	39.9	51.6	27.7	28.8	43.5	2.8	42.3	55.0
2017	7.9	40.5	51.6	27.0	28.1	44.9	2.9	42.2	55.2

资料来源：历年《中国固定资产投资统计年鉴》和《中华人民共和国五十年统计资料汇编》。

注：由于固定资产投资数据缺失，因此资本结构的数据部分从 1992 年起列入表中。

随着人均 GDP 的提高，中国三次产业增长的协同性显著提高，稳定性也有所提高。如图 4-2 所示，1994 年之前，三次产业中增长率较高的是第二产业，且高于人均 GDP 增长率，周期波动性也较大。改革开放之后，三次产业增长率的平稳性提高，协同度也大幅度提高。从整体趋势上看，第一产业增加值增长率最低，第二产业和第三产业增加值增长率的差距不断缩小，从 2013 年开始，第三产业增加值增长率都高于第二产业增加值增长率。可见，随着人均收入水平的提高，三次产业的产出不仅平稳增长，而且结构也不断合理有序演进。这说明，改革开放有力地促进了中国产业结构的优化和发展，短时间内就取得了较大的成效。

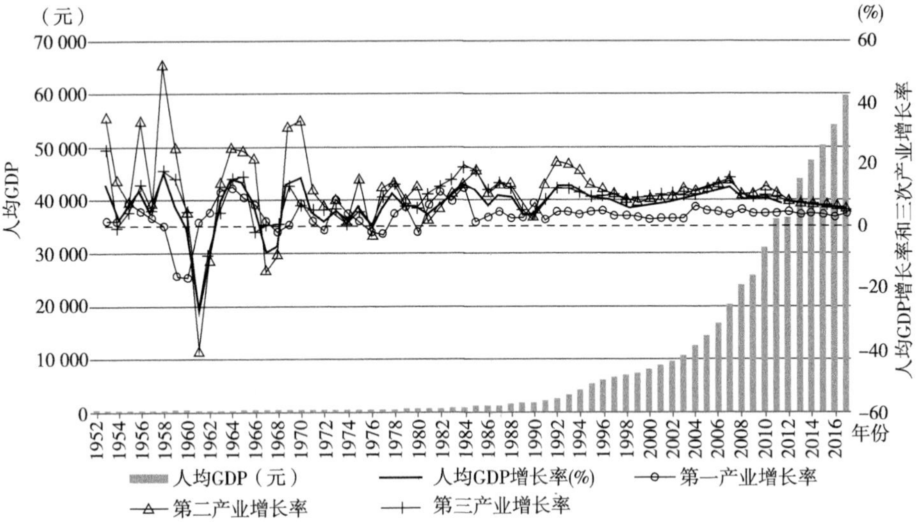

图 4-2　1952—2017 年中国三次产业增长率与人均 GDP

资料来源：历年《中国统计年鉴》。

再从要素投入的角度分析三次产业结构，也说是从三次产业的就业结构和资本结构两个方面分析产业结构情况（见图 4-3）。

受数据的可获性限制，以下分析仅从 1992 年开始。三次产业的增加值演进较快，但三次产业的就业结构演进相对较为缓慢，而资本结构演进则略快。

如图 4-3 所示，第一产业增加值比重从 1992 年的 21.8%下降到 2009 年的 9.8%，但 2009 年的第一产业就业结构却保持在 38.1%的水平上。第一产

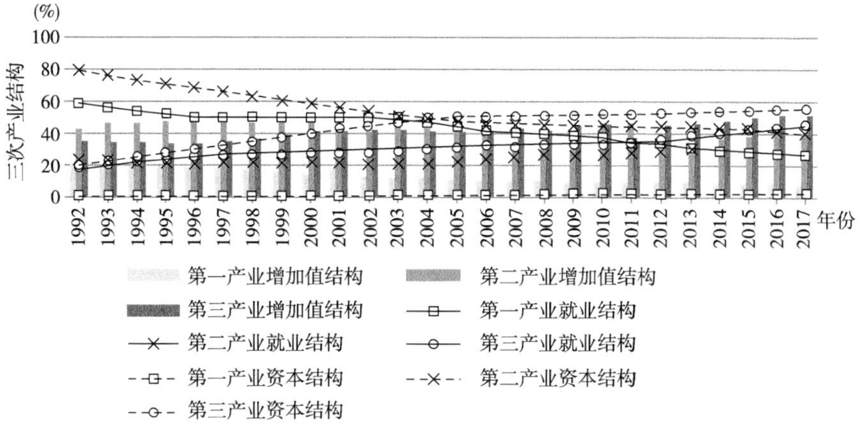

图 4-3 1992—2017 年中国三次产业增加值结构、就业结构和资本结构

资料来源：历年《中国统计年鉴》。

业的增加值比重自 1992 年以来一直持续下降（2004 年除外），2017 年下降至 7.9%。如图 4-4 所示，第一产业的就业结构在 1996—2003 年很长一段时间保持在 50%左右的水平上，2003 年之后才开始以较快幅度下降，到 2017 年下降至 27%。从发达国家的经验看，在产业结构调整过程中，就业结构的调整通常都是滞后于增加值结构的调整的。与发达国家相比，中国这两个结构值趋同过程耗时相对还是比较长的。以中国现有的速度计算，第一产业就业结构下降至与产出水平相当约需 40 年，是当年英国的 4 倍，美国的 2 倍，与日本当年的水平相当。这在一定程度上说明，相关的制度或机制改革过于滞后，阻碍劳动力从低收入部门向高收入部门的流动。同时可以想见，如果没有加入世界贸易组织，第二产业扩张对劳动力需求的推动作用，这个过程可能还要缓慢得多。

正是由于加入世界贸易组织的影响，第二产业的增加值和就业结构均出现了一个“反弹”的过程。这主要是由于承接国际产业转移，使中国工业出现了“再度工业化”的现象。第二产业投资的增加带动了产业规模的扩大，使第二产业需要吸纳更多的劳动力，同时拉动了第一产业中剩余劳动力向第二产业和第三产业的转移，之后几年内，第二产业的增加值比重也随之上升。

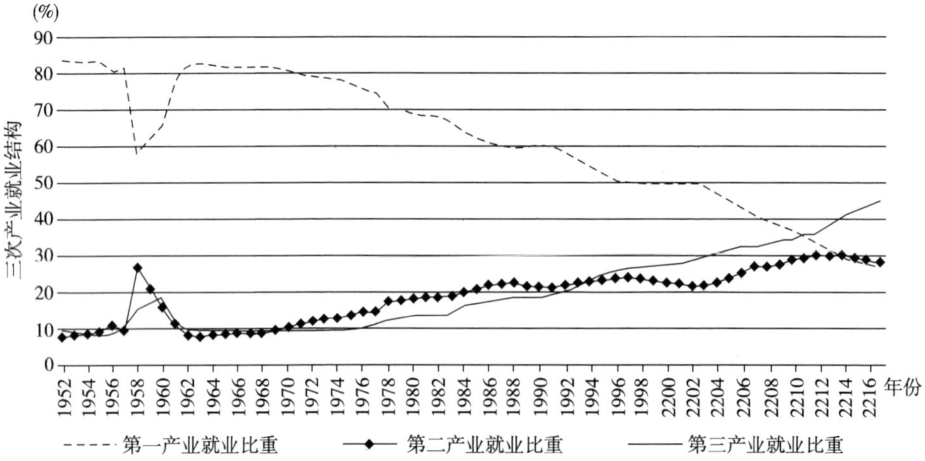

图 4-4　1952—2017 年中国三次产业就业结构

资料来源：历年《中国统计年鉴》。

但是，第二产业在 2006 年增加值比重最高为 47.9%时仅吸纳了 25.2%的劳动力就业，而 2006 年以后第二产业的增加值比重开始不断降低时，就业结构比重却不断增加，达到 30%的水平。这表明，在次贷危机后，第二产业的劳动生产效率有所下降。

受产业要素密集度的影响，资本结构的变化则快于增加值结构的变化，2013 年第三产业增加值比重超过第二产业增加值比重，而 2004 年第三产业的资本比重就已经超过了第二产业的资本比重。

以 1992 年不变价格按永续盘存法计算三次产业的资本结构（计算结果见表 4-1 “资本结构” 列），1992—2016 年三次产业资本存量的结构发生了明显的变化，第一产业的资本结构由 1992 年的 1.2%上升到 2016 年的 2.8%，而第二产业的资本结构则从 79.5%下降至 42.3%，第三产业的资本结构从 19.3%上升到 55.0%。由此可见，第一产业的资本结构不断提高，而第二产业和第三产业的资本结构发生了根本的转变，1992 年第二产业资本结构占近 80%，这是计划经济时期重工业化过程积累的结果，而在社会主义市场经济体制确立之后，市场化选择的结果却使得投资在三次产业间分散化，特别是第一产业和第三产业获得了更多的资本积累，第三产业的资本结构在 2005 年之后超过了第二产业的资本结构比重，快于三次产业增加值比重的变化，表明三次产业的资本结构与就业结构一样处于变动中。

综上所述，三次产业结构演进的顺序应当是资本结构先行，其次是增加值结构，最后是就业结构。因此，传统上对产业结构的分析主要看增加值结构和就业结构还是不足的，应首先关注资本结构的变化情况，这样会更早地判断产业结构调整的趋势。

二、三次产业对经济增长的贡献

三次产业对 GDP 增长率的支撑作用可以通过 GDP 的贡献率进行描述。如表 4-2 所示，1952—2016 年中国三次产业对 GDP 增长的贡献率和拉动作用有结构性调整，但并没有如同三次产业在 GDP 总量中的结构那样发生了本质性变化，第三产业占 GDP 的比重已经首度超过了第二产业，而在增量贡献中，第二产业还是处于主导地位。上轮周期与本轮周期相比，三次产业中第一产业和第二产业对 GDP 增长的贡献作用均有所下降，第一产业增加值贡献率由 6.3%下降至 4.4%，下降约 2 个百分点，第二产业增加值贡献率由 48.4%下降至 37.4%，下降约 11 个百分点，第三产业增加值贡献率上升，由 45.4%上升至 58.2%，上升近 13 个百分点。

表 4-2　1952—2016 年中国三次产业对 GDP 增长的贡献率和拉动

年份	三次产业增加值贡献率			三次产业对 GDP 增长的拉动		
	第一产业	第二产业	第三产业	第一产业	第二产业	第三产业
1952	—	—	—	—	—	—
1953	6.3	48.4	45.4	1.0	7.5	7.1
1954	17.0	85.7	-2.7	0.7	3.6	-0.1
1955	50.0	29.9	20.1	3.4	2.0	1.4
1956	13.6	61.7	24.7	2.0	9.3	3.7
1957	24.3	50.0	25.7	1.2	2.5	1.3

续表

年份	三次产业增加值贡献率			三次产业对 GDP 增长的拉动		
	第一产业	第二产业	第三产业	第一产业	第二产业	第三产业
1958	0.7	76.9	22.4	0.1	16.4	4.8
1959	-53.3	109.7	43.5	-4.7	9.7	3.8
1960	41 940.8	-27 202.5	-14 638.3	-125.8	81.6	43.9
1961	-1.0	73.9	27.1	0.3	-20.2	-7.4
1962	-22.4	73.7	48.7	1.3	-4.1	-2.7
1963	35.0	52.5	12.4	3.6	5.4	1.3
1964	22.6	54.1	23.3	4.1	9.9	4.3
1965	17.3	57.9	24.8	2.9	9.8	4.2
1966	18.3	86.2	-4.5	2.0	9.2	-0.5
1967	-8.5	110.4	-1.9	0.5	-6.3	0.1
1968	11.1	92.9	-4.1	-0.5	-3.8	0.2
1969	1.4	78.4	20.2	0.2	13.2	3.4
1970	10.1	80.9	9.0	2.0	15.7	1.7
1971	5.5	78.6	16.0	0.4	5.5	1.1
1972	-4.4	79.7	24.6	-0.2	3.0	0.9
1973	24.6	59.6	15.8	1.9	4.7	1.2
1974	44.1	39.4	16.4	1.0	0.9	0.4
1975	4.2	85.4	10.3	0.4	7.4	0.9
1976	20.9	83.9	-4.7	-0.3	-1.3	0.1
1977	-4.8	83.0	21.8	-0.4	6.3	1.7
1978	9.8	61.8	28.4	1.1	7.2	3.3
1979	20.9	53.9	25.6	1.6	4.1	1.9
1980	-4.8	85.6	19.2	-0.4	6.7	1.5
1981	40.5	17.7	41.8	2.1	0.9	2.1
1982	38.6	28.8	32.6	3.5	2.6	2.9
1983	23.9	43.5	32.7	2.6	4.7	3.5

续表

年份	三次产业增加值贡献率			三次产业对 GDP 增长的拉动		
	第一产业	第二产业	第三产业	第一产业	第二产业	第三产业
1984	25.6	42.7	31.7	3.9	6.5	4.8
1985	4.1	61.2	34.8	0.5	8.2	4.7
1986	9.8	53.2	36.9	0.9	4.8	3.3
1987	10.2	55.0	34.8	1.2	6.4	4.1
1988	5.4	61.3	33.4	0.6	6.9	3.7
1989	15.9	44.0	40.1	0.7	1.8	1.7
1990	40.2	39.8	20.0	1.6	1.6	0.8
1991	6.8	61.1	32.2	0.6	5.7	3.0
1992	8.1	63.2	28.7	1.2	9.0	4.1
1993	7.6	64.4	28.0	1.1	8.9	3.9
1994	6.3	66.3	27.4	0.8	8.6	3.6
1995	8.7	62.8	28.5	1.0	6.9	3.1
1996	9.3	62.2	28.5	0.9	6.2	2.8
1997	6.5	59.1	34.5	0.6	5.5	3.2
1998	7.2	59.7	33.0	0.6	4.7	2.6
1999	5.6	56.9	37.4	0.4	4.4	2.9
2000	4.1	59.6	36.2	0.4	5.1	3.1
2001	4.6	46.4	49.0	0.4	3.9	4.1
2002	4.1	49.4	46.5	0.4	4.5	4.2
2003	3.1	57.9	39.0	0.3	5.8	3.9
2004	7.3	51.8	40.8	0.7	5.2	4.1
2005	5.2	50.5	44.3	0.6	5.8	5.0
2006	4.4	49.7	45.9	0.6	6.3	5.8
2007	2.7	50.1	47.3	0.4	7.1	6.7
2008	5.2	48.6	46.2	0.5	4.7	4.5
2009	4.0	52.3	43.7	0.4	4.9	4.1

续表

年份		三次产业增加值贡献率			三次产业对 GDP 增长的拉动		
		第一产业	第二产业	第三产业	第一产业	第二产业	第三产业
2010		3.6	57.4	39.0	0.4	6.1	4.2
2011		4.2	52.0	43.8	0.4	5.0	4.2
2012		5.2	49.9	44.9	0.4	3.9	3.5
2013		4.3	48.5	47.2	0.3	3.8	3.7
2014		4.7	47.8	47.5	0.3	3.5	3.5
2015		4.6	42.4	52.9	0.3	2.9	3.7
2016		4.4	37.4	58.2	0.3	2.5	3.9
均值	1952—1977	9.7	72.2	18.1	1.0	4.4	1.4
	1978—2008	11.2	53.8	35.0	1.0	5.5	3.5
	2009—2016	4.4	48.5	47.2	0.4	4.1	3.9

注：三次产业增加值贡献率是指各产业增加值增量与 GDP 增量之比；三次产业对 GDP 增长的拉动是指 GDP 增长速度与各产业贡献率之乘积。1977 年之前的数据为作者根据统计数据自行推算，其中，由于 1960 年的波动太大，因此在求平均值时没有计入。

资料来源：历年《中国统计年鉴》。

这种 GDP 增量中三次产业的结构调整，一方面是经济增长过程中产业结构演进的规律作用，另一方面是本轮经济增长中第二产业受世界金融危机的影响，加之人民币升值，出口减少，增长乏力，其内部也需要进行结构性调整，由以外需为主逐步转向内需，而服务业由于具有非贸易品的性质，受危机影响不十分明显，或者说受到的冲击是间接的，因此可以保持稳定的状态。

通过对三次产业增加值贡献率和其对 GDP 增长的拉动分析可以看出，1992—2014 年，第二产业是拉动经济增长的主要产业，第三产业对经济增长的贡献在不断增强，有超过第二产业成为主导产业的趋势。

张海燕、董小刚（2011）运用增长核算原理构建了各部门对经济增长贡献的回归模型，分析产业结构与经济增长的关联程度。

假设总产出是由各部门在一定技术和制度条件下的增加值决定的，记为：

$$Y = f(X_1, X_2 \cdots X_n, A) \tag{4.1}$$

式中：Y 为总产出；A 为技术和制度等因素；X_i为第 i 个部门的产出。

对式（4.1）进行全微分，则有：

$$dY = \sum_{i=1}^{n} \frac{dY}{dX_i} \cdot dX_i + \frac{dY}{dA} \cdot dA \tag{4.2}$$

式（4.2）两边都除以 Y，等式右边两个加数再分别乘以 $\frac{X_i}{X_i}$ 和 $\frac{A_i}{A_i}$，得到：

$$\frac{dY}{Y} = \sum_{i=1}^{n} \frac{dY}{dX_i} \cdot \frac{X_i}{Y} \cdot \frac{dX_i}{X_i} + \frac{dY}{dA} \cdot \frac{A}{Y} \cdot \frac{dA}{A} \tag{4.3}$$

式（4.3）左边为经济增长率，用 G 表示；右边的 $\frac{dY}{dX_i} \cdot \frac{X_i}{Y}$ 为 i 部门的产出弹性，也可以表示为 i 部门在总产出增长中的贡献，记作 β_i，$\frac{dX_i}{X_i}$，表示 i 部门的经济增长率，记作 g_i，余下的制度和技术变化对经济增长的影响可以记为常数，用 α 表示，因此可以将式（4.3）构造为线性回归模型，用来分析各部门对经济增长的贡献，其公式为：

$$G = \alpha + \sum_{i=1}^{n} \beta_i g_i + \varepsilon \tag{4.4}$$

由于 1977 年之前三次产业增加值贡献率和对 GDP 增长的拉动没有官方公布的公开数据，此处据式 4.1 至 4.3 计算，计算结果如表 4-2 所示。从表 4-2 看出，中国的第二产业是对 GDP 增加值贡献率最大的产业，但其贡献率递减，从 1952—1977 年计划经济时期的 72.2%下降到 1978—2008 年经济高速增长时期的 53.8%，下降了 18.4%。2009—2016 年第一产业的贡献率为 4.4%，比 1952—1977 年下降了 5.3%，其对经济增长的贡献已经下降了一半。与此相反的是第三产业对 GDP 的贡献率逐期提高，由计划经济时期的 18.1%，上升到 1978—2008 年的 35.0%，上升了 16.9%，而 2009—2016 年上升到 47.2%，又提高了 12.2%。第一产业对 GDP 的贡献率则先增加后下降，2009—2016 年下降到 4.4%，这是工业化过程的结果，同时也体现了中国经济高速增长时期农业改革的成功。不同时期三次产业对 GDP 贡献率的变化表明，中国经济正由第二产业主导向第三产业主导转变，且第三产业对经济增长的拉动呈上升趋势。

第三节　中国三次产业效率结构分析

从投入的角度分析三次产业效率，则需要从生产要素效率结构开始。三次产业的要素密集度不同，因此不同产业的要素效率有区别，这种差别可以通过单要素生产率和全要素生产率（TFP）作出说明（单要素生产率即劳动生产率和资本生产率的效率结构），通过对三次产业要素效率结构的测算，可以发现三次产业是否存在“结构红利”。

一、三次产业单要素效率结构

（一）劳动的效率结构

为了更好地说明三次产业的效率结构，本节选取三次产业的绝对劳动生产率和比较劳动生产率进行说明。

1. 劳动生产率结构。对于产业劳动生产效率的分析，一般采用全员劳动生产率（劳均产出水平）及其增长率进行分析。一般而言，全员劳动生产率的计算公式为：

$$y_{i,t} = \frac{Y_{i,t}}{L_{i,t}}$$

式中：$y_{i,t}$为 t 年 i 产业的劳动生产率；$Y_{i,t}$为 t 年 i 产业的增加值；$L_{i,t}$为 t 年 i 产业的就业人数。1952—2016 年中国三次产业以 1952 年不变价格计算的劳动生产率如表 4-3 所示。

表 4-3　1952—2016 年中国三次产业劳动生产率

单位：万元/人（以 1952 年为基期）

年份	第一产业	第二产业	第三产业	年份	第一产业	第二产业	第三产业
1952	0.02	0.09	0.10	1956	0.02	0.13	0.14
1953	0.02	0.11	0.13	1957	0.02	0.16	0.13
1954	0.02	0.12	0.13	1958	0.03	0.08	0.09
1955	0.02	0.13	0.14	1959	0.02	0.12	0.09

续表

年份	第一产业	第二产业	第三产业	年份	第一产业	第二产业	第三产业
1960	0.02	0.17	0.09	1989	0.03	0.53	0.26
1961	0.02	0.14	0.11	1990	0.03	0.47	0.23
1962	0.01	0.18	0.11	1991	0.03	0.53	0.24
1963	0.02	0.21	0.11	1992	0.03	0.63	0.25
1964	0.02	0.24	0.12	1993	0.03	0.72	0.26
1965	0.02	0.27	0.14	1994	0.04	0.83	0.27
1966	0.02	0.31	0.13	1995	0.04	0.92	0.27
1967	0.02	0.26	0.13	1996	0.04	1.00	0.28
1968	0.02	0.23	0.13	1997	0.04	1.08	0.30
1969	0.02	0.27	0.15	1998	0.04	1.18	0.32
1970	0.02	0.32	0.15	1999	0.04	1.29	0.34
1971	0.02	0.31	0.16	2000	0.04	1.43	0.36
1972	0.02	0.31	0.16	2001	0.05	1.55	0.39
1973	0.02	0.32	0.17	2002	0.05	1.76	0.42
1974	0.02	0.31	0.17	2003	0.05	1.95	0.44
1975	0.02	0.33	0.17	2004	0.05	2.07	0.47
1976	0.02	0.30	0.16	2005	0.06	2.18	0.51
1977	0.02	0.32	0.16	2006	0.06	2.32	0.56
1978	0.02	0.31	0.15	2007	0.07	2.50	0.64
1979	0.02	0.32	0.16	2008	0.07	2.70	0.69
1980	0.02	0.34	0.16	2009	0.08	2.90	0.74
1981	0.02	0.34	0.16	2010	0.09	3.16	0.79
1982	0.02	0.34	0.17	2011	0.09	3.39	0.84
1983	0.03	0.36	0.18	2012	0.10	3.56	0.89
1984	0.03	0.38	0.19	2013	0.11	3.86	0.90
1985	0.03	0.41	0.20	2014	0.12	4.16	0.92
1986	0.03	0.42	0.22	2015	0.13	4.50	0.95
1987	0.03	0.46	0.23	2016	0.14	4.84	1.00
1988	0.03	0.50	0.25				

资料来源：《中国国内生产总值核算历史资料（1952—2004）》和《中国统计年鉴2017》。

将表 4-3 的数据绘制成图 4-5。由图 4-5 可见，1952—1991 年，中国三次产业的劳动生产率基本没有明显的提高，而且三次产业的劳动生产率没有明显的差别，直至 1992 年之后，三次产业的劳动生产率才有明显的增长且出现了较大的差别。由此可见，中国自 1992 年之后的经济增长并不是单纯的数量型增长，同时也显现出各产业对劳动生产率的贡献，其中第二产业劳动生产率的贡献尤为显著。

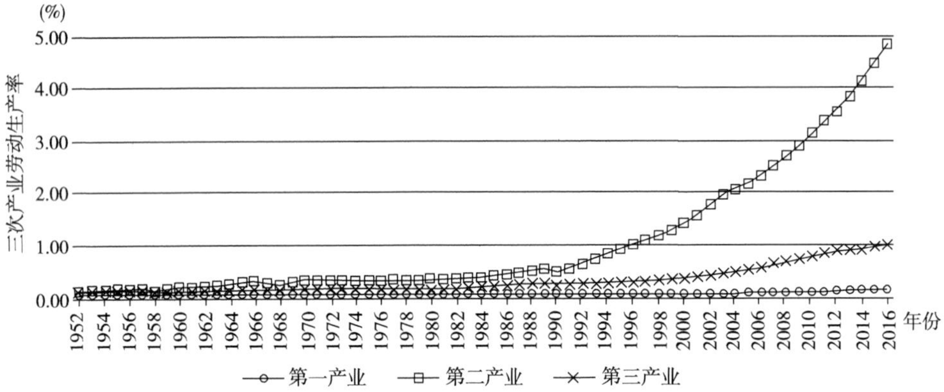

图 4-5　1952—2016 年中国三次产业劳动生产率

资料来源：根据表 4-3 中的数据绘制。

为了进一步说明 1992—2016 年中国三次产业的劳动生产率的变化，进一步计算三次产业劳动生产率增长率如表 4-4 所示。1992—2016 年，中国三次产业劳动生产率均有不同程度的提高，如果以 1992 年为基期，第一产业劳动生产率增长率均值为 6.6%，第二产业均值为 9.9%，第三产业均值为 5.9%。如果分周期看，1992—2006 年第一产业劳动生产率增长率均值为 5.3%，第二产业均值为 7.6%，第三产业均值为 5.8%；2007—2016 年第一产业劳动生产率增长率均值为 8.3%，第二产业均值为 8.9%，第三产业均值为 6.0%。可见，相比较而言，1992 年以来第二产业的劳动生产率增长率最高，第三产业的劳动生产率增长率最低。1992—2006 年，劳动生产率则是第二产业最高，第三产业次之，最低的是第一产业，而 2007—2016 年，第一产业劳动生产率增长率则明显高于第三产业劳动生产率增长率。第一产业劳动生产率的增长率较快的原因应在于农业现代化、农地制度改革等共同作用释放了大量的劳动力，并较快向非农产业转移的结果。纵向比较可以发现，2007—2016 年，三次产业的劳动生产率增长率相对于 1992—2006 年期间均有所上升，并且三次产业的劳动生产率增长率波动性较大，表明三次产业在提高劳动生产率方面并没有形成稳定的机制，未来的经济转型机制尚未形成，仍需要采取相应的措施。

表 4-4　1992—2016 年中国三次产业劳动生产率增长率（%）

年份	第一产业	第二产业	第三产业	年份	第一产业	第二产业	第三产业
1992	5.8	18.1	6.4	2006	9.7	6.7	10.8
1993	7.4	14.8	3.8	2007	7.6	7.7	14.9
1994	6.9	15.4	1.7	2008	8.0	7.8	7.5
1995	8.1	11.3	1.2	2009	7.7	7.5	6.3
1996	7.1	8.3	2.8	2010	7.9	8.8	7.7
1997	3.3	8.2	7.4	2011	9.4	7.3	5.7
1998	2.4	8.6	5.9	2012	7.8	5.1	6.4
1999	1.0	9.4	7.2	2013	10.7	8.3	1.2
2000	1.5	10.9	6.4	2014	10.4	7.7	1.9
2001	1.6	8.4	8.4	2015	8.0	8.1	3.3
2002	2.0	13.8	6.3	2016	5.3	7.7	4.9
2003	3.6	11.0	6.2	均值 1992—2016	6.6	9.9	5.9
2004	10.3	5.9	4.7	均值 1992—2006	5.3	7.6	5.8
2005	9.5	5.4	9.0	均值 2007—2016	8.3	8.9	6.0

资料来源：对表 4-3 中数据计算增长率得出。

将表 4-4 中的数据绘制成图 4-6。由图 4-6 可见，从劳动生产率增长率变化的整体趋势上看，全社会劳动生产率增长率和三次产业劳动生产率增长率基本表现出较强的波动性。从三次产业各自的劳动生产率的增长率看，第

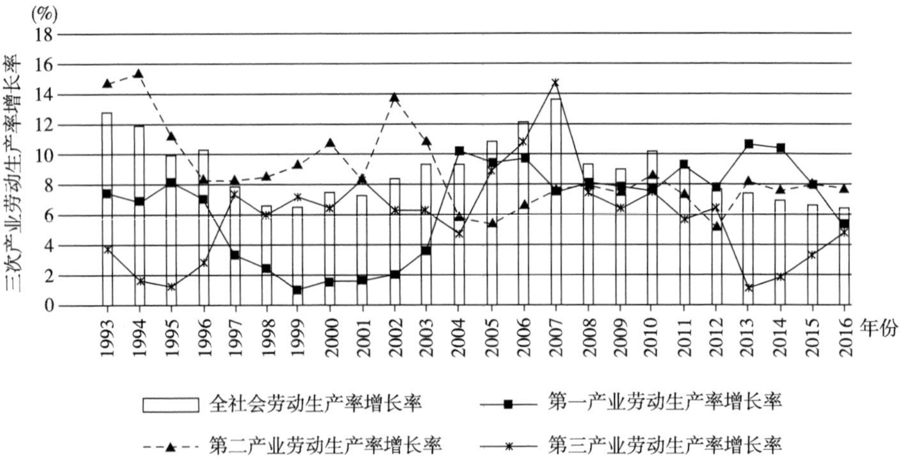

图 4-6　1993—2016 年三次产业和中国全社会劳动生产率增长率

资料来源：根据表 4-3 的数据绘制。

一产业和第三产业劳动生产率增长率的顺周期性较强，而第二产业的劳动生产率增长率呈波动下降状态，特别是加入世界贸易组织之后，第二产业劳动生产率增长率并没有获得显著提高，相反还有所下降。加入世界贸易组织前，第二产业劳动生产率增长率在三次产业中居最高位，显著高于全社会劳动生产率的增长水平，次贷危机后则低于第三产业的水平。这从一个侧面反映了中国第二产业还具有粗放增长特征，依靠规模获得高速的增长。劳动生产率如果没有显著提高，收入水平的提高也是受限的，如果收入水平没有显著提高，则未来消费水平也不会有显著提升，这样会形成恶性循环，类似于美国发展经济学家罗格纳·纳克斯（R. Nurkse，1953）提出的“贫困的恶性循环”（Vicious Circle of Poverty）原理，即劳动生产率低导致收入少，消费少，无法诱导投资，则收入进一步降低。

2. 比较劳动生产率结构。比较劳动生产率（也被称为相对国民收入）是三次产业增加值结构和就业结构相对变化的速度。按配第—克拉克定理，第一产业的比较劳动生产率都应小于 1，第二和第三产业都应大于 1。如表 4-5 所示，在这一点上，中国的情况符合配第—克拉克定理。但从数值变化趋势看，第一产业在 1998 年以后就稳定在 0. 3 的水平上，表明第一产业在增加值比重和就业比重都相对下降的情况下，增加值比重下降超过了就业比重下降的速度，而第二产业、第三产业则相反，增加值比重和就业比重都上升，增加值比重上升速度超过了就业比重的上升速度。

表 4-5 1952—2016 年中国三次产业比较劳动生产率和二元生产率对比系数

年份	比较劳动生产率			二元生产率对比系数	年份	比较劳动生产率			二元生产率对比系数
	第一产业	第二产业	第三产业			第一产业	第二产业	第三产业	
1952	0. 6	2. 8	3. 1	0. 2	1974	0. 4	3. 4	2. 6	0. 1
1953	0. 6	2. 9	3. 4	0. 2	1975	0. 4	3. 4	2. 4	0. 1
1954	0. 6	2. 9	3. 5	0. 2	1976	0. 4	3. 1	2. 3	0. 2
1955	0. 6	2. 8	3. 6	0. 2	1977	0. 4	3. 2	2. 2	0. 1
1956	0. 5	2. 6	3. 4	0. 2	1978	0. 4	2. 8	2. 0	0. 2
1957	0. 5	3. 3	3. 0	0. 2	1979	0. 4	2. 7	1. 8	0. 2
1958	0. 6	1. 4	1. 9	0. 4	1980	0. 4	2. 6	1. 7	0. 2
1959	0. 4	2. 1	1. 8	0. 2	1981	0. 5	2. 5	1. 7	0. 2
1960	0. 4	2. 8	1. 7	0. 2	1982	0. 5	2. 4	1. 7	0. 2
1961	0. 5	2. 8	2. 7	0. 2	1983	0. 5	2. 4	1. 6	0. 2
1962	0. 5	3. 9	2. 9	0. 1	1984	0. 5	2. 2	1. 6	0. 3
1963	0. 5	4. 3	2. 7	0. 1	1985	0. 4	2. 1	1. 8	0. 2
1964	0. 5	4. 5	2. 6	0. 1	1986	0. 4	2. 0	1. 7	0. 2
1965	0. 5	4. 2	2. 7	0. 1	1987	0. 4	2. 0	1. 7	0. 2
1966	0. 5	4. 4	2. 5	0. 1	1988	0. 4	1. 9	1. 7	0. 2
1967	0. 5	3. 9	2. 6	0. 2	1989	0. 4	2. 0	1. 8	0. 2
1968	0. 5	3. 6	2. 7	0. 2	1990	0. 4	1. 9	1. 8	0. 2
1969	0. 5	3. 9	2. 8	0. 1	1991	0. 4	1. 9	1. 8	0. 2
1970	0. 4	4. 0	2. 7	0. 1	1992	0. 4	2. 0	1. 8	0. 2
1971	0. 4	3. 8	2. 6	0. 1	1993	0. 3	2. 1	1. 6	0. 2
1972	0. 4	3. 6	2. 6	0. 1	1994	0. 4	2. 0	1. 5	0. 2
1973	0. 4	3. 5	2. 6	0. 1	1995	0. 4	2. 0	1. 4	0. 2

续表

年份	比较劳动生产率			二元生产率对比系数	年份	比较劳动生产率			二元生产率对比系数
	第一产业	第二产业	第三产业			第一产业	第二产业	第三产业	
1996	0.4	2.0	1.3	0.2	2007	0.3	1.8	1.3	0.2
1997	0.4	2.0	1.3	0.2	2008	0.3	1.7	1.3	0.2
1998	0.3	1.9	1.4	0.2	2009	0.3	1.7	1.3	0.2
1999	0.3	2.0	1.4	0.2	2010	0.3	1.6	1.3	0.2
2000	0.3	2.0	1.4	0.2	2011	0.3	1.6	1.2	0.2
2001	0.3	2.0	1.5	0.2	2012	0.3	1.5	1.3	0.2
2002	0.3	2.1	1.5	0.2	2013	0.3	1.5	1.2	0.2
2003	0.3	2.1	1.4	0.1	2014	0.3	1.4	1.2	0.2
2004	0.3	2.0	1.3	0.2	2015	0.3	1.4	1.2	0.2
2005	0.3	2.0	1.3	0.2	2016	0.3	1.4	1.2	0.2
2006	0.2	1.9	1.3	0.2					

资料来源：《人口与就业统计年鉴 2014》和《中国统计年鉴 2017》。

如图 4-7 所示，从三次产业比较劳动生产率的时间序列变化情况看，是符合二元性理论的。第一产业的比较劳动生产率小于 1，而第二、第三产业的比较劳动生产率开始下降并不断趋向于 1，三次产业之间的比较劳动生产率差距由大变小，表明二元性不断减弱，但三次产业之间的要素配置仍有很大的调整和演进空间。第一产业的比较劳动生产率的变化也表明，第一产业的比较劳动生产率仍处于下降阶段，没有进入“U 型”路径的上升区间，表明第一产业相对于产业结构仍需要释放出劳动力，提高比较劳动生产率。因为一般而言，发展中国家的二元生产率对比系数（第一产业比较劳动生产率与第二产业和第三产业比较劳动生产率之比）处于 0.31~0.45 之间，发达国家则分布在 0.52~0.86 之间，中国则一直分布在 0.1~0.3 之间。这表明，中国第一产业的比较劳动生产率仍是较低的。而第二和第三产业的比较劳动生产率虽然呈现出“倒 U 型”，但还有进一步提升的空间，还没有形成三次产业间稳定的相对效率结构。

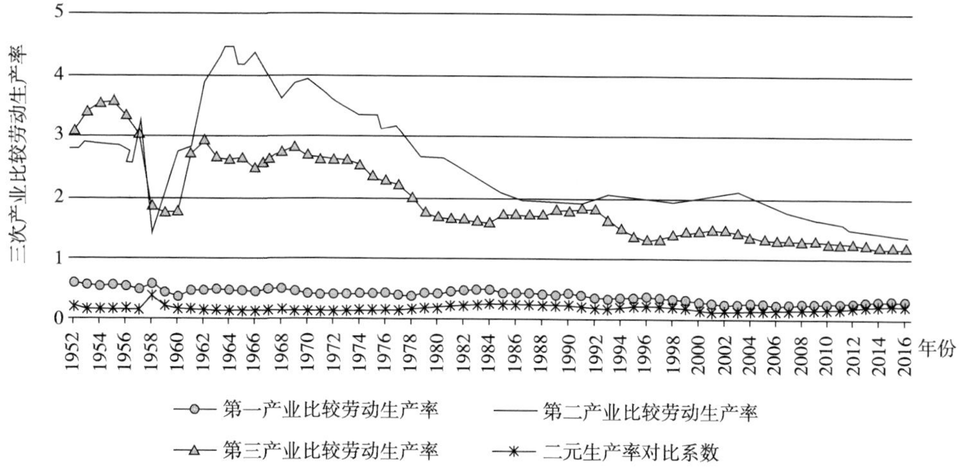

图 4-7　1952—2016 年中国三次产业的比较劳动生产率结构变化

资料来源：根据表 4-5 的数据绘制。

通过国际比较可以说明中国三次产业比较劳动生产率与世界水平的差距。发达国家美国、德国、日本和韩国三次产业比较劳动生产率系数如表 4-6 所示。由表 4-6 可见，四个国家的比较劳动生产率都是第一产业的效率最低，相对而言，美国的第一产业比较劳动生产率高于同期其他国家，表明其第一产业具有比较高的劳动生产效率，而日本则是最低的，这可能与其国内的保护性政策有关。四个国家的第二和第三产业的比较劳动生产率基本都分布在离 1 很近的范围内，且第二产业和第三产业的比较劳动生产率基本相似。其中，韩国的第三产业比较劳动生产率最低，表明韩国的服务业虽然吸纳了较大比例的就业者，但增加值的占比却与就业比重不相当，生产效率并不高，而相比之下，其第二产业的效率却是四个国家中最高的。可见，与发达国家相比，中国三次产业的劳动生产率都还有提升的空间，还需要进一步从第一产业向第二和第三产业转移劳动力。也就是说，中国产业的劳动力“结构红利”在未来一段时间内还是存在的，通过配置要素提高效率，进而提高经济增长的潜力还是存在的。

表 4-6　1997—2016 年发达国家三次产业比较劳动生产率

年份	美国			德国			日本			韩国		
	第一产业	第二产业	第三产业	第一产业	第二产业	第三产业	第一产业	第二产业	第三产业	第一产业	第二产业	第三产业
1997	0.5	1.0	1.0	0.4	0.9	1.1	0.3	1.0	1.0	0.5	1.2	1.0
1998	0.5	1.0	1.0	0.4	0.9	1.1	0.3	1.0	1.0	0.4	1.4	1.0
1999	0.5	1.0	1.0	0.4	0.9	1.1	0.3	1.0	1.0	0.4	1.4	0.9
2000	0.5	1.0	1.0	0.4	0.9	1.1	0.3	1.0	1.0	0.4	1.4	0.9
2001	0.5	1.0	1.0	0.4	0.9	1.1	0.3	1.0	1.1	0.4	1.3	0.9
2002	0.4	1.0	1.0	0.4	0.9	1.1	0.3	1.0	1.1	0.4	1.3	1.0
2003	0.5	1.0	1.0	0.3	0.9	1.1	0.3	1.1	1.0	0.4	1.3	0.9
2004	0.8	1.0	1.0	0.4	1.0	1.0	0.3	1.1	1.0	0.4	1.4	0.9
2005	0.7	1.1	1.0	0.3	1.0	1.0	0.3	1.1	1.0	0.4	1.4	0.9
2006	0.7	1.1	1.0	0.3	1.0	1.0	0.2	1.1	1.0	0.4	1.4	0.9
2007	0.8	1.1	1.0	0.4	1.0	1.0	0.3	1.1	1.0	0.4	1.4	0.9
2008	0.8	1.1	1.0	0.4	1.0	1.0	0.3	1.0	1.0	0.3	1.4	0.9
2009	0.7	1.2	1.0	0.4	1.0	1.0	0.3	1.1	1.0	0.4	1.4	0.8
2010	0.7	1.2	1.0	0.4	1.1	1.0	0.3	1.1	1.0	0.4	1.5	0.8
2011	0.9	1.2	1.0	0.5	1.1	1.0	0.3	1.1	1.0	0.4	1.5	0.8
2012	0.8	1.2	1.0	0.5	1.1	1.0	0.3	1.1	1.0	0.4	1.5	0.8
2013	0.9	1.2	1.0	0.7	1.1	1.0	0.3	1.1	1.0	0.4	1.6	0.8
2014	0.8	1.2	1.0	0.6	1.1	1.0	0.3	1.1	1.0	0.4	1.6	0.9
2015	0.7	1.1	1.0	0.5	1.1	1.0	0.3	1.1	1.0	0.4	1.6	0.8
2016	0.7	1.1	1.0	0.4	1.1	1.0	0.3	1.2	1.0	0.4	1.5	0.8

资料来源：世界银行 WDI 统计数据库和历年《中国统计年鉴》。

（二）资本的效率结构

三次产业的资本效率（也可以称为资本生产率）的计算公式为：

$$k_{i,t} = \frac{Y_{i,t}}{K_{i,t}}$$

式中：$k_{i,t}$为 t 年 i 产业的资本效率；$Y_{i,t}$为 t 年 i 产业的增加值，$K_{i,t}$为 t 年 i 产业的资本存量。据此可以计算 1992—2016 年中国三次产业的资本效率（均以 1992 年不变价格计算），计算结果如表 4-7 所示。由表 4-7 可见，中国第一产业资本效率由 1992 年的 6.87 下降至 2016 年的 0.25，而第二产业资本效率由 1992 年的 0.22 上升到 2002 年的 0.42，后下降到 2016 年 0.16，第三产业资本效率由 1992 年的 0.74 下降到 2016 年 0.09。

表 4-7　1992—2016 年中国三次产业资本效率　　单位：元/元

年份	第一产业	第二产业	第三产业	年份		第一产业	第二产业	第三产业
1992	6.87	0.22	0.74	2006		1.37	0.35	0.22
1993	6.88	0.25	0.66	2007		1.12	0.33	0.21
1994	6.83	0.28	0.60	2008		0.92	0.31	0.19
1995	6.80	0.30	0.55	2009		0.74	0.28	0.17
1996	6.66	0.32	0.50	2010		0.61	0.26	0.15
1997	6.35	0.34	0.47	2011		0.52	0.24	0.14
1998	5.89	0.35	0.43	2012		0.45	0.23	0.13
1999	5.36	0.36	0.40	2013		0.39	0.21	0.11
2000	4.83	0.38	0.38	2014		0.34	0.19	0.10
2001	4.32	0.40	0.37	2015		0.30	0.17	0.09
2002	3.79	0.42	0.36	2016		0.25	0.16	0.09
2003	2.64	0.41	0.31	均值	1992—2016	3.12	0.30	0.32
2004	2.08	0.39	0.27		1992—2006	4.59	0.34	0.42
2005	1.67	0.37	0.24		2007—2016	0.50	0.23	0.13

资料来源：《中国统计年鉴 2017》和历年《中国固定资产投资统计年鉴》。

从三次产业资本效率变化的趋势看（如图 4-8 所示），第二产业的资本效率在 2002 年之前是不断提高的，2002 年之后呈现不断下降的趋势，而第一产业和第三产业的资本效率整体上均是逐年递减，因而相对于三次产业资本存量结构的变动而言，第二产业在 2002 年之前存在资本的“结构红利”，而在

2002 年之后存在“负结构红利”；第一产业和第三产业则为“负结构红利”。

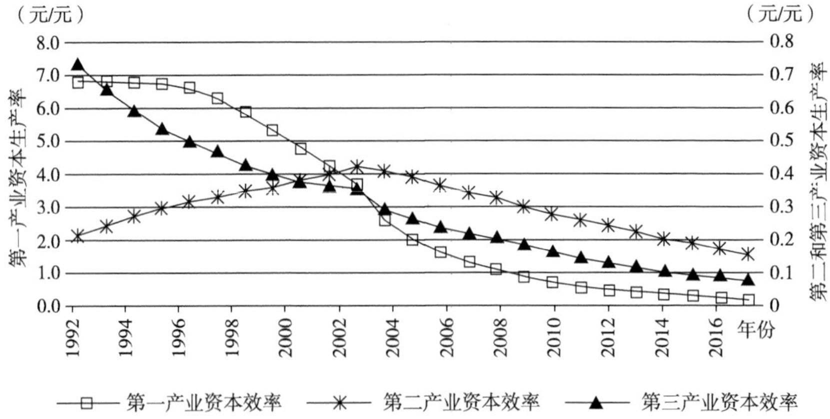

图 4-8　1992—2016 年中国三次产业的资本效率结构变化

资料来源：根据表 4-7 的数据绘制。

（三）全要素生产率结构

对全要素生产率（Total Factor Productivity，简称 TFP）的测算方法有多种，此处采用孙敬水（1996）的新测算方法，运用柯布—道格拉斯生产函数，其公式为：

$$Y_i = A_i X_{i1}^{\alpha_1} X_{i2}^{\alpha_2} \cdots X_{in}^{\alpha_n}$$

式中：Y_i 为 i 次产业增加值；A_i 为 i 次产业索洛余值；X_{in} 为 i 次产业 n 种生产要素投入数量；α_n 为 n 种要素的产出弹性，$i=1$，2，3。若假设产出为规模报酬不变，可以将产出弹性正则化，则有：

$$\beta_n = \frac{\alpha_n}{\sum_{i=1}^{n} \alpha_n} \tag{4.5}$$

可得，

$$\frac{d\ln Y_i}{dt} = \sum_{i=1}^{n} \beta_n \frac{d\ln x_{in}}{dt} + \sum_{i=1}^{n} \beta_n \frac{d\ln A}{dt} \tag{4.6}$$

由于 A 即为 TFP，由式（4.6）可知 TFP 增长率公式为：

$$\frac{d\ln TFP_i}{dt} = \frac{d\ln Y_i}{dt} - \sum_{i=1}^{n} \beta_n \frac{d\ln x_{in}}{dt} \tag{4.7}$$

如果三次产业投入的生产要素仅为 K（资本）和 L（劳动力），则式（4.7）可以表示为：

$$\frac{d\ln \text{TFP}_i}{dt} = \frac{d\ln Y_i}{dt} - \left(\alpha_1 \frac{d\ln K_i}{dt} + \alpha_2 \frac{d\ln L_i}{dt}\right) \tag{4.8}$$

将 1992—2016 年中国三次产业的增加值、资本存量（均为 1992 年价格）和劳动力数量（见表 4-8）代入式（4.9）中，三次产业的柯布—道格拉斯生产函数回归结果如下：

$$\ln Y_1 = 5.0744 + 0.5136\ln K_1 + 0.4964\ln L_1 \tag{4.9}$$

$$(0.000 \quad 0.000 \quad 0.000 \quad R^2 = 0.9564 \quad P = 0.000)$$

$$\ln Y_2 = -0.5622 + 0.9883\ln K_2 + 0.0117\ln L_2 \tag{4.10}$$

$$(0.5233 \quad 0.000 \quad 0.000 \quad R^2 = 0.8796 \quad P = 0.000)$$

$$\ln Y_3 = 2.2285 + 0.7465\ln K_3 + 0.2535\ln L_3 \tag{4.11}$$

$$(0.000 \quad 0.000 \quad 0.000 \quad R^2 = 0.9935 \quad P = 0.000)$$

据式（4.9）至（4.11）的回归结果计算得到中国三次产业的 TFP 增长率，计算结果见表 4-9 所示。三次产业的 TFP 增长率都是正值，说明三次产业的全要素生产率都是不断提高的。1992—2016 年三次产业的 TFP 增长率平均值最高的是第一产业，其次是第三产业，最低的是第二产业。第一产业的 TFP 增长率在 2004 年之前波动性较大，2004 年之后相对平稳；第二产业和第三产业虽然相对比较平稳，但是 2008 年之后有下降趋势。

表 4-8　1992—2016 年中国三次产业的增加值、资本存量和劳动力数量（1992 年价格）

年份	增加值（亿元）			资本存量（亿元）			劳动力数量（万人）		
	第一产业	第二产业	第三产业	第一产业	第二产业	第三产业	第一产业	第二产业	第三产业
1992	5 800.3	11 725.3	9 668.9	843.7	53 892.4	13 059.7	38 699	14 355	13 098
1993	6 067.1	14 035.2	10 848.5	881.3	56 835.1	16 340.0	37 680	14 965	14 163
1994	6 303.7	16 575.6	12 085.2	922.9	59 760.8	20 252.7	36 628	15 312	15 515
1995	6 612.6	18 863.0	13 305.8	972.7	62 931.3	24 395.5	35 530	15 655	16 880

续表

年份	增加值（亿元）			资本存量（亿元）			劳动力数量（万人）		
	第一产业	第二产业	第三产业	第一产业	第二产业	第三产业	第一产业	第二产业	第三产业
1996	6 943.2	21 145.4	14 530.0	1 042.2	66 246.2	28 810.5	34 820	16 203	17 927
1997	7 179.3	23 365.7	16 041.1	1 131.0	69 541.4	33 789.3	34 840	16 547	18 432
1998	7 423.4	25 445.2	17 388.6	1 259.8	72 661.5	40 377.5	35 177	16 600	18 860
1999	7 623.8	27 531.7	18 988.3	1 421.5	75 749.9	47 375.9	35 768	16 421	19 205
2000	7 799.2	30 147.2	20 849.2	1 614.6	78 814.0	54 609.4	36 043	16 219	19 823
2001	8 002.0	32 709.7	22 996.6	1 850.6	81 796.0	62 538.3	36 399	16 234	20 165
2002	8 218.0	35 948.0	25 411.3	2 166.2	84 916.1	71 030.0	36 640	15 682	20 958
2003	8 415.3	40 513.4	27 825.3	3 187.7	98 116.3	91 161.5	36 204	15 927	21 605
2004	8 928.6	45 010.4	30 635.7	4 294.7	114 942.4	114 489.5	34 830	16 709	22 725
2005	9 383.9	50 456.7	34 434.5	5 633.6	137 321.3	141 925.7	33 442	17 766	23 439
2006	9 834.4	57 268.3	39 289.8	7 194.8	164 843.6	175 289.8	31 941	18 894	24 143
2007	10 178.6	65 915.8	45 615.4	9 054.5	198 258.3	215 049.9	30 731	20 186	24 404
2008	10 707.9	72 375.6	50 405.1	11 595.6	236 873.6	260 610.0	29 923	20 553	25 087
2009	11 136.2	79 830.2	55 243.9	15 140.2	286 354.9	323 047.5	28 890	21 080	25 857
2010	11 615.0	89 968.7	60 602.6	19 071.8	344 959.9	398 521.4	27 931	21 842	26 332
2011	12 102.9	99 595.3	66 359.8	23 148.6	406 627.8	477 773.1	26 594	22 544	27 282
2012	12 647.5	107 961.3	71 668.6	28 211.7	479 497.4	572 362.9	25 773	23 241	27 690
2013	13 128.1	116 598.3	77 617.1	33 347.0	564 337.9	687 262.0	24 171	23 170	29 636
2014	13 666.4	125 226.5	83 671.3	39 651.8	659 202.7	819 970.3	22 790	23 099	31 364
2015	14 199.3	132 990.6	90 532.3	47 811.4	763 515.9	968 909.9	21 919	22 693	32 839
2016	14 667.9	141 103.0	97 593.8	57 599.9	872 082.2	1 134 353.5	21 496	22 350	33 757

资料来源：《中国统计年鉴 2017》和历年《中国固定资产投资统计年鉴》。

表 4-9　1992—2016 年中国三次产业 TFP 增长率（%）

年份	第一产业	第二产业	第三产业	年份	第一产业	第二产业	第三产业
1992	0.96	0.22	0.74	2005	1.47	0.66	0.86
1993	1.13	0.29	0.78	2006	1.41	0.65	0.87
1994	1.54	0.38	0.88	2007	1.53	0.66	0.94
1995	1.93	0.46	0.93	2008	1.61	0.65	0.95
1996	2.18	0.52	0.94	2009	1.49	0.58	0.91
1997	2.14	0.55	0.96	2010	1.55	0.57	0.91
1998	2.07	0.55	0.95	2011	1.68	0.58	0.93
1999	1.92	0.55	0.93	2012	1.70	0.53	0.92
2000	1.81	0.59	0.94	2013	1.75	0.48	0.90
2001	1.77	0.62	0.97	2014	1.74	0.44	0.86
2002	1.70	0.65	0.99	2015	1.68	0.38	0.84
2003	1.47	0.65	0.91	2016	1.62	0.35	0.83
2004	1.58	0.66	0.88	均值	1.66	0.53	0.90

资料来源：根据历年《中国统计年鉴》和《中国固定资产投资统计年鉴》数据计算。

二、三次产业的“结构红利”

产业结构是经济结构的重要组成部分，中国在经济增长过程中产业结构的调整也格外受到学者们的关注。马晓河（2010）认为，世界经济发展经验表明，产业结构是否能够成功且快速实现转型是中国从中等收入国家迈入高等收入国家行列的重要条件，其产业结构失衡更是造成高能耗、高排放和高污染的亚健康经济增长的重要原因。因此，吕炜（2010）指出，包括中国在内的世界各国都在试图通过宏观经济政策调整产业结构的布局，优化产业结构，提高经济增长的质量和效益，进而保持国民经济持续、快速和健康发展。

下面结合本书第三章中介绍的结构效率的分析方法，分别对资本结构效率、劳动结构效率和产业结构效率进行测算和分析。

（一）增量资本产出率

依据增量资本产出率（ICOR）的计算公式 $ICOR_i = \frac{\Delta K_i}{\Delta Y_i}$ 测算的1993—2017年中国三次产业增量资本产出率如表4-10所示。1993—2017年三次产业增量资本产出率的平均值分别为0.85、0.60和6.71。这表明，增量资本效率较高的是第二产业，其次是第一产业，增量资本效率最低的是第三产业。

表4-10　1993—2017年中国三次产业的增量资本产出率

年份	第一产业	第二产业	第三产业	年份	第一产业	第二产业	第三产业
1993	0.20	0.40	4.97	2006	0.46	0.76	5.66
1994	0.18	0.30	4.05	2007	0.79	0.68	4.73
1995	0.14	0.20	3.22	2008	1.21	0.80	5.68
1996	0.13	0.21	3.09	2009	2.18	1.51	16.26
1997	0.13	0.07	2.55	2010	0.79	0.90	11.30
1998	0.11	0.03	7.45	2011	0.29	0.32	3.04
1999	0.64	0.03	2.32	2012	1.74	1.34	13.39
2000	0.28	0.31	2.22	2013	0.00	1.35	15.54
2001	0.27	0.22	4.36	2014	2.24	1.20	13.89
2002	1.07	0.50	4.03	2015	3.37	1.22	10.95
2003	0.39	0.86	5.52	2016	3.36	0.51	10.95
2004	0.16	0.80	5.28	2017	0.62	-0.48	2.14
2005	0.49	1.02	5.09	均值	0.85	0.60	6.71

资料来源：根据历年《中国统计年鉴》和《中国固定资产投资统计年鉴》数据计算。

如图4-9所示，第二产业的增量资本不但效率高，且相对比较稳定；第三产业的增量资本效率不高，且不稳定，特别是2008年次贷危机之后，第三产业的增量资本效率发生过两次较大波动，2009年和2013年的最低效率分别达到16.26和15.54；第一产业的增量资本效率发生较大波动是在2013年之后。出现这种情况的原因可能是由于次贷危机后，实体经济状况不理想，对第二产业的投资积极性不高，使得资本寻求在第三产业进行投资扩张，但投资效益不高。这说明，第三产业的投资结构还有待于优化，未来的产业升级和优化应着重在第三产业内进行。而第二产业的主要问题则在于投资下降，2017 年的增量资本为负值，实体经济投资不足的问题必须引起重视。

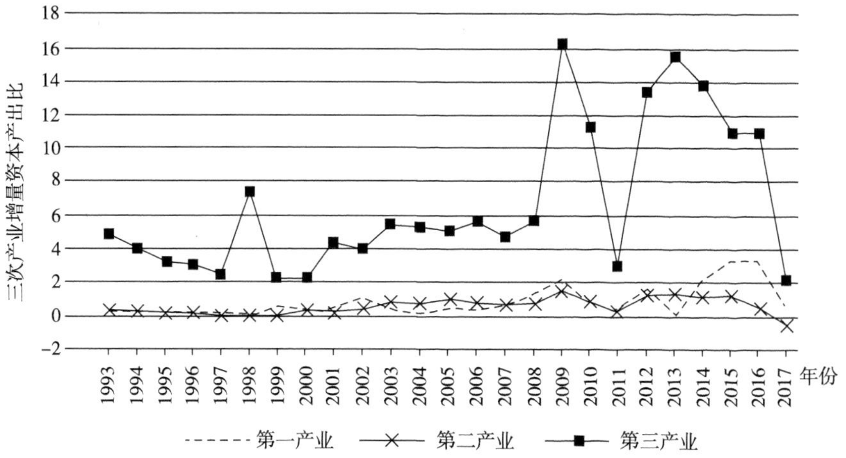

图 4-9　1993—2017 年中国三次产业的增量资本产出比

资料来源：根据表 4-10 的数据绘制。

（二）产业结构偏离度

产业结构偏离度（ISD）是测算劳动结构效率的指标，习惯上有两种计算方法：一种方法是各产业的增加值比重和就业比重之比与 1 的差；另一种方法是各产业的就业比重与增加值比重之差。此处采用第一种方法，即 $S_i = \frac{Y_i}{Y}\Big/\frac{L_i}{L} - 1$。若计算结果为正，说明劳动的结构效率是正的；若计算结果为负，则表明劳动的结构效率是负的。1992—2017 年中国三次产业结构偏离度的计算结果如表 4-11 所示。从计算结果看，第一产业作为劳动净流出的产业，其结构效率是负的；第二和第三产业的劳动结构效率是正的，第二产业的劳动效率结构比第三产业高。

表 4-11　1992—2017 年中国三次产业结构偏离度

年份	第一产业	第二产业	第三产业	年份	第一产业	第二产业	第三产业
1992	-0. 64	0. 99	0. 80	2005	-0. 74	0. 97	0. 32
1993	-0. 66	1. 06	0. 63	2006	-0. 75	0. 89	0. 30
1994	-0. 64	1. 04	0. 50	2007	-0. 75	0. 75	0. 32
1995	-0. 62	1. 03	0. 36	2008	-0. 74	0. 72	0. 29
1996	-0. 62	1. 00	0. 29	2009	-0. 74	0. 65	0. 30
1997	-0. 64	0. 99	0. 33	2010	-0. 74	0. 62	0. 27
1998	-0. 65	0. 95	0. 39	2011	-0. 73	0. 57	0. 24
1999	-0. 68	0. 97	0. 43	2012	-0. 72	0. 50	0. 25
2000	-0. 71	1. 02	0. 45	2013	-0. 70	0. 46	0. 21
2001	-0. 72	1. 01	0. 49	2014	-0. 69	0. 44	0. 18
2002	-0. 73	1. 08	0. 48	2015	-0. 69	0. 40	0. 18
2003	-0. 75	1. 11	0. 43	2016	-0. 69	0. 39	0. 19
2004	-0. 72	1. 04	0. 35	2017	-0. 71	0. 44	0. 15

资料来源：根据历年《中国统计年鉴》和《中国固定资产投资统计年鉴》数据计算。

如图 4-10 所示，1992—2017 年中国三次产业的劳动结构效率都处于下降趋势。其中，第二产业和第三产业的劳动结构效率从整体上看下降速度较快，下降至原来的一半；第一产业下降的速度较缓，说明劳动在三次产业间流动的结构效率作用是递减的，即劳动的“结构红利”递减，并且后续空间也不大了。

（三）产业效率结构的偏离—份额法

如前所述，偏离—份额法（SSM）的计算公式为：

$$g = \frac{G_t - G_0}{G_0} = \frac{\sum_{i=1}^{3} G_0(S_{it} - S_{i0})}{G_0} + \frac{\sum_{i=1}^{3} (G_{it} - G_{i0})(S_{it} - S_{i0})}{G_0} + \frac{\sum_{i=1}^{3} (G_{it} - G)S_{i0}}{G_0}$$

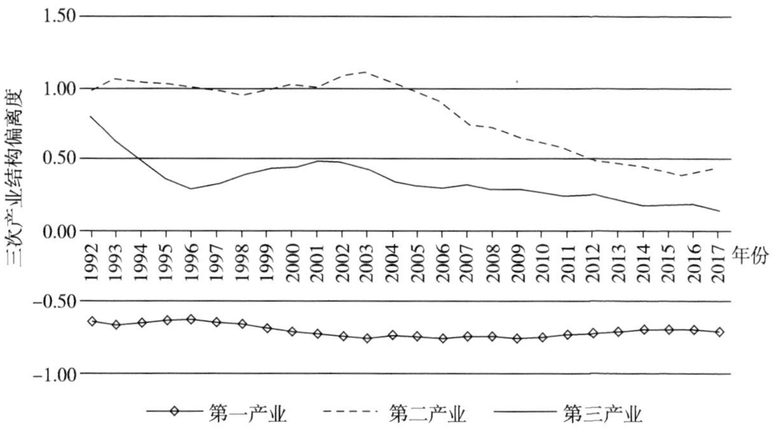

图 4-10　1992—2017 年中国三次产业结构偏离度

资料来源：根据表 4-11 的数据绘制。

式中：$\frac{\sum_{i=1}^{3} G_0(S_{it} - S_{i0})}{G_0}$ 为生产要素静态转移效率，表明在生产要素的效率既定时，从效率低的产业向效率高的产业转移引起的生产要素生产率的增长水平；$\frac{\sum_{i=1}^{3} (G_{it} - G_{i0})(S_{it} - S_{i0})}{G_0}$ 为生产要素向较高增长率的产业转移时对增长的贡献，是产业结构变化和劳动生产效率变化共同作用的结果；$\frac{\sum_{i=1}^{3} (G_{it} - G)S_{i0}}{G_0}$ 为假设产业结构不变时，产业内部生产要素效率的增长。其中前两项内容为结构效应。据此，计算 1992—2017 年中国三次产业结构的偏离—份额结果如表 4-12 所示。将 1992—2017 年划分为三个阶段，分别是 1992—2001 年、2002—2007 年和 2008—2017 年。其中，1992—2001 年为中国确立社会主义市场经济体系到加入世界贸易组织前；2002—2007 年为加入世界贸易组织到次贷危机爆发前；2008—2017 年为次贷危机爆发之后。

表 4-12　1992—2017 年中国三次产业结构按偏离—份额法的计算结果

要素	年份	总增长率（%）	结构效率	结构效率		增长效率	内部增长效率		
				静态效率	动态效率		第一产业	第二产业	第三产业
资本	1992—2001	-67.38	-13.43	-28.15	14.72	-53.95	-8.43	-43.78	-1.74
	2002—2007	-31.38	-5.72	-8.42	2.70	-25.66	-2.26	-22.33	-1.07
	2008—2017	-60.81	-2.36	-4.53	1.41	-58.45	-6.81	-45.80	-5.84
	1992—2017	-92.66	-4.53	-25.94	21.41	-88.13	-10.64	-75.05	-2.44
劳动	1992—2001	111.93	4.22	1.56	2.66	107.71	14.18	87.76	5.77
	2002—2007	69.42	23.78	16.63	7.15	45.64	8.35	31.25	6.03
	2008—2017	94.30	3.49	2.88	0.61	90.81	12.11	72.86	5.84
	1992—2017	718.70	123.90	15.07	108.83	594.80	118.31	443.62	32.87

资料来源：根据历年《中国统计年鉴》和《中国固定资产投资统计年鉴》数据计算。

通过对三次产业结构偏离—份额法的计算结果可以看出，资本的效率整体为负，劳动的效率整体为正；产业结构变动过程中资本的结构效率为负，劳动的结构效率为正；在结构效率中，资本的静态效率为负，动态效率为正，劳动的静态效率和动态效率均为正；资本的三次产业内部增长效率为负，劳动的内部增长效率为正。从总体上看，三次产业的劳动结构效率均为正，而资本只有动态效率为正。劳动和资本的动态效率均为正，表明不同要素在三次产业之间的流动和配置效率是正的。从不同阶段的比较看，资本的结构效率最高的是 2008—2017 年，内部增长效率最高的阶段是 2002—2007 年；三次产业中资本的内部增长效率最高的是第三产业，最低的是第二产业。而劳动的结构效率最高的阶段是 1992—2001 年，三次产业中劳动的结构效率最高的是第二产业，而最低的是第三产业。

因此，未来第三产业还有较大的优化空间，应引导第三产业内部的产业升级。

三、三次产业生产要素对经济增长贡献的结构分解

李扬等（2014）建立的一个多层次的分解框架，对中国经济增长和三次

产业各自的增长情况进行要素结构性分解。

将中国各产业的增加值增长率（不针对潜在增长率）分解为资本投入数量增长率与资本产出弹性增长率、劳动投入数量增长率与劳动产出弹性增长率和 TFP 增长率，进而核算资本、劳动和技术进步在各产业增长中的贡献。数据同样为 1992—2016 年的数据，运用 $C-D$ 生产函数对 1992—2006 年和 2007—2016 年的 GDP、K、L 取对数后，对回归结果在 1992—2006 年和 2007—2016 年两个经济周期内的各变量取均值，结果如表 4-13 所示。从要素结构分解的结果看，1992—2006 年，中国 GDP 平均增长率为 11.1%。其中，资本投入增长率为 10.60%，资本对经济增长的贡献为 64.93%，劳动投入增长率为 0.91%，劳动对经济增长的贡献为 2.62，TFP 增长率为 0.45%，对经济增长的贡献率为 32.45%。2007—2016 年，中国 GDP 平均增长率为 9.00%。其中，资本投入增长率为 19.74%，比上个周期高 9.14%，但资本的产出弹性由 0.68 下降至 0.42，而资本对经济增长的贡献为 87.73%，比上轮经济周期高 22.8%，劳动投入增长率为 0.34%，增长速度比上个周期下降一半多，劳动对经济增长的贡献仅为 2.19%，同时 TFP 对经济增长的贡献也下降至 10.08%。

表 4-13　1992—2016 年中国经济增长的生产要素结构分解

分解内容（符号，单位）	1992—2006	2007—2016
[1] GDP 增长率（g,%）	11.1	9.00
[2] 资本投入增长率（g_k,%）= $(I-\delta\cdot K)/K$	10.60	19.74
[3] 资本产出弹性（α）	0.68	0.42
[4] 资本贡献（C_k,%）= [2] × [3] / [1]	64.93	87.73
[5] 劳动投入增长率（g_L,%）	0.91	0.34
[6] 劳动产出弹性（β）	0.32	0.58
[7] 劳动贡献（C_L,%）= [5] × [6] / [1]	2.62	2.19
[8] TFP 增长率（g_t,%）	0.45	0.45
[9] TFP 贡献（C_t,%）= 100%- [4] - [7]	32.45	10.08

资料来源：根据附录六中的数据计算。

由此可见，国际金融危机后，中国经济增长中各要素的结构有所变化，资本的贡献率提高了，劳动和技术的贡献率均不同程度地降低了，并且投资的增长率明显快于经济增长率，表明对投资的依赖程度提高了，且投资的增长速度明显快于劳动的增长速度，说明资本和劳动在投入的增量中，相对结构发生了变化，即发生了新古典的资本深化。可见，危机冲击后，由于出口的减少，为了保证经济增长速度，投资拉动的增长方式被强化了，虽然劳动的产出弹性提高了，但劳动贡献份额并没有提高，同时压抑了技术进步。

上述分析表明，中国经济自 1992 年以来的市场化改革，构造了投资激励和以市场换技术的机制，由于技术选择的被动性，加速了资本边际报酬递减的过程，加速了资本的深化，这是经济增长减速的原因之一。虽然这种增长方式使中国经济在短期内获得了高速增长，但从劳动份额和技术进步份额下降，且资本投入的增长速度逐步大于经济增长速度的事实看，这种增长具有明显的外延式特点。从长期看，这种外延式的增长方式与中国的人口禀赋不相符，也与长期经济增长中技术进步应成为主要拉动因素的要求不相符。

依据李扬等（2014）的多层次分解框架方法，还可以分两个阶段对中国三次产业增加值增长率进行要素分解，结果如表 4-14 所示。2007—2016 年与 1992—2006 年相比，第一产业增加值增长率略有上升，由均值 3. 91%上升到 4. 08%，第二产业增加值增长率下降了 25%，第三产业增加值增长率下降了 10%。整体经济增长率平均下降了 2 个百分点，主要是第二产业和第三产业的增加值增长率下降导致的，其中第二产业的下降幅度更大一些。从各要素的投入量变化情况看，三次产业的资本投入的增长率在 2007—2016 年比 1992—2006 年均有所增加，第一产业资本投入增长率均值增长了近 5 个百分点，第二产业资本投入增长率增加得最多，约为 8 个百分点，第三产业资本投入增长率最低，仅为 0. 04%。劳动投入量在三次产业间表现为明显的流动性增强，第一产业的劳动投入加速转移，被第二产业和第三产业吸纳，但从吸纳能力上看，第三产业较大。1992—2006 年，第一产业劳动投入增长率下降了 1. 34%，而 2007—2016 年则下降了 3. 87%。相对于第二产业，第三产业在两个周期内都保持了较高的劳动投入增长率，分别为 4. 50%和 3. 42%，均高于第二产业的2.02%和1.73%。因此，2007—2016年第一产业资本的贡献份额由1992—2006年的56.39%上升到114.50%，第二产业资本的贡献份额也由14.24%上升到52.36%，只有第三产业资本的贡献份额略有下降，由47.11%下降至40.28%。因此，从整体上看，2007年之后三次产业的资本贡献仍然是较高的，均不同程度地高于劳动贡献份额。三次产业的全要素增长率均是正值，但2007—2016年对经济增长的贡献均呈现下降趋势，第一产业下降最显著。由此可见，农业在1992—2006年进行制度改革和现代化建设是十分有成效的。

表4-14　1992—2016年中国三次产业增加值增长率的生产要素结构分解

分解内容（符号，单位）	1992—2006			2007—2016		
	第一产业	第二产业	第三产业	第一产业	第二产业	第三产业
[1] 增加值增长率（%）	3.91	12.64	10.68	4.08	9.47	9.55
[2] 资本投入弹性（α）	0.25	0.75	0.42	0.34	0.48	0.32
[3] 资本投入增长率（%）= $(I-\delta\cdot K)/K$	8.82	2.40	11.98	13.74	10.33	12.02
[4] 资本贡献份额（%）=[2]×[3]/[1]	56.39	14.24	47.11	114.50	52.36	40.28
[5] 劳动投入弹性（β）	0.75	0.26	0.58	0.66	0.52	0.68
[6] 劳动投入增长率（%）	-1.34	2.02	4.50	-3.87	1.73	3.42
[7] 劳动贡献份额（%）=[5]×[6]/[1]	-25.70	4.16	24.44	-62.60	9.50	24.35
[8] TFP增长率（%）	0.45	0.52	0.70	0.04	0.01	0.96
[9] TFP贡献份额（%）=100-[4]-[7]	69.31	81.60	28.45	-10.63	19.49	19.24
[10] 人均资本（K/L）增长率	18.90	5.17	2.98	28.15	21.50	19.75
[11] 净投资率[$(I-\delta\cdot K)/Y$]增长率	3.57	6.50	5.43	28.16	44.32	51.48
[12] 资本效率（Y/K）增长率	-10.44	3.58	-8.13	-15.43	-7.35	-9.12
[13] 劳动生产率（Y/L）增长率	5.33	9.86	8.84	8.29	7.62	5.98

注：[1] 产业增加值增长率为各周期内的平均值。

从效率上看，在两个阶段中，由于投资的增长速度和净投资率增长率均有所提高，导致三次产业的人均资本增长率提高，资本效率下降，第一产业劳动生产率提高，第二产业和第三产业的劳动生产率则是下降。

通过上述分析可以看出，对两个经济增长周期的生产要素的贡献率的比较发现，1992—2006 年第一产业和第二产业贡献率最高的是 TFP，第三产业的主要驱动要素是资本；2007—2016 年三次产业均高度依靠资本驱动，可见目前经济转型增长的机制并没有形成，反而是更加依赖于原来的驱动方式了。受高资本投资增长率的影响，三次产业的人均资本深化后资本的效率大幅度下降是符合资本效率递减规则的。而第二产业和第三产业吸纳了第一产业的劳动转移，第二产业和第三产业的劳动生产率增长率则出现了下降趋势，表明非农产业中人均产出水平低、效率不高的行业在规模上膨胀了，第二产业和第三产业的结构随着第一产业的劳动转移而低端化了。出现这种情况可能是由于两方面的原因：一是由于转移出的人口素质不高；二是由于收入高、效率高的行业存在劳动进入壁垒。这两种情况并存使转移出的劳动只能堆积在低效率的产业中。这表明，中国还需要加强人力资本积累和技术创新，促进第二产业和第三产业内部产业结构的高端化。

由此可见，培育国内消费能力的最核心的事情应当是提高生产效率，改变原有的依靠规模的扩大实现经济增长的路径。这样才能避免“低劳动生产率陷阱”，实现经济转型发展的目标。

本章小结

发展中国家的经济发展本质上是随着经济增长而结构不断调整和优化的过程，结构调整的原因和结果之一是经济效率的变动，进而带动经济的持续增长。1952—2016 年中国三次产业增加值结构由“一二三”转变为“三二一”，第二产业对 GDP 的贡献最大，但第二产业驱动力下降 ，第三产业对经济增长的贡献不断提高。

三次产业结构变化的原因和结果在于产业内部生产要素配置和效率的变动。1952—2016 年第二产业劳动生产率最高，其次是第三产业，第一产业最低，1992 年之后三次产业劳动生产率的增长率都呈现出上升趋势，而三次产业的资本效率呈现出下降趋势。2004 年之后，第一产业的资本效率迅速下降，而劳动生产率大幅度提高，原因在于 2004 年国家出台的农机补贴政策促进了第一产业的资本深化。三次产业结构的变动也对产业效率产生影响，具体而言，1992—2016 年中国三次产业的劳动力存在“结构红利”，且通过国际比较发现这种“结构红利”仍然存在，即通过劳动力在产业间的转移提高经济效率的潜力仍然存在。资本在三次产业间整体是“结构负利”的。通过 C-D 生产函数测算的三次产业全要素生产率均为正值，第一产业平均增长率最高，第三产业其次，最低的是第二产业。第一产业的 TFP 增长率在 2004 年前波动较大，2004 年之后变得平稳，第二产业、第三产业 2008 年之后出现下降趋势。1992—2006 年对第一产业和第二产业产出增长贡献率最大的是 TFP，第三产业则以资本驱动为主，2007—2016 年三次产业均以资本驱动为主。

综上可见，中国三次产业增加值结构符合经济发展规律，工业化带动了资本驱动方式从第二产业不断扩散到第三产业和第一产业，并最终促进了三次产业的资本边际效率下降，资本深化促进了三次产业劳动生产率的提高和 TFP 的提高，三次产业结构的变动具有要素配置效应。

第五章

中国企业的产权结构效率

改革开放以来，中国企业的产权结构处于不断变化中，主要表现是原有计划经济中的国有企业和市场经济中的非国有企业间的比重的变化。

企业的所有权与效率的关系不是一个新话题，但在现阶段讨论这个问题，对于中国经济具有重要意义。因为中国需要转变经济增长方式，从粗放型增长向集约型增长方式转变，由要素数量驱动向创新驱动转变，从而实现高质量发展。在这个过程中，有些问题是需要讨论的：一是什么样的产业结构更具有经济效率；什么样的产权结构更具有经济效率；什么要素对于经济效率的提高和创新更重要；什么样的制度设计更有利于促进这种转变过程的实现。本章主要专注于研究第二个问题，即通过对比 1998—2016 年中国工业企业中的国有企业、民营企业和外商投资企业的经济效率及效率来源，探讨产权多元化是否促进了经济效率的提高，不同产权主体的效率来源是否存在较大的差异。由于本章拟着重对工业企业的所有权性质的经济效率进行比较，论述范围不包括股份制企业和其他产业中的企业，这些问题将在以后的研究中进行深入探讨。

第一节　企业产权与经济效率的关系

在市场经济中，经济效率取决于竞争程度，这决定了市场机制的资源配置效率，也就是市场的组织结构会影响效率，这是新古典学派的研究范畴。哈佛学派 SCP 范式及其后反对者们则将效率问题深入到产业组织层面。众所周知，哈佛学派认为市场结构与绩效具有相关性，企业的规模和市场垄断程度、利润率成正比，而芝加哥学派及此后的新产业组织理论则认为企业的行为是决定因素，认为行为会决定绩效和市场结构。经典的研究在关注企业效率时并未涉及产权结构问题，但随着产权结构的多元化、复杂化和跨国化，产权结构对效率的影响逐步受到学者们的关注。卡门和维森特（Carmen and Vicente，1996）认为，企业的效率可以用利润率和生产率两个指标进行测量，通过对西班牙 81 个不同产权上市企业的效率的对比研究发现，家族控制企业与非家族控制企业（公司、银行、政府、跨国公司控股）相比较，在利润率相同的情况下，实际的生产效率是不同的。这是由于从产权理论角度考虑，利润的实现受到经理人及管理集团以及外部条件环境的制约，致使具有高效率的企业的高利润率未必可以顺利实现。

从发展中国家的情况看，一般认为外商企业相对于本国企业具有更高的效率。这主要是因为相对于东道国而言，外商直接投资（FDI）携带的要素束一般包括先进的技术和管理经验，同时又要面对竞争更强的国际市场，因此外商企业由于在技术上具有相对优势，也为了在国际市场上保持较高的竞争力，应相对东道国的企业具有更高的效率。梅雯（Mei Wen）等（2002）根据中国第三次工业普查数据，采用确定性前沿生产函数法对不同的产权企业的技术效率进行了对比分析，认为外商投资企业的技术效率比国营、集体和合资企业高。有相似结论的还有哥达（Goldar，2004）等，他们用随机前沿生产函数对印度的工程工业中不同所有制企业效率进行分解，发现外商投资企业的技术效率高于内资企业，而内资企业中的国营和私营企业的技术效率没有区别。在发达国家也存在相似情况，索菲娅和海伦（Sophia and Helen，2002）对1997年西班牙4 056个不同所有权的企业的生产效率进行比较，发现外商投资企业具有较高效率，并且认为，允许外国企业的子公司进入对本国企业提高效率具有促进作用。对于一些经济转型国家的企业进行研究，其结果也在一定程度上支持外商企业的效率高于本国企业。克拉拉（Klara，2012）以1992—2000年俄罗斯和捷克两个国家的大中型工业企业为研究对象，发现国内企业的效率与外商企业的效率并没有出现收敛的趋势，说明通过私有化并没有缩小国内企业与国际市场标准之间的差距。

而另一部分学者并不认为或者说不赞同产权结构会对企业的效率有影响，并从理论分析和实证检验两个方面说明这个结论。艾丹和安东尼（Aidan and Anthony，1992）从理论上较为详细地解释两者没有显著关系的原因。一方面依据产权理论，如果企业是由管理者控制的，由于管理者与所有者的目标并不一致，因此国有企业和私人企业都会面对一系列委托—代理问题，会导致企业的低效率和利润率下降，私营企业在这方面没有天然固有的优势。博尔赫丁（Borcherding，1982，1988）和米切尔（Mitchell，1989）认为，只要保持市场的竞争性，即不存在歧视性待遇，如补贴等，不同产权企业的效率是没有差异的。在实证方面，帕特丽夏等（Patricia and etc.，1986）采用成本函数方法对1976年美国的127个供水行业企业（68个国营企业和59个私营企业）效率进行比较，发现并没有显著差别，因为没有证据显示国营企业的供水设施的利用和维护比私营企业松懈。斯蒂恩和托本（Steen and Torben，1996）对欧洲6个国家（丹麦、法国、德国、英国、爱尔兰和瑞典）的非金融行业的100个大企业进行研究发现，不同产权的企业效率没有显著差别，这表明欧洲的产权多元化是稳定而有效率的。

学者们还更为深入地探讨了企业内部产权分布与企业效率的关系，这方面的研究一般会针对私人企业。莱宾斯坦（Leibenstein，1966）认为，实际上不同企业在盈利能力、战略和X非效率方面具有差异，菲吕博滕和佩杰威齐（Furubotn and Pejovich，1972）认为，根据产权理论，由企业主控制的私人企业比经理人控制的私人企业的效率高。拉尔谢（Larcker，1988）认为，这是由于经理人为了分散人力资本风险而将企业的经营目标多元化，这种经理人主义的存在最终将导致企业效率的下降和利润的降低（Baumol，1967；Williamson，1967；Fisher and Hall，1969；Marris，1974；Amihud and Lev，1981）。此后的一些实证研究以企业股份的分散程度作为指标，实证企业主控制的私人企业是否比经理人控制的私人企业具有更高的效率。实证的结果并不统一，有的研究结果支持这一结论，有的则认为没有显著表现。

针对产业结构的研究多见于分析产权结构和经济增长的关系，李怀、高磊（2009）和徐涤非（2012）都专门研究了产权结构与经济增长的关系，但其影响机制与效率无关，而主要阐述了产权结构对投资及其结构的影响机制。间接连带阐述了产权结构与经济效率的关系的有吴旺延、魏明亮（2013），他们通过对陕西和浙江两省的产业结构的增长效率进行测算和对比研究发现，陕西的产业结构水平低，经济效率相对也较低，原因在于其第三产业的效率差，不利于产业结构升级，而究其根本原因在于陕西的国有企业过多，行政干预过多，市场化程度低，因此应引入竞争，转变经营机制。

从现有的研究成果看，学者们认为中国在国有产权结构较为集中的情况下，不利于合理投资和充分竞争，进而不利于经济增长，并没有针对产权与效率的关系进行直接和明确的分析。因此，我们拟在对三次产业的效率结构进行深入测算和分析的基础上，对不同产权与效率的关系进行研究，以便为中国经济增长向集约化转型提供更为可靠的政策建议。

第二节　企业产权多元化及其对经济增长的贡献

以工业企业为例，按注册登记类型可以分为内资企业、港澳台商投资企业和外商投资企业。内资企业包括国有企业、集体企业、股份合作企业、联营企业、有限责任公司、股份有限公司及私营企业。本节选取国有及国有控股工业企业、私营企业和外商港澳台投资企业分别作为国有和非国有、内资企业和外资企业的代表，分析不同产权对中国经济增长的影响。

一、市场经济主体产权多元化

1998 年我国对工业企业统计范围发生了变化，1998 年以前为全部工业企业，1998 年以后主要是规模以上工业企业，包括全部国有企业和年销售收入 500 万元以上的非国有企业。为了保证数据的可比性，本书对产权结构进行研究时，选取数据的时间序列为 1998—2016 年。表 5-1 中为规模以上工业按注册登记类型划分的国有及国有控股、私营企业和外商及港澳台企业的数量、总产值及从业人数结构。从企业数量、总产值和从业人数结构看，国有及国有控股工业企业的比重均不程度地减少。其中：企业数量从 1998 年的 39. 2% 下降至 2016 年的 5. 0%，从 2002 年起，国有企业数量开始低于其他产权形式的企业；在总产值结构中，1998 年国有及国有控股工业企业的比重是三种产权形式中最高的，此后，私营企业、外商及港澳台企业的总产值比重有所上升，至 2016 年，私营企业的总产值比重达到 35. 4%，其余两者的总产值比重都在 20%左右的水平上；从业人数结构中，私营企业是吸纳劳动力增加最快的，外商及港澳台企业次之，国有及国有控股企业从业人数比重从 1998 年的 60. 5%下降至 2016 年的 17. 9%，私营企业的从业人数比重从 1998 年的 2. 6%

上升至2016年的35.9%，外商及港澳台企业也从1998年的12.5%上升至2016年的23%。

表5-1　1998—2016年规模以上工业企业国有及国有控股、私营企业、外商及港澳台企业数量、总产值和从业人数结构

年份	数量结构（%）			总产值结构（%）			从业人数结构（%）		
	国有及国有控股企业	私营企业	外商及港澳台企业	国有及国有控股企业	私营企业	外商及港澳台企业	国有及国有控股企业	私营企业	外商及港澳台企业
1998	39.2	6.5	16.0	49.6	3.1	24.7	60.5	2.6	12.5
1999	31.3	9.0	16.6	48.9	4.5	26.1	58.5	3.9	13.6
2000	32.8	13.6	17.5	47.3	6.1	27.4	53.9	6.2	15.3
2001	27.3	21.1	18.3	44.4	9.2	28.5	49.2	10.0	17.3
2002	22.7	27.1	19.0	40.8	11.7	29.3	43.9	13.3	19.1
2003	17.5	34.5	19.7	37.5	14.7	31.2	37.6	17.9	21.9
2004	12.9	43.2	20.7	34.8	17.4	32.7	29.8	22.9	26.5
2005	10.1	45.6	20.7	33.3	19.0	31.4	27.2	24.5	27.5
2006	8.3	49.6	20.2	31.2	21.2	31.6	24.5	26.8	28.8
2007	6.1	52.6	20.0	29.5	23.2	31.5	22.1	28.6	29.9
2008	5.0	57.7	18.3	28.4	26.9	29.5	20.3	32.5	29.2
2009	4.7	58.9	17.4	26.7	29.6	27.8	20.4	33.7	27.7
2010	4.5	60.3	16.4	26.6	30.5	27.2	19.2	34.8	27.7
2011	5.3	55.5	17.6	26.2	29.9	25.9	19.8	32.2	28.1
2012	5.2	55.1	16.6	26.4	30.7	23.9	19.8	32.6	26.9
2013	5.1	57.5	15.8	24.8	32.9	23.4	19.3	34.3	25.9
2014	5.0	56.6	14.6	23.7	33.6	22.8	18.5	35.1	24.8
2015	5.0	56.5	13.8	21.8	34.8	22.1	18.2	35.4	24.1
2016	5.0	56.6	13.1	20.6	35.4	21.6	17.9	35.9	23.0

资料来源：根据历年《中国统计年鉴》和《中国工业经济统计年鉴》数据计算整理。由于2012年之后缺少工业企业的总产值数据，用主营业务收入替代。

通过对工业企业产权结构的分析可见，现在中国企业的产权结构已是多元化，由以国营工业企业为主不断演变为以私营企业为主的产权结构。1998

年，国有及国有控股企业无论是数量结构、总产值结构和从业人数结构都占绝对优势，而至2016年，私营企业的数量已经超过一半，总产值结构超过了35%，吸纳的就业也占了所有规模以上工业企业从业人数的35.9%。就工业企业的产权结构看，国有及国有控股企业的数量、产值和从业比重都快速下降，而私营企业、外商及港澳台企业获得了快速增长，可见“抓大放小”有利于企业产权结构的多元化发展，进而有利于竞争，促进经济效率的提高。但是，如果单纯从增加值指标计算结构时会发现，国有及国有控股企业的增加值在规模以上工业企业增加值中所占的比重仍然是最高的，1998年国有及国有控股企业增加值占比为56.7%，私营企业为2.5%，外商及港澳台企业为19.1%，而至2016年分别为33.7%、7.4%和17.7%。虽然国有及国有控股企业增加值占比有所下降，私营企业增加值比重有所增加，但是国有及国有控股企业增加值比重仍然占主导地位，而外商及港澳台企业的增加值比重是先增加后下降的。这样看来，国有及国有控股企业对经济增长的稳定性将起到重要作用，而在就业方面的作用却是在不断减弱的；私营企业对经济增长的稳定性作用虽然不高，但是在吸纳就业方面的作用却是显著的。

二、不同类型产权企业对经济增长的贡献

表5-2是以1998年不变价格计算的国有及国有控股、私营企业、外商及港澳台企业对GDP增长的贡献率和拉动力。从贡献率的变化趋势看，1998—2016年，国有及国有控股企业增加值和外商及港澳台企业增加值对经济增长的贡献是不断下降的，私营企业的贡献最小，但一直处于稳定且略有增长的状态。这说明了中国在市场化建设过程中多种所有制并存发展，且私营经济获得了较好的发展。近20年内，私营企业以较快的速度不断缩小与外商及港澳台企业在经济中的地位差距，对经济增长的贡献不断加大，而且这种贡献的稳定性较强。但受增加值结构的影响，国有及国有控股企业对GDP的拉动作用是最大的，1999年为4.4%，2016年下降到2.4%，但仍远高于私营企业和外商及港澳台企业的拉动作用。数据反映出三种产权形式对经济增长的贡献是有层次性的，这个动态变化的过程也说明，国有企业尽管数量减少了，

但对经济增长和稳定发展仍发挥着比较重要的决定性作用。

表 5-2 1998—2016 年规模以上工业企业国有及国有控股、私营企业、外商及港澳台企业对 GDP 增长的贡献率和拉动力

年份	贡献率（%）			拉动力（%）		
	国有及国有控股企业	私营企业	外商及港澳台企业	国有及国有控股企业	私营企业	外商及港澳台企业
1998	—	—	—	—	—	—
1999	47.1	5.7	27.7	4.4	0.2	0.6
2000	49.5	5.9	25.4	4.3	0.2	0.6
2001	45.2	7.7	24.5	4.7	0.3	0.7
2002	50.5	6.2	21.9	4.5	0.3	0.7
2003	45.4	5.5	24.6	4.9	0.3	0.7
2004	44.8	5.6	24.1	5.3	0.4	0.9
2005	33.6	6.6	22.1	5.2	0.4	0.9
2006	37.2	6.8	23.4	5.5	0.5	1.0
2007	35.3	7.1	20.9	6.0	0.6	1.2
2008	32.1	8.3	16.8	6.4	0.7	1.3
2009	27.6	9.5	12.0	4.2	0.5	0.8
2010	36.9	7.6	18.8	3.9	0.6	0.7
2011	29.6	8.7	15.1	4.3	0.7	0.8
2012	25.7	9.5	12.3	3.7	0.6	0.7
2013	27.6	8.7	16.2	3.0	0.5	0.6
2014	22.3	8.6	14.2	2.9	0.5	0.5
2015	8.4	10.0	11.1	2.7	0.5	0.5
2016	11.7	9.1	13.4	2.4	0.5	0.4

资料来源：根据历年《中国统计年鉴》和《中国工业经济统计年鉴》数据计算整理。

注：1998 年的数据缺失。各产权类型工业企业贡献率是指各产权类型工业企业产值增量与 GDP 增量之比。各产权类型工业企业对 GDP 增长的拉动力是指 GDP 增长速度与各产权类型工业企业贡献率之乘积。所有数据以 1998 年为基期价格，工业企业的总产值、工业企业的固定资产原价分别通过工业企业出厂价格指数和固定资产投资价格指数调整到基期水平。

第三节 企业产权结构的效率分析

为了进一步对比说明不同性质产权企业的效率，需要计算和分解国有及国有控股、私营和外商及港澳台工业企业的单要素效率和全要素生产率。

一、不同类型产权企业的要素效率

我们依然按劳动生产率和资本效率表示单要素生产率。

（一）劳动生产率

以1998年价格计算的规模以上工业企业的增加值计算劳动生产率可得出表5-3所示的数据。通过表中数据的对比可见，国有及国有控股工业企业的劳动生产率在1998年是三种不同产权类型的工业企业中最低的，为3.0万元/人，外商及港澳台工业企业的劳动生产率是最高的，为4.9万元/人，私营工业企业的劳动生产率略高于国有及国有控股工业企业的劳动生产率，为3.2万元/人。而2002年之后，国有及国有控股工业企业的劳动生产率则大幅度提高，开始高于外商及港澳台工业企业的劳动生产率，至2016年劳动生产率增长到1998年的10倍，而私营工业企业的劳动生产率是先下降后上升，2016年劳动生产率的增长仅为1998年的1.1倍，基本保持在原有的水平上。1998—2016年外商及港澳台工业企业的劳动生产率稳步提高，2016年的劳动生产率为1998年的2.7倍。通过劳动生产率的比较可见，三种不同产权类型的工业企业的竞争程度差别较大，国有及国有控股工业企业所在行业的垄断性高于私营和外商及港澳台工业企业，私营工业企业的行业竞争程度是最高的。

（二）资本效率

仍然以1998年为基期计算1998—2016年工业企业固定资本原价和增加值，得到规模以上工业企业、国有及国有控股工业企业、私营工业企业、外商及港澳台工业企业的资本效率如表5-4所示。1998—2016年，国有及国有控股企业、外商及港澳台企业的资本效率基本没有变化，平均值均为0.3，而

表 5-3　1998—2016 年规模以上工业企业、国有及国有控股工业企业、私营工业企业、外商及港澳台工业企业劳动生产率

单位：万元/人（1998 年价格）

年份	规模以上工业企业	国有及国有控股工业企业	私营工业企业	外商及港澳台工业企业
1998	3.2	3.0	3.2	4.9
1999	3.8	3.6	2.7	5.5
2000	4.4	4.5	2.2	5.8
2001	4.9	5.4	1.7	5.9
2002	5.5	6.7	1.6	6.0
2003	6.1	8.6	1.4	6.0
2004	6.2	10.7	1.2	5.1
2005	6.9	12.5	1.3	5.5
2006	7.6	14.6	1.4	5.8
2007	8.4	17.2	1.5	6.2
2008	8.4	18.3	1.5	6.2
2009	9.4	19.4	1.7	6.9
2010	10.0	21.7	1.8	7.3
2011	11.9	24.2	2.4	8.3
2012	12.5	24.6	2.6	8.8
2013	13.5	26.4	2.7	9.7
2014	14.3	28.4	2.9	10.6
2015	15.5	29.8	3.2	11.5
2016	16.9	31.9	3.5	13.0

资料来源：根据历年《中国统计年鉴》和《中国工业经济统计年鉴》数据计算整理。

私营企业的资本效率则显著提高，从 1998 年的 1.3 提高到 2016 年的 8.5。由此可见，私营企业的资本密集度显著低于国有及国有控股企业、外商及港澳台企业。

表 5-4　1998—2016 年规模以上工业企业、国有及国有控股工业企业、私营工业企业、外商及港澳台工业企业资本效率

年份	规模以上工业企业	国有及国有控股工业企业	私营工业企业	外商及港澳台工业企业
1998	0.3	0.2	1.3	0.3
1999	0.3	0.2	1.7	0.3
2000	0.3	0.2	2.2	0.3
2001	0.3	0.2	2.9	0.3
2002	0.3	0.3	3.4	0.3
2003	0.3	0.3	4.2	0.4
2004	0.4	0.3	5.2	0.3
2005	0.4	0.3	5.3	0.3
2006	0.4	0.3	5.6	0.3
2007	0.4	0.3	5.5	0.3
2008	0.4	0.3	6.4	0.3
2009	0.4	0.3	6.8	0.3
2010	0.4	0.3	7.3	0.3
2011	0.4	0.3	6.7	0.3
2012	0.4	0.3	7.0	0.3
2013	0.4	0.3	8.1	0.3
2014	0.4	0.3	8.5	0.3
2015	0.3	0.3	8.5	0.3
2016	0.3	0.3	8.5	0.3

资料来源：根据历年《中国统计年鉴》和《中国工业经济统计年鉴》数据计算整理。以 1998 年价格计算，固定资本以固定资本投资价格指数进行调整。

二、不同类型产权企业的全要素生产率分解

对不同决策单元的生产率变化进行评价，一般采用生产率指数法。目前比较常用的是曼奎斯特指数法（Malmquist Index）。曼奎斯特生产率指数法是

由卡夫、克利斯特恩、迪韦特（Caves，Christeren，Diewert，1982）在曼奎斯特数量指数与距离函数的基础上定义的，在 20 世纪 90 年代较为流行，是一种能够分解测算要素生产率的非参数方法。它以距离函数为基本工具，包括投入距离和产出距离函数。投入距离函数是给定产出，通过测算投入向量能够向内缩减的程度来衡量生产技术的有效性；而产出距离函数则是给定投入衡量产出的有效性。曼奎斯特生产率指数法的优点在于不需要对任何生产行为进行假定，就可以计算生产率增长的各个成分。

以产出导向型为例，曼奎斯特生产率指示法可以表示为下述公式：

$$M_0(Y_s,\ X_s,\ Y_t,\ X_t) = \left[\frac{d_0^s(y_t,\ x_t)}{d_0^s(y_s,\ x_s)} \times \frac{d_0^t(y_t,\ x_t)}{d_0^t(y_s,\ x_s)}\right]^{\frac{1}{2}}$$

式中：$d_0^s(y_t,\ x_t)$ 为以 t 期的技术为参照的 s 期的产出距离函数；$M_0(Y_s,\ X_s,\ Y_t,\ X_t)$ 则为从基期 s 期到 t 期生产率变化的曼奎斯特指数。如果 $M_0 = 1$，说明 TFP 没有变化；$M_0 > 1$ 为 TFP 增长；$M_0 < 1$ 为 TFP 下降。

一般基于非参数的曼奎斯特指数计算都采用数据包络法（Data Envelopment Analysis，简记为 DEA）。这里运用 DEAP2.1 对 1998—2016 年规模以上工业企业、国有及国有控股工业企业、私营工业企业和外商及港澳台工业企业的全要素生产率进行计算和分解，结果如表 5-5（a）和表 5-5（b）所示。

表 5-5（a）　1998—2016 年规模以上工业企业、国有及国有控股工业企业、私营工业企业和外商及港澳台工业企业全要素生产率的测算（不同年份的比较）

年份	全要素生产率变化（TFP-CH）(1) = (2) × (5)	技术效率变化（EFF-CH）(2) = (3) × (4)	纯技术变化（PE-CH）(3)	规模变化率（SE-CH）(4)	技术变化率（TECH-CH）(5)
1998	—	—	—	—	—
1999	0.916	1.160	1.000	1.160	0.789
2000	0.943	1.199	1.000	1.199	0.786
2001	0.900	1.196	1.000	1.196	0.753
2002	0.972	0.994	1.000	0.994	0.978

续表

年份	全要素生产率变化（TFP-CH）(1) = (2) × (5)	技术效率变化（EFF-CH）(2) = (3) × (4)	纯技术变化（PE-CH）(3)	规模变化率（SE-CH）(4)	技术变化率（TECH-CH）(5)
2003	0.973	0.924	1.000	0.924	1.053
2004	0.938	1.007	1.000	1.007	0.931
2005	1.009	0.993	1.000	0.993	1.016
2006	0.981	0.978	1.000	0.978	1.003
2007	1.019	1.012	1.000	1.012	1.007
2008	0.946	0.964	1.000	0.964	0.981
2009	0.942	0.985	1.000	0.985	0.956
2010	0.988	0.987	1.000	0.987	1.001
2011	1.074	0.992	1.000	0.992	1.083
2012	0.973	0.981	1.000	0.981	0.992
2013	0.935	0.967	0.998	0.969	0.967
2014	0.963	0.958	0.970	0.988	1.005
2015	0.972	0.982	0.986	0.995	0.990
2016	0.968	1.008	1.005	1.002	0.961
Mean	0.967	1.013	0.998	1.015	0.954

资料来源：根据1998—2016年《中华人民共和国经济和社会发展统计公报》数据计算。其中：2005年之后各类型产权企业的工业企业增加值仅有增长率数据，2005年之后以1998年价格计算的各类型产权企业的工业企业增加值为根据增长率推算的数据。

表5-5（a）表明，1998—2016年不同产权主体工业企业的全要素生产率变化（TFP-CH）均值为0.967，从全要素生产率的分解情况看，影响全要素生产率变化的两个因素是技术效率变化（EFF-CH）和技术变化率（TECH-CH），技术效率的变化均值为1.013，技术变化率的均值为0.954，而构成技术效率变化的主要影响因素是纯技术变化（PE-CH）和规模变化（SE-CH），纯技术变化的均值为0.998，规模变化的均值为1.015。由此可见，1998—2016年规模以上工业企业的全要素生产率的提高主要来源于企业规模的变化促使技术效率的变化，纯技术变化发生于2013年之后，仅有2016年的纯技

表 5-5（b）　1998—2016 年规模以上工业企业、国有及国有控股工业企业、私营工业企业和外商及港澳台工业企业全要素生产率的测算（不同产权类型企业的比较）

产权类型	全要素生产率变化 (TFP-CH) (1) = (2) × (5)	技术效率变化 (EFF-CH) (2) = (3) × (4)	纯技术变化 (PE-CH) (3)	规模变化率 (SE-CH) (4)	技术变化率 (TECH-CH) (5)
国有及国有控股工业企业	1.003	1.052	1.000	1.052	0.954
私营工业企业	0.903	0.946	0.993	0.953	0.954
外商及港澳台工业企业	0.997	1.045	1.000	1.045	0.954

资料来源：根据 1998—2016 年《中华人民共和国经济和社会发展统计公报》数据计算。其中：2005 年之后各类型产权企业的工业企业增加值仅有增长率数据，2005 年之后以 1998 年价格计算的各类型产权企业的工业企业增加值为根据增长率推算的数据。

术变化才大于 1。相对于规模变化和技术变化的趋势，规模的均值虽然大于 1，技术变化率均值小于 1，但两者在 2001 年前后的变化趋势却是相反的。规模变化在 2001 年之前数值较高，而 2001 年之后则有下降的趋势，技术变化率则是在 2001 年之前较低，2001 年之后有提高的趋势。可见，外在环境的变化和冲击对于全要素生产率的变化具有显著作用。

表 5-5（b）表明，从对不同产权类型企业的 TFP 测算和分解的结果看，国有及国有控股企业的 TFP 增长率最高，其值为 1.003；其次是外商及港澳台企业，其值为 0.997，最低的为私营企业的 0.903。从分解情况看，国有及国有控股企业的全要素生产率变化（TFP-CH）主要来源于规模变化，规模变化率（SE-CH）为 1.052，纯技术变化（PE-CH）为 1.000，也就是说，国有及国有控股企业的技术效率变化全部来源于规模变化。三种产权类型企业的技术变化率（TECH-CH）相同，国有及国有控股企业和外商及港澳台企业的纯技术变化率相同，私营企业的纯技术变化率略低，为 0.993。分解结果表明，国有及国有控股企业虽然在数量上有所减少，但规模和效率却保持了较高的水平，而这种效率的来源主要依靠规模的扩张获得的经济性，而非来源于纯技术的变化，促进全要素生产率提高的因素还是来源于投资的驱动。

改革开放后，特别是 1992 年之后，中国产权主体结构发生了显著变化。以工业企业为例，企业数量、总产值和就业结构从以国有及国有控股企业为主不断演变为以私营企业为主，但私营企业对经济增长的贡献却仍不及国有及国有控股企业的贡献。随着结构的变化，国有及国有控股企业劳动生产率的增长最快，外商及港澳台企业次之，私营企业的劳动生产率基本保持不变，而资本效率则相反，私营企业的资本效率提高较快，国有及国有控股企业、外商及港澳台企业资本效率基本不变。运用曼奎斯特生产率指数法测算和分解不同产权类型企业的 TFP 发现，工业企业经济效率提高主要来源于规模变化，而非纯技术变化。

综上可见，产权结构的多元化在一定程度上促进了效率的提高和经济的增长，但其根源并不一定是不同产权类型企业的直接竞争，而是不同产权类型的企业在不同产业结构上重新配置的作用结果。因此，中国经济的增长要从数量驱动向创新驱动方式转变，还应在整体上进行制度设计，形成激励企业从产业创新向技术创新转变的大环境。

本章小结

随着经济发展，中国企业的产权结构发生了较大的变化，市场结构主体逐渐多元化。以工业企业为例，产权结构从数量结构、总产值和就业结构看，已经由以国有及国有控股企业为主逐步转变为以私营企业为主，但私营企业对经济增长的贡献率仍然低于国有及国有控股企业。国有及国有控股企业的劳动生产率增长最快，私营企业的资本效率增长最快，通过对不同产权类型企业的 TFP 的测算和分解发现，工业企业经济效率提升来源于规模变化，而非纯技术变化。从不同的产权组织形式看，国有及国有控股企业对经济增长的贡献是最大的，对经济的平稳增长起到了较大的作用，私营企业对经济的拉动作用也在不断增强。但通过非参数的分解看出，三种代表性产权结构中均无纯技术改进存在。这表明，创新驱动在整体上还没有形成自发的机制。

第六章

“老龄少子化”对提升中国经济效率的影响

改革开放以来，中国经济的高速增长曾得益于人口红利。但是，在人口转型规律和生育政策的作用下，总和生育率快速下降并长时间低于最优水平，导致了中国人口的年龄结构已经显现出少子化趋势。少子化将进一步导致劳动力总量的更替不足和劳动力的老龄化，同时也推高了老龄人口的相对比重。根据世界银行数据统计，中国的总和生育率从 1978 的 2.9 不断下降，越过 1992 的 2.1 的最佳水平之后，从 2000 年起至今基本稳定在 1.6 左右。与亚洲的两个经合组织（OECD）国家相比，2015 年的日本和韩国总和生育率分别为 1.5 和 1.2。中国实行全面二胎生育政策后，总和生育率水平虽然略有回升迹象，但效果并不显著。受较低水平的总和生育率的影响，中国 0~14 岁的人口年龄结构从 1978 年的 37.6%下降到 1992 的 28.5%，而 2016 年为 17.7%（《中国统计年鉴》数据仅为 16.5%）。同期，日本和韩国 0~14 岁的人口年龄结构为 12.9%和 13.7%。如果按美元现价人均 GDP 水平比较，中国 2016 年的人均 GDP 水平相当于日本的 1978 年和韩国的 1993 年，而 1978 年日本 0~14 岁的人口占总人口的比重为 24.1%，1993 年韩国 0~14 岁的人口占总人口的比重为 23.8%。据此，中国显然是“未富先老”，人口红利提前消失，加之中国经济增长传统动力中的出口和投资作用减弱，许多学者提出中国必须转换经济增长动力和增长方式，应由粗放向集约转变，用“质量型”动力代替“数量扩张型”的动力机制，提高经济效率，稳定经济增长速度。那么，中国这种“未富先老”的人口结构是否存在一种内生的机制会促进劳动生产效率的提高呢？这种机制是否已经自发形成了？在人口结构无法短期改变的情况下，这是首先要回答的问题。

第一节 中国人口结构的变化

中国的经济总量为世界第二，而人口总量则是第一。至 2017 年年末，中国的人口总量为 139 008 万人，比人口总量第二的印度人口多 4 721 万人（根据世界银行 2017 年数据）。在人口不断增加的过程中，中国的人口结构也正在发生着深刻的变化。

一、人口规模和人口增长率

1949 年中华人民共和国成立时，中国的总人口为 54 167 万人，经过近 70 年的经济发展，2017 年中国的人口总量达到 139 008 万人（《中国统计年鉴》数据），是 1949 年的 2.57 倍，年均增长率为 1.4%。1952—2017 年的中国人口总量及其年增长率（具体数据见附录八）的变化如图 6-1 所示。

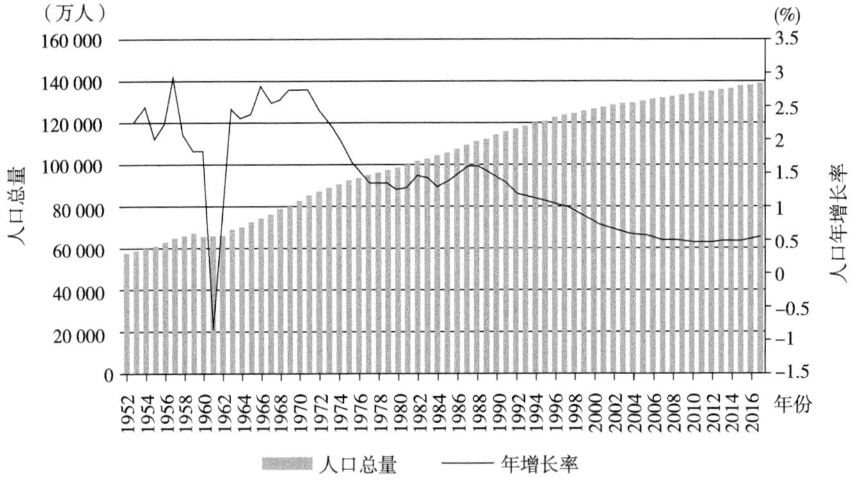

图 6-1　1952—2017 年中国人口总量及其年增长率

资料来源：根据《中国人口统计资料汇编（1949—1985）》和《中国统计年鉴》数据整理。

1981 年，中国的总人口由中华人民共和国成立初期的 5 亿达到 10 亿，到 2017 年年末，人口净增加 81 526 万人，年均净增人口为 1254.25 万人，平均约每 8 年人口总量增加 1 亿人。如表 6-1 所示，中国人口每增加 1 亿人所需时间最短的是 5 年（基本上是在 20 世纪 60 年代，分别是 1962—1967 年和 1967—1972 年）；其次是 1986—1992 年，用时 6 年；最长的用时 14 年，是 2001—2015 年。年人口增速呈现阶段性下降的情况是：1974 年之前，年人口增速都在 2%以上，1974—1998 年，人口年增速在 1%以上，此后不断下降至 2013 年的 0.49%后略上升，2017 年为 0.56%。

表 6-1　中国人口总量每增加 1 亿人所需时间

年份	年数（年）	期初人口总量（万人）	期末人口总量（万人）	净增加人口数（万人）
1952—1962	10	57 482	67 295	9 813
1962—1967	5	67 295	76 368	9 073
1967—1972	5	76 368	87 177	10 809
1972—1979	7	87 177	97 542	10 365
1979—1986	7	97 542	107 507	9 965
1986—1992	6	107 507	117 171	9 664
1992—2001	9	117 171	127 627	10 456
2001—2015	14	127 627	137 462	9 835

资料来源：根据《中国人口统计资料汇编（1949—1985）》和《中国统计年鉴》数据整理。

可见，对人口总量影响较大的因素除了经济发展水平之外，就应该是中国的计划生育政策的实施及逐步放开。

二、人口转变过程

张冀（2019）认为，中国自改革开放以来最大的转变就是人口转变和群体结构转型，中国人口的年龄结构将由老龄化转变为老龄型（65 岁以上人口比重超过 14%），中国由一个以农民为主的社会转变为农民、工人和中产群体并存的社会①。人口转变（Demographic Transition，也被称为人口转型）的理论，是 1929 年由美国人口学家汤姆逊（Thomson）提出的，后经许多经济学家完善，用来解释西欧、北美发达国家的人口从高出生率、高死亡率转变为低出生率、低死亡率的过程。汤姆逊原来将这个转变过程分为三个阶段，1994 年联合国提出四阶段划分法，四个阶段分别是转变前阶段、前期转变阶段、后期转变阶段和转变后阶段。四个阶段的特征如表 6-2 所示，这个过程已经被许多国家的实践证实了。

① 吴莹. 社会发展中的中印人口转型[N]. 中国社会科学院报,2019-01-23.

表 6-2　人口转变理论的阶段特征

项目	第一阶段（转变前）	第二阶段（前期转变）	第三阶段（后期转变）	第四阶段（转变后）
出生率（‰）	高	不变	下降	低
死亡率（‰）	高	下降	下降	低
两者关系	两者相当	出生率>死亡率	出生率>死亡率	相当或出生率略高
总和生育率（人）	>6.5	4.5~6.5	2.5~4.5	<2.5
平均预期寿命（岁）	<45	45~55	55~65	>65
人口类型	传统型	过渡期（人口红利期）		现代型

资料来源：根据人口转变理论内容整理。

根据人口转变理论，影响人口转变的主要因素是出生率和死亡率的关系。1952—2016 年中国的出生率、死亡率和总和生育率（Total Fertility Rate，以下简称 TFR）如图 6-2 所示。在中华人民共和国成立初期出生率和死亡率都较高，分别在 40‰和 20‰左右的水平上。经过 20 世纪 60 年代至 90 年代的过渡阶段，至 2000 年开始，出生率和死亡率之间的缺口呈现相对稳定的趋势，2000 年的 TFR 为 1.5。也就是说，中国从 2000 的开始，人口结构已经进入现代型阶段，而 2000 年中国的人均 GDP 仅为 959 美元，也就在刚摆脱“贫困陷阱”时，中国就完成了人口转变的过程。这就是典型的所谓“未富先老”。

影响出生率和死亡率变化的原因是比较复杂的。通常，死亡率会随着人均收入水平、医疗水平的提高而逐步下降，之后会相对稳定，因此，影响人口自然增长率的主要原因就是出生率。如图 6-2 所示，中国比较高的出生率有三个阶段，分别是 1952—1957 年、1962—1976 年和 1986—1990 年。第一阶段出生率最高达 32.97‰，第二阶段最高为 43.37‰，第三阶段的最高值为 23.33‰，这三个阶段经常被称为“婴儿潮”时期。正是在人口转变的过渡阶段出现“婴儿潮”，就会延缓人口转变的过程，并使人口红利阶段延长。

此后，经济学的学者们从不同角度展开了对人口转变现象的解释。其中，学者们对死亡率下降的认识比较一致，都认为是技术进步的结果。因为根据马尔萨斯（Malthus，1789）的理论，人口的自然增长率存在一个生理极限，

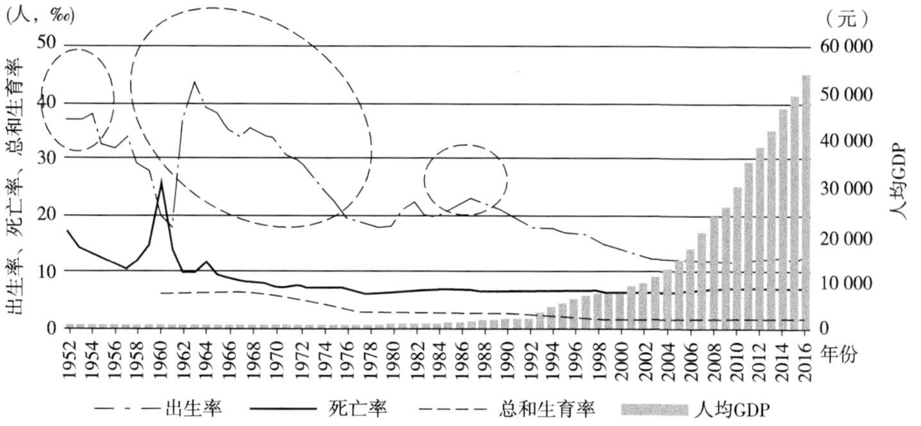

图 6-2 1952—2016 年中国的出生率、死亡率、总和生育率及人均 GDP

资料来源：根据《中国人口统计资料汇编（1949—1985）》和《中国统计年鉴》数据整理。

出生率会随着粮食产量的增长而提高，但这是有最高限度的，而导致死亡率的原因为疾病（特别是瘟疫）、战争和灾荒，由于科学技术水平不高，因此死亡率较高。在人口的增长率高于经济增长率时，经济会陷入马尔萨斯的“人口陷阱”。马尔萨斯理论的缺陷之一就是忽略了技术进步，当技术进步较快时，人口的死亡率会不断下降，人的预期寿命会延长。这个事实是可以观测到的。因此，问题争论的焦点就集中于出生率为什么会下降？出生率实际上就是生育率（可以用 TFR 衡量），这样，要讨论的问题就转变为生育率为什么会下降。一方面，从微观角度看，主要有五类相关的解释。一是医疗水平的提高。柯克（Kirk，1996）和梅森（Mason，1997）认为，由于卫生和医疗条件的改善，使父母改变了增加生育数量可以防止孩子夭折的观念。二是有利于财富传承。考德威尔（Caldwell，1982）从家族传递财富的方式进行解释，在大家族时期，每个家族需要增加孩子的数量，以便增加从家族中继承的财富，而在核心家族条件下，对于家族而言，减少生育孩子的数量才是最优的选择。三是家庭从生育决策的成本—收益角度出发，认为随着收入水平的提高，养育孩子成本的提高，父母对孩子的需求由数量型转变为质量型偏好。四是社会文化因素和新观念影响的结果。五是受政府政策的影响。另一方面，从宏观角度看，主要经济增长理论都考虑到人口增长的问题，但早期的如索洛模型将人口增长直接视为外生变量，直到统一增长理论才将人口内生化。除此之外，还有理论考虑性别差距的缩小、养老金制度和人力资本需求等因素对生育率的影响。

事实上，世界整体上都经历着人口转变的过程，包括中等收入国家和低收入国家。如图 6-3 所示，世界和不同收入组国家的出生率、死亡率都不同程度地有所下降。从变化的趋势看，不同收入组国家的死亡率基本趋同，而出生率存在差异；相比较而言，高收入组国家的出生率最低，低收入组国家的出生率最高。这表明，未来世界人口的总体规模增长将进一步放缓。

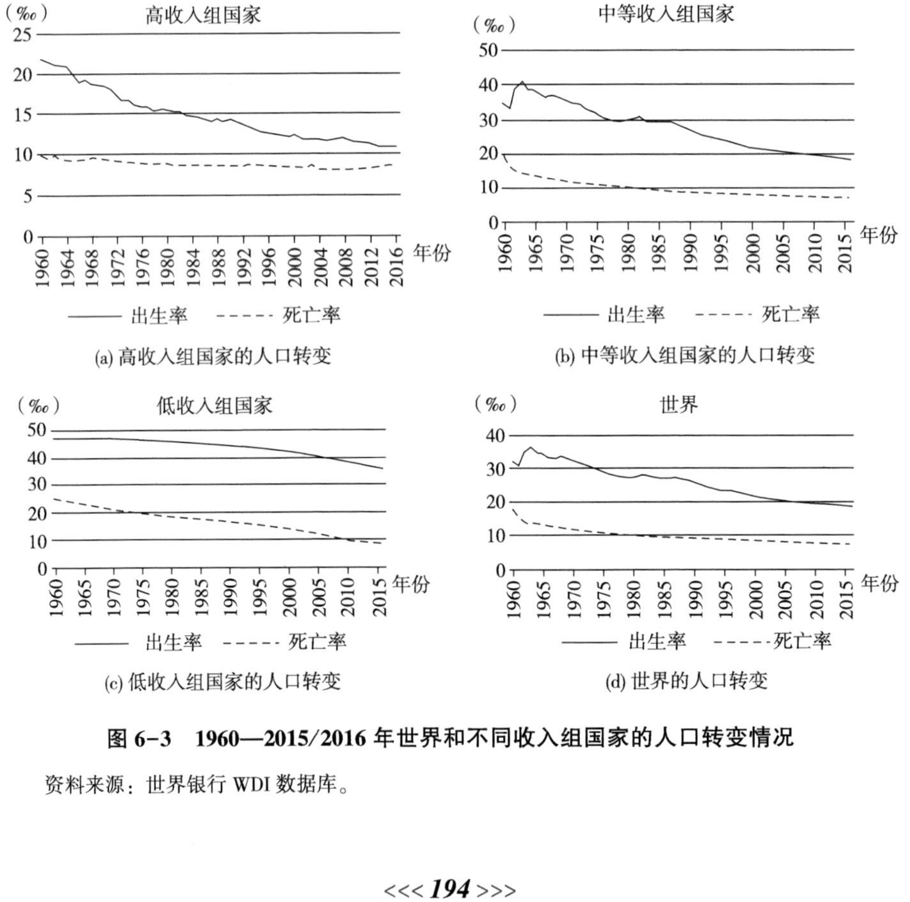

(a) 高收入组国家的人口转变　(b) 中等收入组国家的人口转变

(c) 低收入组国家的人口转变　(d) 世界的人口转变

图 6-3　1960—2015/2016 年世界和不同收入组国家的人口转变情况

资料来源：世界银行 WDI 数据库。

通过上述分析可知，人口转变是客观存在，但发生人口转变的原因是复杂的，不同时期、不同国家发生人口转变的因素是不同的，但无论何种收入组的国家，人口转变的过程都发生在近 200 年内，由此可以推测科学和技术的变革是促使人口转变的根本原因。

三、人口结构的变化

人口的结构变化可以分为年龄结构、性别结构和城乡结构。

（一）年龄结构

按就业的年龄要求，一般将人口的年龄结构划分为三个年龄段，分别是 0~14 岁、15~64 岁和 65 岁以上（见图 6-4）。依据国际标准，65 岁以上的人口超过 7%为老龄化社会，超过 14%为深度老龄化，超过 20%则为超老龄化；少儿比重为 15%~18%为严重少子化，15%以内为超少子化。

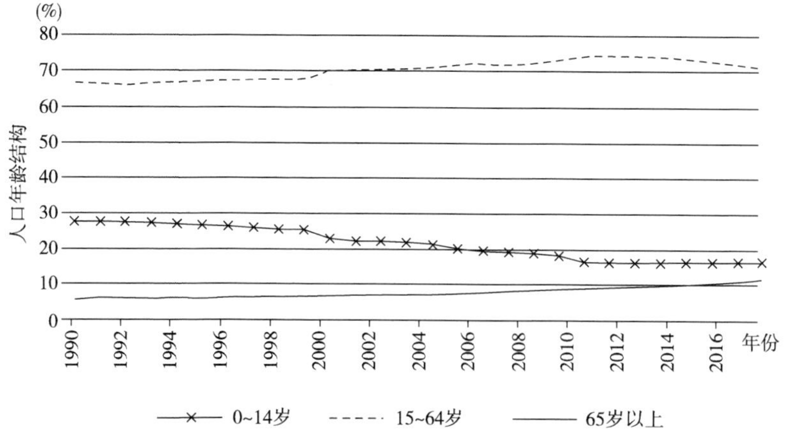

图 6-4 1990—2017 年中国人口的年龄结构

资料来源：《中国统计年鉴 2018》和《中国人口年鉴》（具体数据见附录九）。

如图 6-4 所示，中国的人口结构变化最显著的特点是 0~14 岁人口比重不断下降，而 65 岁以上人口比重不断上升。中国 65 岁以上人口比重在 1952 年为 4.4%，1990 年为 5.6%，2000 年为 7%，2017 年达到 11.4%。0~14 岁人口比重在 1952 年为 36.3%，1990 年为 27.7%，2000 年为 22.9%，2010 年为

16.6%，2017年为16.8%。可见，中国在2000年进入老龄化社会，在2010年进入少子化社会。老龄化程度在2000年之后加速，少子化速度虽然因为生育政策的放松而有所缓减，但从根本上有所改变还是比较困难的。因此，中国自2000年以来人口年龄结构的加速转变，已经使中国成为“老龄少子化”社会，按现在老龄化的程度预计，中国将于2027年成为老龄型社会。中国人口的老龄化速度是大大高于其他发展中国家的。

由于人口年龄结构的变化使中国的抚养比也随之发生了变化。如图6-5所示，中国1990—2017年的总抚养比呈现先下降后上升的趋势，这种变动主要由受少儿抚养比变化决定的，因为在这个过程中老年抚养比一直处于上升趋势。总抚养比前期下降，主要是由于少儿抚养比下降快于老年抚养比上升的速度，后期总抚养比上升是由于2010之后少儿抚养比略呈反弹趋势。虽然总抚养比在整个变化过程中仅下降了10%，但抚养比内部的结构却发生了本质的改变。

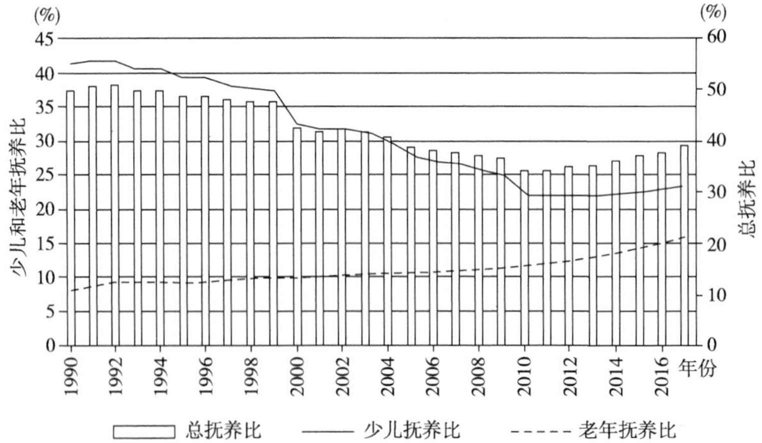

图6-5　1990—2017年中国抚养比的变化

资料来源：《中国统计年鉴2018》。

由图6-6可见，1990—2017年中国总抚养人口中的少儿抚养比重持续下降，所需抚养的老龄人口比重不断上升。1990年，少儿抚养比重占总抚养人口的 83.3%，而 2017 年这个比重为 59.7%。相对应的是，1990 年老年抚养比重占总抚养人口的 16.7%，2017 年上升至 40.3%。少儿抚养比重和老年抚养比重的差值在不断缩小，两者由原来相差近 60%缩小到现在已不足 20%（见图 6-6）。这种结构变化对未来经济发展将产生深远的影响，是供给结构变化的一个重要方面。

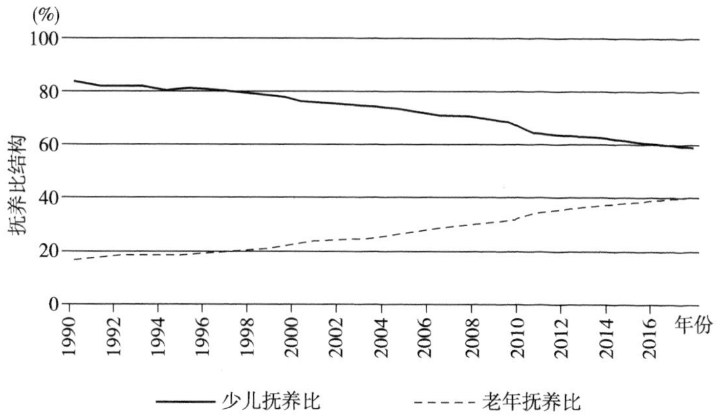

图 6-6 1990—2017 年中国抚养比结构的变化

资料来源：《中国统计年鉴 2018》。

我们可以用人口金字塔来综合地展示人口年龄结构的细节。虽然人口金字塔仅能显示截面数据，但由于其按每 5 岁划分不同的年龄组，可以更直接地展示人口新老更替的未来变化趋势。如图 6-7 所示，通过观察 2017 年美国和中国的人口金字塔不难发现，美国的 5 岁年龄组人口结构十分均匀，表明未来美国人口新老交替比较稳定，人口总量和年龄结构都是稳定的。反观中国的年龄结构图则显得参差不齐，比重较高的 5 岁年龄组主要集中在 25~29 岁、45~49 岁和 50~54 岁三个年龄阶段，这就使劳动力供给不稳定，会时多时少，这就会使经济增长和就业之间存在一定的矛盾，相对于既定的经济发展水平，短期可能会存在劳动力短缺或过剩的状况。因此，人口政策的核心之一，应该是使人口长期保持总量和结构的稳定，而这就需要最好将总和生育率长期维持在 2.1 左右的水平，美国恰恰就是这样的。

（二）性别结构

人口的性别结构是指男性和女性的人口数量比例关系。1952—1978 年中国的人口性别为结构失衡，但从整体变化趋势上看，未来人口性别失衡趋势将有所改善。

如图 6-8 所示，从整体上看，1952—2017 年，中国的男性人口数略高于女性人口数，即男性人口比重略高于女性人口的比重，整体上男性平均比重为 51.4%，女性平均比重为 48.6%，平均高 2.8%，平均绝对数量差额为 2 902.62万人。1978—2017 年，平均的男性比重为 51.3%，平均的女性比重为 48.7%，平均高 2.6%，平均高为 3 343.5 万人。男性与女性人口数量的差

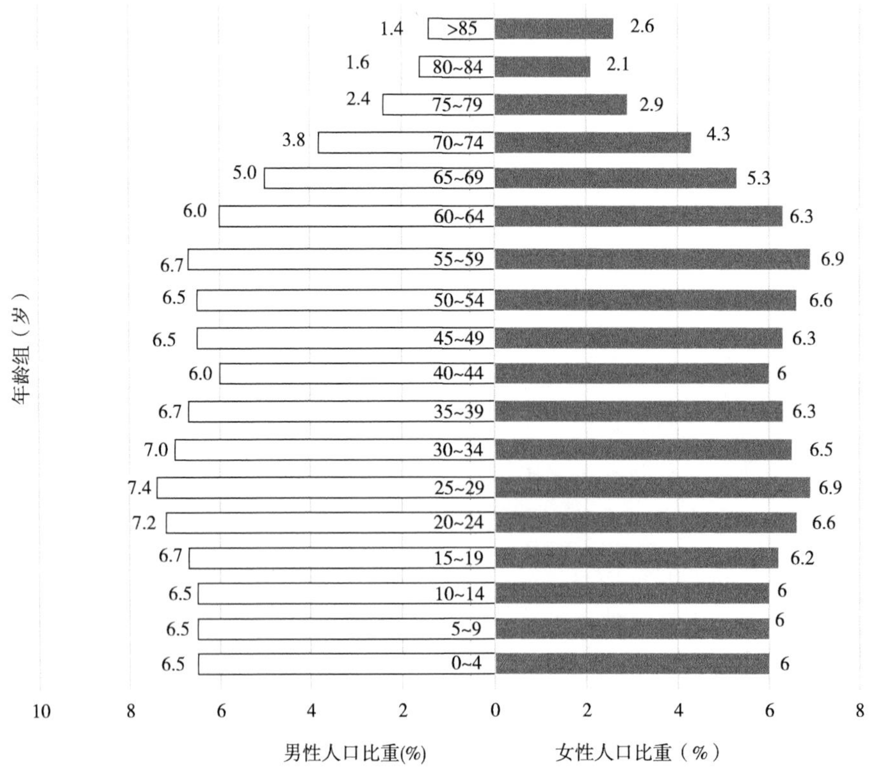

(a)美国分年龄组人口金字塔

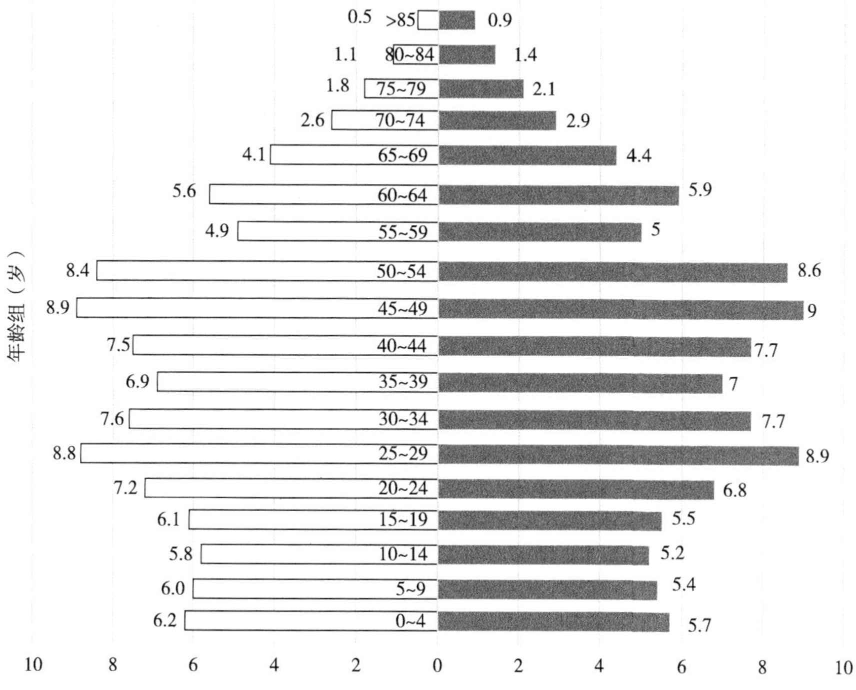

(b)中国分年龄组人口金字塔

图 6-7 2017 年美国和中国人口金字塔的比较

资料来源：美国人口普查局，www. census. gov。

值通常被认为是"光棍"数量。

虽然有统计的世界不同国家的出生婴儿性别概率略有不同，且是波动的，但依据联合国《用于总体估计的基本数据质量鉴定方法》（手册Ⅱ）（Methods of Appraisal of Quality of Basic Data for Population Estimates），出生人口的性别比分布于102~107（以女性为100）被认为是合理的，这个比例也被称为出生婴儿性别比恒定值。一般人口学家认为，已出生人口的性别比介于103~107为正常分布。如图6-9所示，1952—2015年，中国的人口性别比是波动的。整体男女的性别比分布于103~109，最高值出现在2000年，为109：100，最

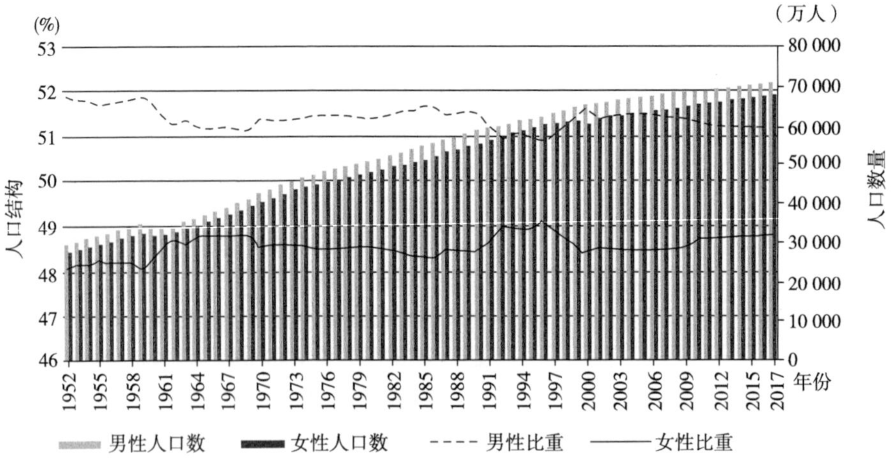

图 6-8　1952—2017 年中国人口性别结构变化

资料来源：《中国统计年鉴 2018》。

低值为 2006 年的 103∶100。去除这两个极端年份，中国的人口性别比大部分时间介于 104~108，略高于正常分布。出生人口的性别比则远高于这个分布区间，以 2010—2015 年为例，分别为 117.94、117.78、117.70、117.60、115.88 和 113.51。受传统文化观念的影响，在医学技术水平日益提高、对出

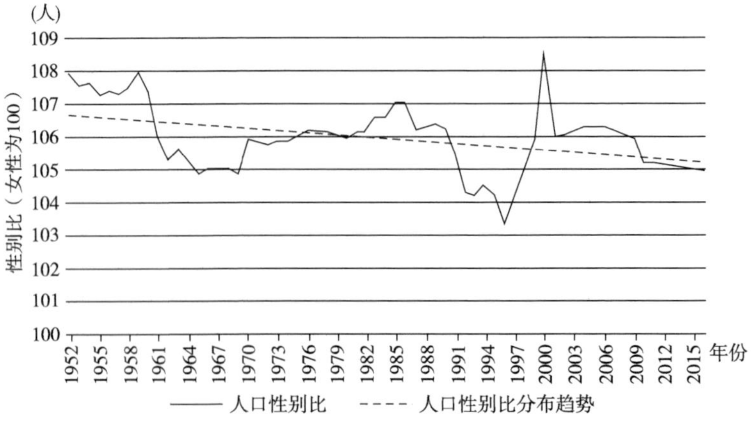

图 6-9　1952—2015 年中国人口的性别比

资料来源：《中国统计年鉴 2018》。

生婴儿的性别选择成为可能的条件下，中国的出生性别比远高于世界认可的正常值区间，虽然这个趋势近年来有所缓解，但结构失衡的状态仍然是比较明显的。郭凯明、颜色（2011）研究发现，在工业化过程中，随着性别差异对劳动效率影响的差异缩小，在生育决策中对男性的偏好程度会显著降低。这有助于未来人口性别结构失衡的改善。

（三）城乡结构

人口的城乡结构是指城镇人口和乡村人口的相对数量关系。如图 6-10 所示，中华人民共和国成立初期，乡村人口比重近 90%，城镇人口比重仅为 10%左右。1978 年之前城镇化的过程较为缓慢，乡村人口比重一直维持在 80%以上。从人口的绝对数量看，城镇人口的数量不断增加，而乡村人口的数量是先增加后减少，1995 年乡村人口数量达到峰值，为 85 947 万人，此后快速下降，至 2017 年年末，乡村人口数量为 57 661 万人。城乡人口结构转变发生在 2011 年，城镇人口比重超过一半，高于乡村人口比重。

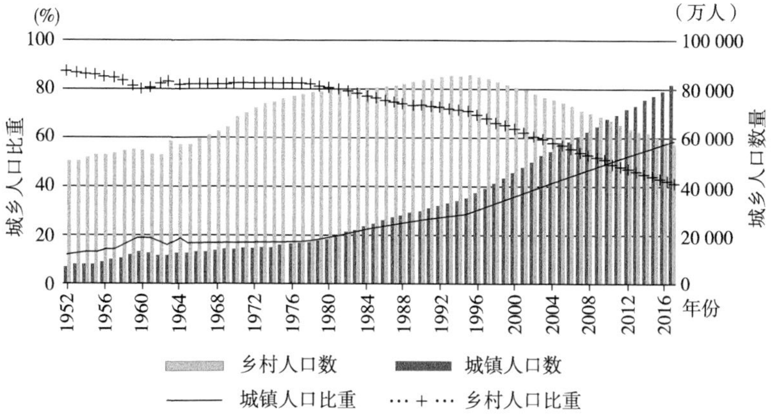

图 6-10 1952—2017 年中国城乡人口比重

资料来源：《中国统计年鉴 2018》（具体数据见附录九）。

世界不同收入组国家和亚洲的日本、韩国的城镇化率与人均 GDP（以 2010 年美元不变价格表示）散点关系如图 6-11 所示。与日本和韩国相比，中国相对于人均 GDP 水平的城镇化率是较低的，也相对低于中等收入水平国家的城镇化水平，在城镇化前期，与低收入组国家相比速度也是相对较慢的。从发达国家的城镇化过程可见，城镇化率在 60%以下是较快的，在 60%~80%的水平阶段则速度放慢。目前日本的城镇化率最高，已经超过 90%。与发达国家相比，中国城镇化进程已经过半，城镇化率已经接近 60%，快速城镇化阶段即将结束，城镇化进入后半段，对城镇化发展将质和量并重，城镇化自身的一些问题也会不断显现。

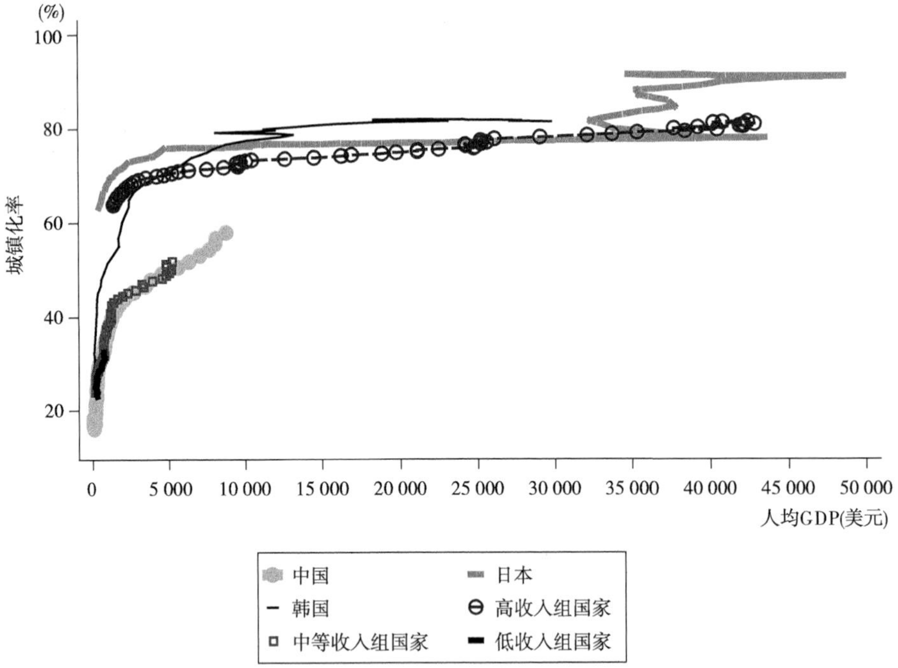

图 6-11　1960—2017 年世界不同收入组国家和亚洲典型国家城镇化率与人均 GDP 的关系

资料来源：《中国统计年鉴 2018》（具体数据见附录十）。

第二节　人口年龄结构变化对经济增长的影响

随着中国人口结构的变化，中国经济增长的动力结构将发生较大的变化，人口自身的生产过程也将随之发生改变，其中较为重要的是人口年龄结构的变化。

一、人口老龄化对经济增长的影响

中国人口老龄化的特点表现在四个方面：①老龄人口规模较大，中国是世界老龄人口最多的国家，2017 年中国 65 岁以上的老龄人口总数为 15 831 万人；②老龄化速度快，老龄化主要受低出生率和预期寿命提高两方面作用的影响，技术进步和中国强有力的计划生育使生育率快速下降，人的预期寿命延长；③高龄化比重提高，随着人的寿命的延长，老龄人口中的高龄人口比重增加；④地区差异性大，受城镇化人口流动的影响，地区间经济发展水平的差异，使青年人由农村流向城市，从欠发达地区流向发达地区，这导致了农村和欠发达地区老龄人口的比重提高。人口老龄化对经济增长的影响是多方面而深远的，具体可以分为对总供给和总需求两方面的影响。

（一）人口老龄化对供给侧的影响

1. 对劳动供给的影响。人口老龄化将使劳动力供给数量减少，降低劳动参与率；同时会提高劳动人口的年龄，使劳动力年龄老化。这两方面共同作用的结果将对经济增长产生负面影响。图纳和克利奥莫（Tuner and Cliomo，1998）、威利和维尔纳（Willi and Werner，2007）的实证都发现了发达国家受人口老龄化的影响而导致总产出下降。

中国学者在人口老龄化使劳动力供给减少方面的研究，起初发端于生育状况对劳动力数量禀赋的影响。如彭秀健（2007）推算了不同的生育率方案下人口年龄结构和不同年龄、不同性别的劳动参与率，认为年轻劳动力参与率下降和人口老龄化会加速劳动力供给紧缩的趋势。由此引发了学者们广泛地呼吁改变计划生育政策。如 2012 年由北京大学的湛中乐、李建新等五位人大代表联合向全国人大递交建议书，要求加快对计划生育法律的修改，因为中国的人口超低生育率已经持续了 20 年之久，并预计从 2013 年起，中国的劳动力年龄人口开始减少，如果改革迟缓将对经济和社会形成不可估量的负面影响。黄少安、杨华磊（2016）认为，“中国劳动力短缺”是一个伪命题，当前即使实行全面二孩政策，也不能解决劳动力短缺问题，还会减少当期的劳动参与率和人力资本积累，制约短期和长期的经济增长。蔡昉（2004）指出，不同人口年龄结构意味着对经济增长具有不同的生产力，在经济中的劳动年龄人口比重较高、人口抚养比较低的情况下，整体的社会负担较轻，生产性较强，对于经济增长有利，被称为“人口红利”（Bloom，et. al，1998）阶段。当人口转变后，人口红利的优势作用将趋于减弱。如图 6-12 所示，2000 年当少儿抚养比下降时，总储蓄率开始上升，而 2010 年当少儿抚养比持续下降、老年抚养比持续上升时，总抚养比 2010 年开始上升，储蓄率则开始有所下降。从储蓄率和总抚养比的缺口看，中国“人口红利”的天窗即将关闭。

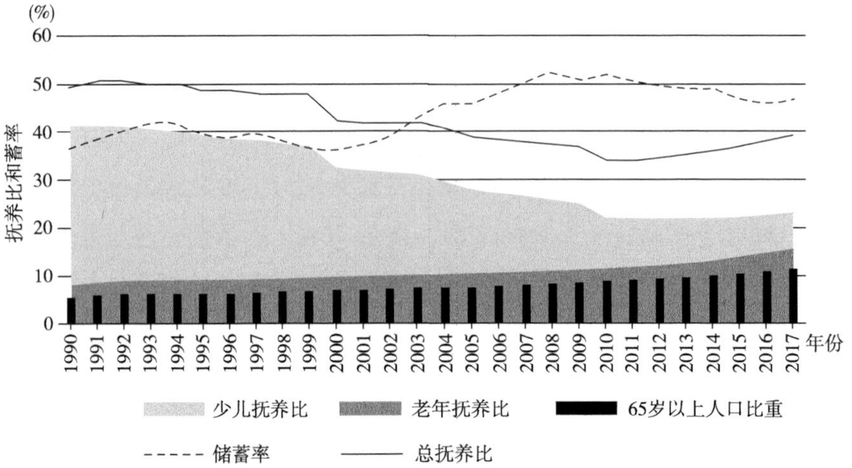

图 6-12　1990—2017 年中国少儿、老年抚养比、老年人口比重和储蓄率的关系

资料来源：《中国统计年鉴 2018》（具体数据见附录九）。

2. 对人力资本的影响。人口老龄化会提高人力资本积累的水平。这是由于人的预期寿命延长和家庭拥有孩子数量的减少会产生对人力资本投资的激励，这将有利于经济增长。

3. 对技术创新的影响。一般认为，人口老龄化对技术创新具有负面影响。郭熙保（2013）认为，45~64 岁的劳动力人口与 15~44 岁的劳动力人口的比为劳动力老化程度的指标，人口老龄化会使劳动力老化，缺少青年人的活力，缺乏冒险精神，降低创新热情。蔡昉（2013）指出，第一次人口红利结束后，可以通过全面提高人力资本水平促进经济向劳动生产率驱动模式转型。提高劳动生产率效率的途径主要有两种模式，其中之一就是提高全要素生产率，提高全要素生产率就是依靠创新、改善管理和制度。

4. 对储蓄的影响。随着人口老龄化的发展，总储蓄率会下降。根据生命周期理论，青年人作为净贷款人，收入水平低于消费水平，中年人收入水平高于消费是净储蓄者，而老年人因为不再参加生产劳动，会消耗储蓄。也就是说，老龄人口比重的提高，使储蓄率降低。储蓄率下降就意味着投资水平的下降，对经济增长产生负面影响。

综上所述，从总供给的角度看，人口老龄化会使劳动供给减少，储蓄率下降，但可以通过提高技术创新、增加人力资本积累为经济增长提供维持的动力。

（二）人口老龄化对需求侧的影响

1. 对消费需求的影响。人口老龄化会使消费需求总量减少和消费需求的结构发生变化。因为老年人消费的商品和青年人不同，在老年人占比较高的社会中，老年人养老、医疗等消费量会提高，相应的市场会扩大，消费结构变化会导致产业结构做出相应的调整。但受中国传统文化的影响，中国老年人在有子女的情况下，不会将自己的财产全部消费，而是会补贴给子女或者作为遗产留给子孙，因此消费需求的总量会小于少儿抚养比较高的情景。但诸多实证检验的结论并不一致。王金营（2006）、陈冲（2011）等认为老龄化对于消费没有影响，王德文（2004）等认为老龄化会促进消费，而李保庆（2010）等认为老龄化会抑制消费。

2. 对投资需求的影响。由于人口老龄化会导致储蓄率下降、消费总量减少，投资作为一种引致需求也会受到影响而减少，并且投资结构需要做出适应性调整。例如，随着人口老龄化程度的加深和高龄人口比重的增加，对住房、汽车和电子类消费品的需求将会受到冲击。对于未来中国向消费驱动的经济转型也需要考虑人口老龄化的因素。

3. 对政府财政支出的影响。因人口老龄化加剧，社会的养老保险和医疗保险的支出将增加，这样会相应提高政府的财政负担。由于中国的养老金采用现收再付制度，会导致发生隐性养老金债务。未来的养老金缺口或将成为地方债务的主要来源。

4. 对贸易的影响。人口老龄化将使中国的劳动力成本提高，这样会削弱中国出口商品的比较优势，使中国基于比较优势的国际竞争力下降，对中国的对外贸易产生负面影响。姚洋、余淼杰（2009）认为，原有的人口红利使中国必然选择出口导向型的增长模式。

从总需求的角度看，人口老龄化会对经济增长产生较大的负面影响，需求结构也将进行适应性调整。

二、少子化对经济增长的影响

少子化的直接影响就是受代际替代的影响使人口总量减少，人口总量减少将意味着劳动力总量的减少，同时也意味着消费的总规模会下降，两者共同作用的结果将对经济增长产生负面影响。同时，少子化对人口结构会产生“小底数”效应，改变人口的年龄结构，进而导致消费结构的变化，再引致产业结构的调整，其中尤其是教育结构的变化。石人炳（2009）针对日本的少子化对教育产业的影响，详细描述了日本的情况。受少子化的影响，日本的许多学校关闭了，由于班额缩小了，导致人均教育成本提高了，教育结构也发生了变化，高等教育的普及程度不断提高。

三、少子化与人口老龄化的关系

人口老龄化实质上是少子化的结果，应是先有少子化再产生老龄化问题，所以老龄化和少子化是伴生的。少子化的原因是由生育率降低导致的，其逻辑关系应该是总和生育率下降→少子化→老龄化。穆光宗、茆长宝（2017）提出，少子化和老龄化相互作用会强化“老龄少子化”的状态，其主要机制如图 6-13 所示。人口老龄化由于通过挤压作用使少子化程度加深，而少子化通过强化作用使老龄化加重。

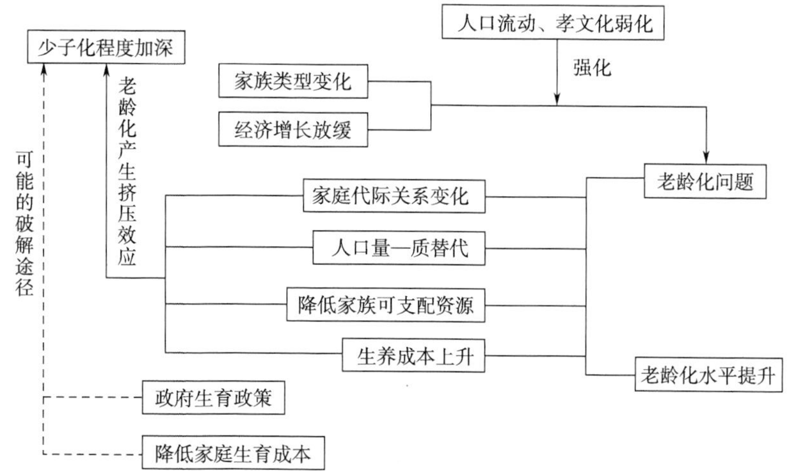

图 6-13 少子化与人口老龄化的关系

资料来源：穆光宗，茆长宝．人口少子化与老龄化关系探究［J］．西南民族大学学报，2017（6）：1-6.

第三节 “老龄少子化”对经济效率的影响

人口是劳动力的本源，而劳动力作为最重要的生产要素之一，其规模、结构和质量将直接关系到经济增长的水平、效率和持续性。如果人口转变导致人口年龄结构的变化，使经济增长的动力结构需要进行相应的转换，广义是向高质量增长的方向转变，从人口结构的狭义上讲，就是需要向提高劳动效率的方向转型。那么，接下来需要讨论和解决的问题就是“老龄少子化”的人口结构对经济效率有哪些影响？在“老龄少子化”的人口结构中是否存在自发的机制，使经济可以向效率驱动的方向转变？中国现在是否已经初步形成了这样的自发机制？

一、文献综述

人口老龄化和少子化双重叠加对经济的影响是方方面面的，学者们对中国现在“老龄少子化”的人口结构表现出很深的忧虑。胡鞍钢、鄢一龙（2017）认为，少子化和老龄化是中国经济在2000—2050年最大的两大挑战，这是影响中国经济增长的关键。但对于人口结构的老龄化和少子化双重叠加对于中国经济究竟有何种影响，现有的研究并没有得出一致的结论。如论述“老龄少子化”对居民消费的影响，郑妍妍、李磊、刘斌（2013）认为，老龄化会增加城镇消费，少子化会降低城镇消费，两者的净效果为负。而赵周华、王树进（2018）研究发现，少子化促进农村居民消费，而老龄化会抑制农村居民的消费。陈晓毅（2015）则认为，老龄化和少子化对农村居民消费都产生了正向的影响，其中老龄化的正向影响更大。研究结论不一致就说明对这个问题是存在争议的，还有继续讨论的必要。

同样，对于人口年龄结构与经济效率关系的研究也相对不多，且研究方法和实证的结论也并不一致。袁蓓（2009）运用CES生产函数研究了劳动力老龄化对中国劳动生产率的影响，认为不同年龄段的劳动力的替代弹性越小，老龄劳动力对劳动生产率的负面影响越大。邢慧民（2009）在MRW模型中引入劳动力老龄化因素，回归结果表明，老龄劳动力不会显著促进中国经济的增长。孙一菡、谢建国、熊永莲（2017）运用1988—2012年中国29个省份的老龄劳动力和教育程度对TFP的影响发现，考虑受教育水平异质性的老龄劳动力（45~64岁）对经济增长并不必然产生负面影响，受教育水平越高，老龄劳动力对提高TFP的作用越显著。

至此可见，仅对于老龄化对经济效率的影响的研究结论是不一致的，这首先是因为对老龄化影响经济效率的作用机制的认识就是不一致的，在此基础上进行实证，得到的结论自然也就会是不同的，目前还没有文献将老龄化和少子化叠加分析对经济效率的影响。

二、“老龄少子化”对经济效率影响的理论分析

如果用理论模型来说明劳动生产率和人口的关系，采用新古典的索洛模型是比较合适的，并在模型中加入人力资本，则宏观生产函数记为：

$$Y = Af(K, H, L) \tag{6.1}$$

式中：Y 为总产出水平；A 为全要素生产率；K 为物质资本存量；H 为人力资本数量；L 为劳动力数量。

如果假定生产函数为柯布—道格拉斯形式的，并假定技术进步是内源性的，则有：

$$Y = K^{\alpha} H^{\beta} (AL)^{1-\alpha-\beta} \tag{6.2}$$

式中：α 为劳动的产出弹性；β 为资本的产出弹性。若规模报酬不变，则有 $\alpha+\beta+\gamma=1$。如果令 AL 为有效劳动，劳均产出 $y_t = \frac{Y_t}{A_t L_t}$，紧凑型生产函数可以表示为：

$$y_t = f(\frac{K_t}{A_t L_t}, \frac{H_t}{A_t L_t}, \frac{A_t L_t}{A_t L_t}) = f(k_t, h_t) = k_t^{\alpha} h_t^{\beta} \tag{6.3}$$

将式（6.3）动态化表示为：

$$\dot{k} = s_k k_t^{\alpha} h_t^{\beta} - (n + g + \delta_k) k_t \tag{6.4}$$

$$\dot{h} = s_h k_t^{\alpha} h_t^{\beta} - (n + g + \delta_h) k_t \tag{6.5}$$

式中：s_k为用于物质资本投资的储蓄率；s_h为用于人力资本投资的储蓄率；n 为人口的自然增长率，$n=br-dr$，br 为出生率，dr 为死亡率；g 为全要素生产率增长率；δ_k为资本折旧率；δ_h为人力资本折旧率。

当经济达到稳态时，则有：

$\dot{k} = sk_t^{\alpha} h_t^{\beta} - (n + g + \delta_k) k_t = 0$，则

$$k_t = (\frac{s_k h^{\beta}}{n + g + \delta_k})^{\frac{1}{1-\alpha}} = (\frac{s_k h^{\beta}}{br - dr + g + \delta_k})^{\frac{1}{1-\alpha}} \tag{6.6}$$

$\dot{h} = s_h k_t^{\alpha} h_t^{\beta} - (n + g + \delta_h) k_t = 0$，则

$$h_t = (\frac{s_h k^{\alpha}}{n + g + \delta_h})^{\frac{1}{1-\beta}} = (\frac{s_h k^{\alpha}}{br - dr + g + \delta_h})^{\frac{1}{1-\beta}} \tag{6.7}$$

如果0~14岁人口比重为 c（少儿比），65岁以上的老龄人口比重为 e（老龄比），则劳动年龄人口比重为 $1-c-e$，则人均产出可以表示为：

$$p_t = \frac{1}{1-e-c}y_t = \frac{1}{1-e-c}k_t^{\alpha}h_t^{\beta} \tag{6.8}$$

综合式（6.6）至（6.8）可知，人均产出水平的增长率为：

$$\begin{aligned}\frac{\dot{p}_t}{p_t} &= \alpha\frac{\dot{k}}{k} + \beta\frac{\dot{h}}{h} + \ln(1-e-c)\\ &= \alpha \cdot s_k \cdot k_t^{\alpha-1}h_t^{\beta} - \delta_k + \beta \cdot s_h \cdot h_t^{\beta-1} - \delta_h - 2br + 2dr + \ln(1-e-c)\end{aligned} \tag{6.9}$$

从式（6.9）可见，人均生产效率的提高与老龄化和少子化是成反比的，与出生率成反比，与死亡率成正比。

依据霍尔（Hall）和马姆伯格（Malmberg，1999）的研究，将人均产出分解为下式：

$$y = \left(\frac{K}{Y}\right)^{\frac{\alpha}{1-\alpha}} \cdot H \cdot A \cdot m \tag{6.10}$$

式中：$\left(\frac{K}{Y}\right)$ 为资本产出比；H 为人力资本水平；A 为技术进步程度；m 为劳动年龄人口比重。由于 $m=1-e-c$，由式（6.10）也可以看出产出效率与少子化和老龄化成反比。

三、“老龄少子化”对经济效率影响的实证分析

根据式（6.9）推导出来的影响因素，采用面板数据对“老龄少子化”对经济增长的影响进行实证分析。

（一）模型设定和变量选取

依据理论分析的结论，将实证分析模型设定为：

$$\ln p_{it} = \alpha_1 k_{it} + \alpha_2 h_{it} + \alpha_3 e_{it} + \alpha_4 c_{it} + \alpha_5 X_{it} + \alpha_6 \eta_t + \alpha_7 \mu_i + \varepsilon_{it} \tag{6.11}$$

式中：p 为人均产出水平；k 为人均资本存量；h 为人均人力资本存量；e 为老龄人口比重；c 为少儿人口比重；X 为其他控制变量；η 为时间效应的影响；μ 为不同省份的个体效应；ε 为误差项。其他控制变量主要考虑储蓄率、进出口总额。由于出生率和死亡率是引起人口年龄结构变化的诱因，因此将

出生率和死亡率作为工具变量。i 为样本个体，t 为时间，各对应的变量选取的指标如表 6-3 所示。

表 6-3 模型变量及其指标选取

序号	变量代码	指标选取
1	P_{it}	i 省 t 年的人均 GDP
2	k_{it}	i 省 t 年的人均资本存量
3	h_{it}	i 省 t 年的人均人力资本存量
4	e_{it}	i 省 t 年的老龄人口比重
5	c_{it}	i 省 t 年的少儿人口比重
6	Tr	i 省 t 年的进出口贸易总额
7	br	i 省 t 年的出生率
8	dr	i 省 t 年的死亡率
9	t	时间 t（1992—2017）

注：表中数据主要来源于历年《中国统计年鉴》《中国人力资源报告》《固定资产投资报告》和《中国人口统计年鉴》，本书作者对数据作了相应的处理，以保证数据在时间序列上具有可比性；处理方法同前文，这里不再另行说明。

为了体现中国不同地区之间的差别，拟采用面板数据进行实证分析。依据党的十六大精神，2011 年将全国 31 个省市（不包括港澳特别行政区，也不包括台湾地区）分为 4 个经济区（也称“四大板块”），如表 6-4 所示。国务院发展研究中心又将这 4 个经济区分为八大综合经济区，如表 6-5 所示。

表 6-4 中国 4 个经济区划分

序号	地区	省、自治区和直辖市
1	东北（3）	辽宁、吉林、黑龙江
2	东部（10）	北京、天津、河北 、上海、江苏、浙江、福建、山东、广东、海南
3	中部（6）	山西、安徽、江西、河南、湖北、湖南
4	西部（12）	内蒙古、广西、重庆、四川、贵州、云南、西藏、陕西、甘肃、青海、宁夏、新疆

资料来源：《中国经济年鉴》。

表 6-5　中国八大综合经济区划分

序号	综合经济区	省、自治区和直辖市
1	东北综合经济区（3）	辽宁、吉林、黑龙江
2	北部沿海综合经济区（4）	北京、天津、河北、山东
3	东部沿海综合经济区（3）	上海、江苏、浙江
4	黄河中游综合经济区（4）	陕西、山西、河南、内蒙古
5	长江中游综合经济区（4）	湖北、湖南、江西、安徽
6	南部沿海综合经济区（3）	福建、广东、海南
7	大西南综合经济区（5）	云南、贵州、四川、重庆、广西
8	大西北综合经济区（5）	甘肃、青海、宁夏、西藏、新疆

资料来源：《中国经济年鉴》。

由于中国幅员辽阔，东西、南北在自然条件和经济发展水平上均存在较大差异，因此无论进行理论研究还是政策设计都要首先考虑地区差异性。而现有的区域划分是众多专家学者反复讨论并随着经济发展不断调整的一个分类结果，本书在现阶段对中国经济结构进行空间分析时，将遵照上述经济区分类标准进行研究。

考虑到西藏和新疆为民族地区，海南建省比较晚，实证数据选取除了这 3 个自治区和省份之外的 28 个省、自治区和直辖市作为样本进行实证分析。

表 6-6 为回归模型中各变量的统计描述，是 1992—2016 年中国 28 个省、自治区和直辖市原始数据的平均值。

表 6-6　变量数据统计描述及区域对比（平均值）

序号	地区	省份	人均 GDP（元）	人均资本存量（万元）	人均人力资本存量（万元）	老年抚养比（%）	少儿抚养比（%）	进出口总额（亿美元）	出生率（%）	死亡率（%）
1	东北（3）	辽宁	26 013.6	1.8	151.7	12.4	20.5	497.2	8.4	6.1
2		吉林	19 834.9	7.0	140.1	9.9	21.7	100.6	9.1	5.6
3		黑龙江	17 588.5	1.2	112.4	9.2	22.0	137.7	9.4	5.6
		地区平均	21 145.7	3.3	134.8	10.5	21.4	245.2	9.0	5.8

续表

序号	地区	省份	人均GDP（元）	人均资本存量（万元）	人均人力资本存量（万元）	老年抚养比（%）	少儿抚养比（%）	进出口总额（亿美元）	出生率（%）	死亡率（%）
4	东部（9）	北京	48 636. 2	11. 7	400. 6	12. 1	16. 7	1 671. 9	7. 7	5. 2
5		天津	44 888. 5	4. 2	293. 9	13. 0	20. 6	546. 1	8. 6	6. 1
6		河北	17 802. 4	1. 5	113. 3	11. 1	29. 8	233. 3	13. 0	6. 4
7		上海	51 618. 3	13. 0	413. 0	16. 3	15. 4	2101. 0	6. 9	6. 1
8		江苏	33 276. 7	2. 9	167. 6	14. 3	24. 2	2 501. 4	10. 4	6. 9
9		浙江	32 614. 7	7. 6	207. 1	13. 1	22. 3	1 458. 1	11. 0	6. 0
10		福建	26 149. 6	1. 3	164. 7	11. 3	31. 8	721. 5	12. 9	5. 8
11		山东	25 512. 4	1. 6	149. 8	12. 7	26. 9	1 093. 9	11. 7	6. 5
12		广东	28 870. 0	1. 8	181. 1	10. 7	34. 7	4 916. 4	13. 9	5. 1
		地区平均	34 374. 3	5. 0	232. 3	12. 7	24. 7	1 693. 7	10. 7	6. 0
13	中部（6）	山西	15 484. 6	1. 1	100. 7	10. 0	31. 3	74. 0	13. 2	6. 0
14		安徽	13 334. 6	0. 8	125. 8	12. 8	32. 8	172. 6	13. 8	6. 1
15		江西	13 665. 7	1. 0	119. 0	11. 0	36. 4	138. 3	15. 3	6. 4
16		河南	15 172. 9	1. 4	135. 5	11. 4	34. 7	209. 3	13. 0	6. 5
17		湖北	18 005. 0	1. 3	122. 6	11. 8	29. 4	161. 6	11. 8	6. 3
18		湖南	15 704. 7	0. 6	89. 0	12. 9	30. 1	108. 2	12. 9	6. 9
		地区平均	15 227. 9	1. 0	115. 4	11. 6	32. 4	144. 0	13. 3	6. 4
19	西部（10）	内蒙古	26 605. 9	2. 9	131. 3	9. 3	25. 8	58. 8	11. 7	6. 0
20		广西	13 085. 9	0. 9	111. 7	12. 5	37. 2	146. 7	15. 1	6. 3
21		重庆	18 883. 3	17. 0	121. 8	12. 6	21. 7	244. 3	10. 6	6. 8
22		四川	13 703. 8	0. 7	99. 6	14. 1	28. 7	217. 7	12. 8	6. 8
23		贵州	9 330. 6	0. 5	92. 5	11. 0	40. 8	30. 5	17. 1	7. 3
24		云南	11 084. 4	1. 0	85. 3	10. 3	35. 4	90. 7	16. 4	7. 1
25		陕西	16 941. 2	4. 0	108. 3	11. 1	30. 5	95. 8	12. 0	6. 3
26		甘肃	10 435. 6	3. 1	73. 5	9. 7	32. 8	36. 3	14. 6	6. 4

续表

序号	地区	省份	人均GDP（元）	人均资本存量（万元）	人均人力资本存量（万元）	老年抚养比（%）	少儿抚养比（%）	进出口总额（亿美元）	出生率（%）	死亡率（%）
27	西部（10）	青海	15 338.8	2.3	65.5	8.0	35.1	6.0	17.6	6.5
28		宁夏	16 398.8	1.5	117.9	7.9	37.6	14.9	16.1	5.0
		地区平均	15 180.8	3.4	100.7	10.7	32.6	94.2	14.4	6.4

资料来源：根据国家统计局数据整理。

将1992—2016年4个经济区人均GDP的模型变量平均值进行排序比较的结果如表6-7所示。从人均GDP水平看，东部最高，其后依次是东北部、中部和西部。这个排序与进出口总额的排序是一致的，但人均资本和人均人力资本存量的情况却不完全一致，与人口结构排序也不一致。老年抚养比最高的是东部，最低的是东北地区；少儿抚养比最高的是西部，最低的是东北地区；出生率和死亡率最高的都是西部，最低的是东北地区。从人口的年龄负担看，东北地区人口负担最轻，相对人力资本也较为丰裕；东部地区虽然经济比较发达，人均资本和人均人力资本存量比较高，但人口负担相对也比较重，人口老龄化程度最高。

表6-7　变量统计分析结果的地区排序

排序	人均GDP	人均资本存量	人均人力资本存量	老年抚养比	少儿抚养比	进出口总额	出生率	死亡率
1	东部	东部	东部	东部	西部	东部	西部	西部
2	东北	西部	东北	中部	中部	东北	中部	中部
3	中部	东北	中部	西部	东部	中部	东部	东部
4	西部	中部	西部	东北	东北	西部	东北	东北

资料来源：根据表6-6的数据排序。

（二）回归分析

采用分省人均GDP增长指数对分省人均GDP进行价格调整，调整为1992年不变价格；采用分省CPI价格指数将进出口总额调整为1992年不变价格，人均资本存量和人均人力资本存量均依据固定资产投资分省价格指数调整至1992年不变价格，并对所有变量取对数。

首先，对面板数据的回归结果进行Hausman检验，检验的统计量为21.423 740，伴随概率为0.000 7。因此，拒绝固定效应模型与随机效应模型不存在系统差异的原假设，建立固定效应模型。

其后，为了对“老龄少子化”对人均产出水平的影响进行对比分析，将回归方程分六种情况进行论述，如表6-8所示。

表6-8 回归结果

解释变量	被解释变量 P_{it}					
	（1）	（2）	（3）	（4）	（5）	（6）
k_{it}	0.374 9*** （0.000）	0.351 4*** （0.000）	0.340 5*** （0.000）	0.335 3 （0.000）	0.133 7*** （0.000）	0.177 9*** （0.000）
h_{it}	0.756 3*** （0.000）	0.705 3*** （0.000）	0.715 2*** （0.000）	0.520 5*** （0.000）	−0.020 2 （0.423）	0.476 3*** （0.000）
Tr		0.053 9*** （0.000）	0.063 14*** （0.000）	0.061 3*** （0.000）	0.055 4*** （0.000）	0.124 7***
e_{it}			−0.036 18 （0.412 2）	0.029 0 （0.489 7）	−0.070 8*** （0.004）	
c_{it}				−0.432 6*** （0.000）	−0.226 6*** （0.000）	−0.279 1*** （0.000）
t					0.078 8*** （0.000）	0.028 9*** （0.000）
e的IV （dr，br）						−0.230 9*** （0.000）
R^2	0.981 3	0.981 7	0.970 8	0.974 2	0.973 0	0.958 2
观测值数量	695	695	695	695	695	695

由于人口老龄化的回归结果在前述中不十分显著，最初考虑引入时间趋势 t 作为制度等环境因素的虚拟变量，第（5）项回归结果显示，老年抚养比和少儿抚养比与人均产出的增长呈现负相关，但同时人均人力资本与人均产出也呈现负相关关系，这与常理不符，因此考虑引入工具变量。考虑到导致人口老龄化的原因在于出生率和死亡率下降共同作用的结果，因此可以将出生率和死亡率作为人口老龄化的检验工具变量。通过对人口老龄化和出生率、死亡率的相关性检验发现，人口老龄化和死亡率的相关系数为 0.114 3，具有一定的正相关性；与出生率的相关系数为-0.548 8，具有较高的负相关性。第（6）种为引入工具变量出生率（br）和死亡率（dr）作为老龄化的检验工具变量。引入工具变量后的回归结果显示，老龄化和少子化双重叠加对人均产出增长的影响是负相关，而其他因素包括人均物质资本存量、人均人力资本存量、对外贸易和时间趋势都对人均产出的增长具有促进作用。

（三）回归结果论述

从回归的结果看，实证的结果与前述理论分析的结果一样，“老龄少子化”的人口结构对人均产出水平的影响是负的；也就是说，“老龄少子化”对产出效率具有负面影响。

四、降低“老龄少子化”负面影响的对策建议

随着经济发展和中国严格的计划生育政策的双重影响，中国人口结构发生了较快的转变。由于总和生育率迅速下降，导致出生率和死亡率不断下降，使人口的年龄结构呈现“老龄化”和“少子化”双重叠加的状况。为了降低“老龄少子化”对未来的潜在产出能力产生更进一步的负面影响，提出如下对策建议。

（一）实行鼓励生育的政策

2015 年以来，中国的计划生育政策发生了较大幅度的改变，全面放开了二孩的生育。实际上，即使全面放开，能够生育下一代的也只能是 80 后，60 后和 70 后已经过了生育的最佳年龄，不可能依靠这两代人提高生育率了。因此，可以全面放开生育，让人口自然增长，将生育子女的决策权交给家庭，

让家族来决策生育孩子的个数。

（二）提高人力资本投资水平

为了有效应对“老龄少子化”对经济增长及效率的负面影响，应当提高人力资本投资水平。一方面要消除文盲，普及义务教育，提高义务教育的质量和水平；另一方面要进一步提高高中和高等教育的入学率，不断扩大中、高等教育的普及程度。只有提高人力资本，才能提高经济效率，同时这也是向创新转型的必要条件之一。

本章小结

中国的人口总量增长较快，特别是2000年之前，中国经过了三次人口生育高峰（婴儿潮），至2017年，中国的人口总量是中华人民共和国成立初期的近2.5倍，年均增长1%。伴随着经济发展和计划生育政策的实施，中国人口增速放缓，并且人口结构发生了转变。从统计描述的结果看，中国人口的性别结构失衡，城乡人口结构转换较慢，年龄结构的“老龄少子化”趋势不断增强。

借助索洛模型的扩展和推导可以看出，“老龄少子化”对经济效率均会产生负面影响。通过分析1992—2017年中国28个省、直辖市和自治区的面板数据回归结果，证明自发的机制使“老龄少子化”可以倒逼经济效率提高的机制目前还未形成。为此，需要全面放开生育，同时提高人力资本投资水平，进而提高经济效率。

第七章

人力资本的空间结构效率

向高质量发展方式转变必须全面提升人口质量、资本质量、创新质量和政府公共服务质量。高质量发展首先要具备高质量的要素，实现创新驱动和效率驱动是高质量发展的本质特征，那么就需要有高质量的人才质量，这就离不开高水平的人力资本。

第一节　中国人力资本的空间结构

中国在经济起飞过程中实行了人口控制政策，对于中国的经济快速增长起到了促进作用，但同时也使得中国很快实现了人口结构转变。从经济增长模型看，中国人口结构转变后，人力资本将成为推动经济增长的唯一动力。

一、中国人力资本存量的空间分布

如果未来中国经济要向高质量发展的方向转变，那么不同地区的人力资本禀赋状态就决定了未来该地区经济发展的潜力和能力。《中国人力资本报告》运用国际普遍采用的J-F法（Jorgenson-Fraumeni）和永续盘存的思想估算了中国和各省份的人力资本存量，其计算公式为：

$$L(y, e, a, s) = L(y-1, e, a, s) \cdot [(1-\delta)(y, a, s)] + IF(y, e, a, s) - OF(y, e, a, s) + EX(e, a, s) \qquad (7.1)$$

式中：$L(y, e, a, s)$ 是 y 年教育水平为 e、年龄为 a、性别为 s 的人口数；$\delta(y, a, s)$ 是 y 年教育水平为 e、年龄为 a、性别为 s 的死亡率；$IF(y, a, s)$ 和 $OF(y, a, s)$ 分别为该组人群的流入人口数和流出人口数（刚进入该教育水平的人口数计为流入数，而刚进入更高一级教育水平的人口数为流出数）；$EX(e, a, s)$ 为估算误差余额。

$$IF(y, e, a, s) = \lambda(y, e, a, s) \cdot ERS(y, e, s) \qquad (7.2)$$

$$OF(y, e, a, s) = \lambda(y, e+1, a, s) \cdot ERS(y, e+1, s) \qquad (7.3)$$

$$\sum_a \lambda(y, e, a, s) = 1$$

式中：ERS 为各教育水平的入学人数；λ 为各教育程度入学学生性别的

年龄分布比。估算年龄分布比 λ 时，使用《中国教育统计年鉴》的数据①。

上述计算方法主要是估算了教育人力资本，并没有包括健康、培训和迁移的人力资本数量。从促进经济发展的角度看，这种计算方法已经较为准确地计算了教育人力资本的数量，包括长期经济增长最需要的人力资本的组成部分，因此下面的研究主要采用该报告中的数据。《中国人力资本报告 2018》的数据表明，2006—2016 年，中国人力资本的平均增速为 6.22%，人均人力资本的增长率为 5.77%。城乡劳动力中高中以上学历人数的比例明显提高，但是劳动力人口的年龄不断上升，出现了劳动力的老化。

1. 分省名义人力资本存量。由分省中国人力资本存量可见，各省的人力资本总量分布不均衡。由于数据较多，图 7-1 所示的是 1992—2016 年 28 个省份（不包括新疆、西藏和海南）的年均名义人力资本存量。相对而言，发达地区的年均人力资本存量较高，而落后地区的人力资本存量较低。从排序情况看，年均人力资本存量较高的前五个地区分别为广东、山东、江苏、河南、浙江，北京列第六位，上海列第七位。排序为后五位的分别是贵州、内蒙古、甘肃、宁夏和青海。

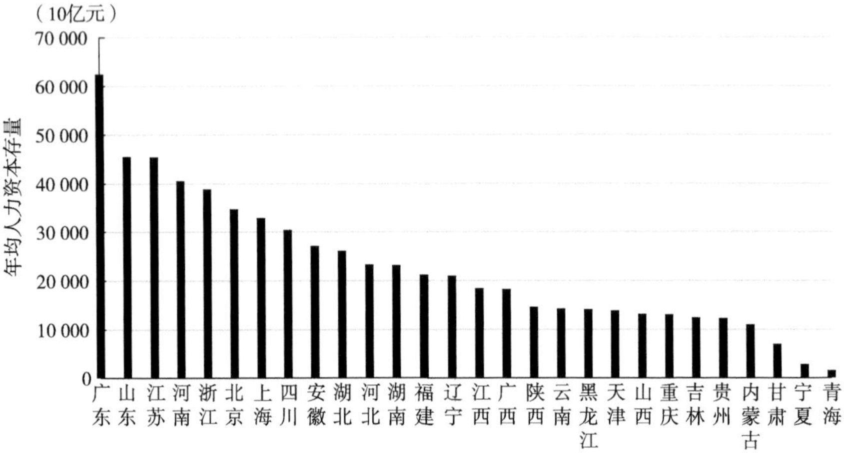

图 7-1　1992—2016 年各省份年均名义人力资本存量

资料来源：根据《中国人力资本报告 2018》和《中国统计年鉴》数据计算。

① 中央财经大学中国人力资本与劳动经济研究中心. 中国人力资本报告2018[R]. 2018.

如果按人力资本存量的数量将上述 28 个省份划分量级，按四个级别划分，分别是高级、中高级、中级和低级，那么，如表 7-1 所示：人力资本丰富度最高的是广东，同处于高级别的还有山东、江苏、河南和浙江；处于中高水平的有北京、上海、四川、安徽、湖北、河北、湖南、福建和辽宁；处于中级水平的省份最多，包括江西、广西、陕西、云南、黑龙江、天津、山西、重庆、吉林、贵州和内蒙古；处于低级水平的省份为甘肃、宁夏和青海。由于存量分区是对人力资本总量的区域比较，要受人口规模大小的影响，但是作为地区经济发展的整体而言，人力资本的总量大，实际上意味着未来向高质量发展转变过程中潜力较大，可以运用的人力资源总量丰裕。下面将从人均人力资本存量的角度进行分省的深入分析。

表 7-1　1992—2016 年各省份年均名义人力资本存量分级

级别	划分标准	省份
高级	300 000 亿元以上	广东、山东、江苏、河南、浙江
中高级	200 000~300 000 亿元	北京、上海、四川、安徽、湖北、河北、湖南、福建、辽宁
中级	100 000~200 000 亿元	江西、广西、陕西、云南、黑龙江、天津、山西、重庆、吉林、贵州、内蒙古
低级	100 000 亿元以下	甘肃、宁夏、青海

资料来源：根据图 7-1 中的数据划分。

结合各省份的年均名义人力资本存量、年均名义 GDP 与人口总量的分析如图 7-2 所示。从各名义量的相关性看，各省的名义人力资本存量与 GDP 总量的相关性较高，相比与人口总量的相关性高。特别是北京、上海和天津 GDP 水平和人力资本存量均较高，而人口规模却是相对比较小的。可见，人均资本存量对于经济发展是很重要的因素。

2. 分省实际人力资本存量。1992—2016 年 28 个省份的年均实际人力资本存量增长率如图 7-3 所示。各省的人力资本存量年均增长率都为正值，其中人力资本存量年均增长率最高的是天津和北京，年均为 10%；大多数省份的增长率均处于 6%~8%的范围内，从高到低依次为广东、宁夏、安徽、江

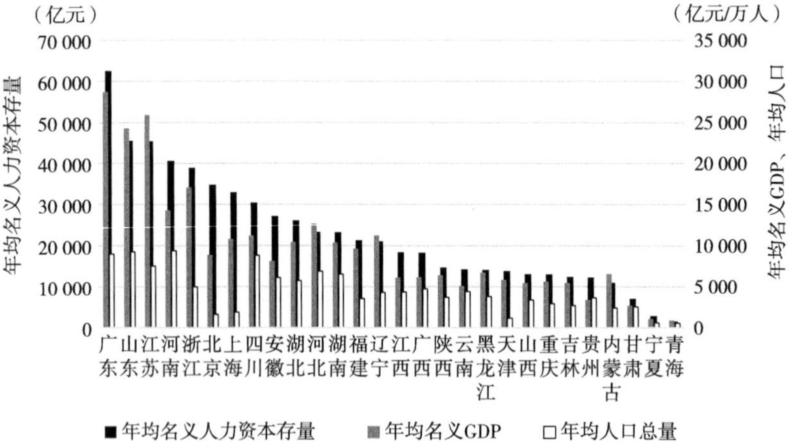

图 7-2　各省份年均名义人力资本存量、年均名义 GDP 与人口总量的比较

资料来源：根据《中国人力资本报告 2018》和《中国统计年鉴》数据计算。

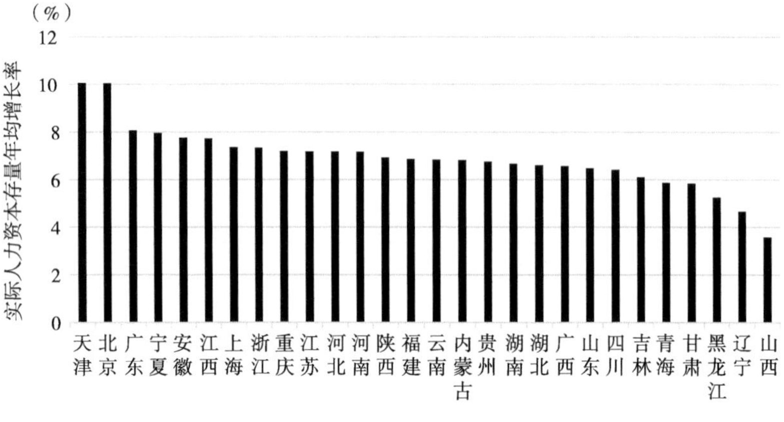

图 7-3　1992—2016 年各省份年均实际人力资本存量增长率

资料来源：根据《中国人力资本报告 2018》和《中国统计年鉴》数据计算。

西、上海、浙江、重庆、江苏、河北、河南、陕西、福建、云南、内蒙古、贵州、湖南、湖北、广西、山东、四川和吉林；低于 6%的仅有青海、甘肃、黑龙江、辽宁和山西。可见，随着近几年的经济发展，各省的人力资本存量水平均获得了显著的提高，年均增长率大多高于 6%。由于实际人力资本存量增长率也要受人口、人均 GDP 增长水平的影响，因此需要进一步结合分省的人口总量增长率、人均 GDP 增长率的情况进行分析。

如图 7-4 所示，各省份的年均实际人力资本和 GDP 都保持了较高的增长率。1992—2016 年各省份的 GDP 增长率保持在年均 10%的水平，而各省的人口自然增长率则相差的较多。多数省份的 GDP 增长率最高，其次是人力资本存量增长率，增长率最低的是人口自然增长率。这也从另一个角度说明，随着经济的不断发展，人口自然增长率逐渐下降，而对人力资本的投资会增加，人口的质量会不断提高。

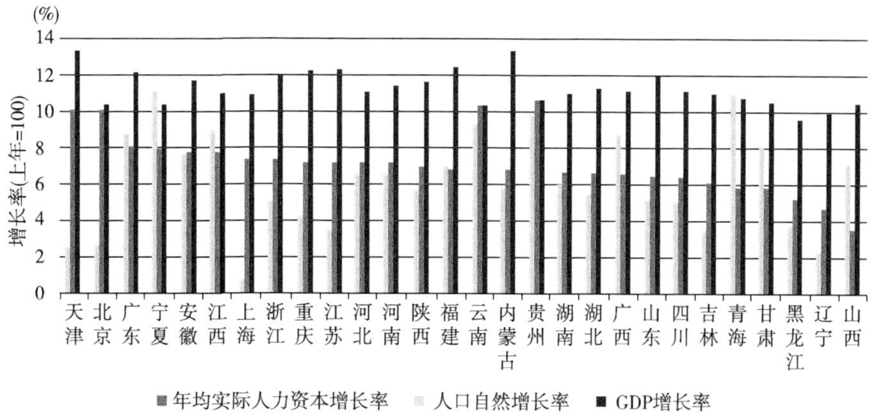

图 7-4 1992—2016 年各省份年均实际人力资本增长率、人口自然增长率和 GDP 增长率

资料来源：根据《中国人力资本报告 2018》和《中国统计年鉴》数据计算。

3. 分省人均实际人力资本存量（见图 7-5）。1992—2016 年年均人均实际人力资本存量最高的是上海，其后依次是北京、天津、浙江、广东和江苏，最低的是青海。从整体分布情况看，除了北、上、广、津、江、浙外，其余省份人均实际人力资本存量基本处于 10~15 万/人之间。可见，一线城市对高人力资本人口的吸引力较强，发达省份的高人力资本富集主要得益于受教育水平高的人口流入，使发达地区成为人力资本的富集地，而经济发展水平低的地区则成为人力资本净流出地。

通过上述比较可知，人力资本的地区差异与地区的经济发展水平关系紧

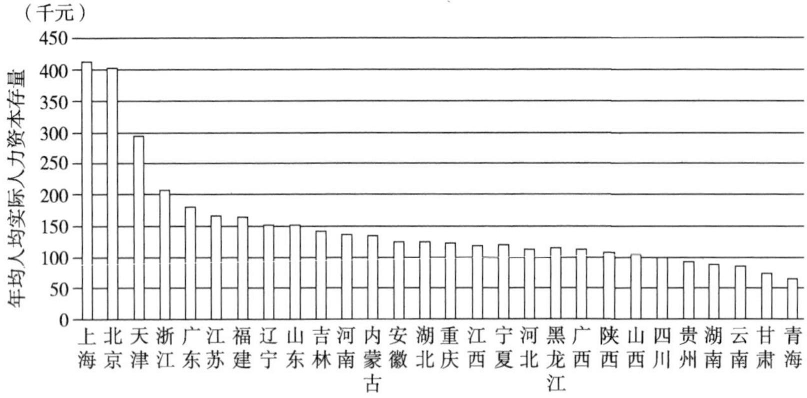

图 7-5　1992—2016 年各省份年均人均实际人力资本存量

资料来源：根据《中国人力资本报告 2018》和《中国统计年鉴》数据计算。

密，一般经济发达地区人力资本富集，人均水平高，而经济落后地区则人力资本存量少，人均水平也低。从整体分布情况看，最发达地区和最落后地区差异较大，而中间省份的差异性则相对小些。

二、中国人力资本的空间结构

如果将 1992—2016 年 31 个省份的名义人力资本加总（港、澳、台地区不计算在内）得到的人力资本作为总量，28 个省份年均名义人力资本存量结构如图 7-6 所示：广东的人力资本存量年均水平最高，为 9.1%；年均水平最低的青海的人力资本存量为 0.24%。对比 1992—2016 年 28 个省份年均 GDP 比重（如图 7-7 所示），这两个指标的吻合度极高，除少数省份外，特别是青海，一般省份的 GDP 占全国 GDP 的比重与名义人力资本存量占全国总名义人力资本存量的份额大体是相当的。人力资本存量占比最高的 5 个省份，其 GDP 比重也居于前五位。人力资本存量排名前五位的省份为广东、山东、江苏、河南和浙江；年均 GDP 比重排名前五位的省份为广东、江苏、山东、浙江和河南。显然，在过去的经济发展过程中，尽管中国经济是粗放型发展，并非以高质量发展为目标，但是人力资本对于经济增长的重要作用也是不言而喻的。

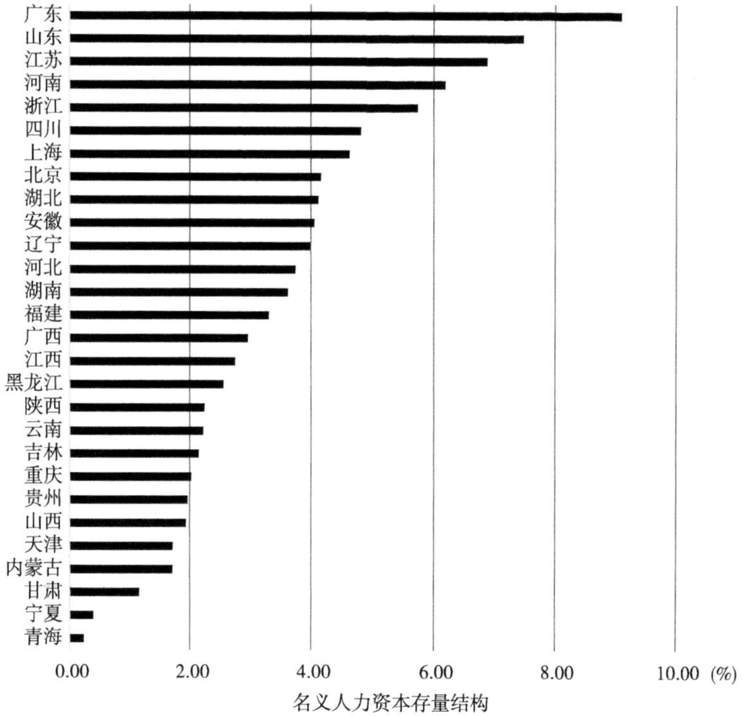

图 7-6 1992—2016 年各省份年均名义人力资本存量结构

资料来源：根据附录十一数据计算。

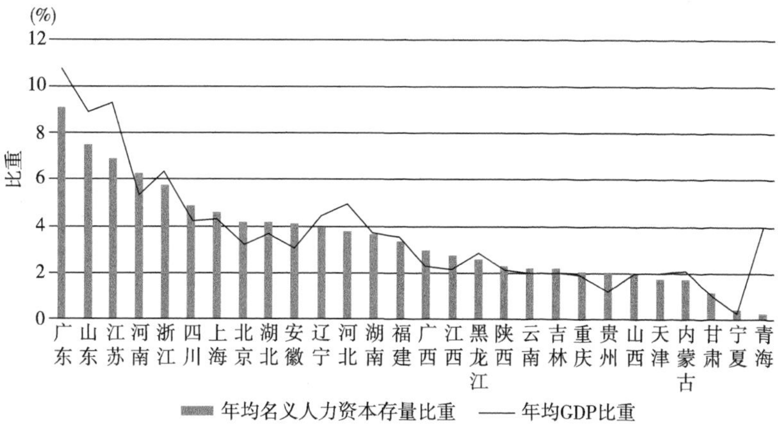

图 7-7 1992—2016 年各省份年均名义人力资本存量结构和年均 GDP 结构

资料来源：根据附录十一数据计算。

将上述省份的数据进一步集中到四大板块和八大综合经济区范围内的分析，如表 7-2 所示。东北、东部、中部和西部地区的人力资本存量、GDP 和人口结构中，东部地区是人力资本存量最高，GDP 最高，人口比重也最高的地区，人力资本存量和 GDP 的一半集中在东部地区；中部和西部人力资本存量分别占 22.8%和 20.4%，人口比重分别为 27.4%和 28.2%；东北地区的人力资本存量、GDP 比重和人口比重均为最少，分别为 7.3%、8.5%和 8.3%。

表 7-2　1992—2016 年四大板块地区人力资本存量、GDP 和人口结构（%）

四大板块地区	人力资本存量结构	GDP 结构	人口结构
东北	7.3	8.5	8.3
东部	49.5	52.6	36.1
中部	22.8	19.8	27.4
西部	20.4	19.1	28.2

资料来源：根据《中国人力资本报告 2018》和《中国统计年鉴》数据计算。

表 7-3 所示为按八大综合经济区划分的人力资本存量结构、GDP 结构和人口结构。人力资本存量最高的是北部沿海、东部沿海综合经济区，其次是长江中游、南部沿海、大西南和黄河中游综合经济区，而东北、大西北综合经济区的人力资本存量相对较少。而人口比重较高的则是大西南和长江中游综合经济区，其次是北部沿海、黄河中游、东部沿海和南部沿海综合经济区，最低的仍然是东北和大西北综合经济区。结合 GDP 产出的比重看，人口和人力资本对 GDP 的增长均有贡献，经济落后地区人口的数量作用更为显著，而发达地区的人力资本存量的贡献相对更为显著。因此，从禀赋结构可见，各地区由于经济发展水平的差异，未来向高质量发展转型的过程不会是同步的，而是呈现空间逐步扩散的状态。

表 7-3　1992—2016 年八大综合经济区人力资本存量、GDP 和人口结构（%）

八大综合经济区	人力资本存量结构	GDP 结构	人口结构
东北综合经济区	7.3	8.5	8.3
北部沿海综合经济区	18.1	18.7	14.6

续表

八大综合经济区	人力资本存量结构	GDP 结构	人口结构
东部沿海综合经济区	18.0	19.5	11.1
黄河中游综合经济区	12.2	11.8	14.6
长江中游综合经济区	14.6	12.7	17.6
南部沿海综合经济区	13.4	14.4	10.3
大西南综合经济区	13.6	11.4	18.9
大西北综合经济区	2.9	3.1	4.6

资料来源：根据《中国人力资本报告 2018》和《中国统计年鉴》数据计算。

通过上述比较，说明中国的人口、人力资本和产值主要集中东、中、西部地区，东北地区相对比较薄弱；人口和人力资本多集中在沿海和长江、黄河中游地区。大西北是禀赋最少的地区，这在一定程度上是由于受地理位置和环境的制约，难以形成较强的集聚效应，人力资本会随人口流动而流失，未来向高质量发展转型的难度会高于发达地区。

第二节　对人力资本空间结构效率的测算

由于人力资本的空间分布不均衡，沿海多、内陆少，人口集聚使人力资本存量富集，产出水平也较高。进一步地深入分析则要回答这种人口和人力资本高度密集是否是有效率的？富集程度高是否就意味着人力资本是促进经济增长的主要动力源泉？回答这些问题需要对人力资本的空间结构效率进行测算，包括人力资本产出比的地区差异和人力资本对经济增长贡献的空间差异。

一、人力资本产出比的地区差异

人力资本和物质资本都是资本，但两者的投资周期有很大差别。物质资本投资见效快，投入就会有产出，而人力资本投资周期较长，要远期才有收益。物质资本较好地发挥经济效益的前提是有高质量的人力资本配合，如果物质资本投资水平较高，但是相对人力资本水平较低，则会导致物质资本投资无法充分发挥其作用。因此，要平衡物质资本和人力资本投资的量级关系，近期发展和远期发展潜力的培育都要兼顾，这样才能更好地提高资本的配置效率。用人力资本 H 和产出水平 Y 的比值说明人力资本的产出效率，即 H/Y。用实际人力资本存量和实际 GDP 总量计算人力资本产出比，可以先直接得到 1992—2016 年 28 个省份的 H/Y 数据。如图 7-8 所示，甘肃省的 H/Y 值最高，说明人力资本的效率最低；所有省份的 H/Y 值呈现下降趋势（具体数据见附录十三），表明人力资本的产出效率是逐年提高的。

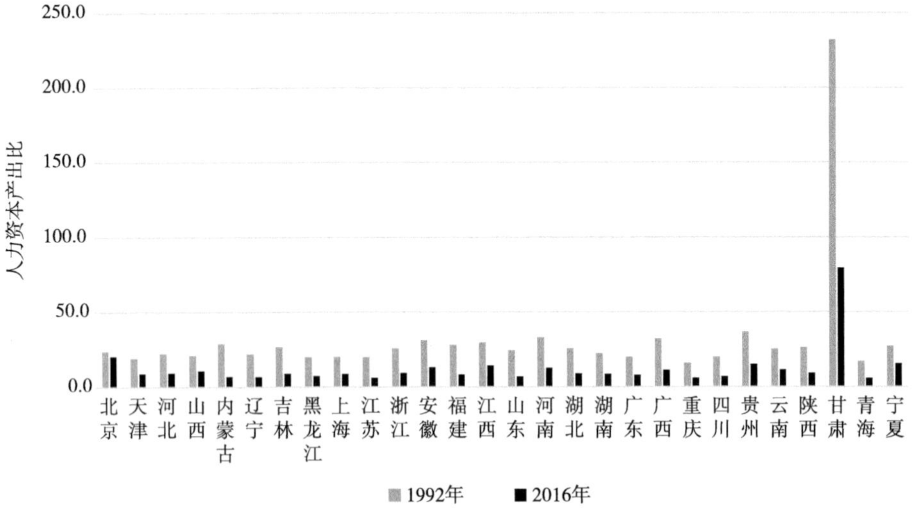

图 7-8　1992 和 2016 年各省份人力资本产出比的变化

资料来源：根据《中国人力资本报告 2018》和《中国统计年鉴》数据计算。

1992—2016 年各省 H/Y 的均值如图 7-9 所示。除甘肃外，其他省份的年均人力资本产出比基本相当，地区间差异并不大。

从地区划分角度分析，1992—2016 年四大板块地区中人力资本产出比最高的是东部地区，其后是东北地区和中部地区，而西部地区的人力资本产出效率最低（见表 7-4）。按八大综合经济区划分，计算结果表明，东部沿海的人力资本效率最高，其次是南部沿海、东北、北部沿海综合经济区，再次是

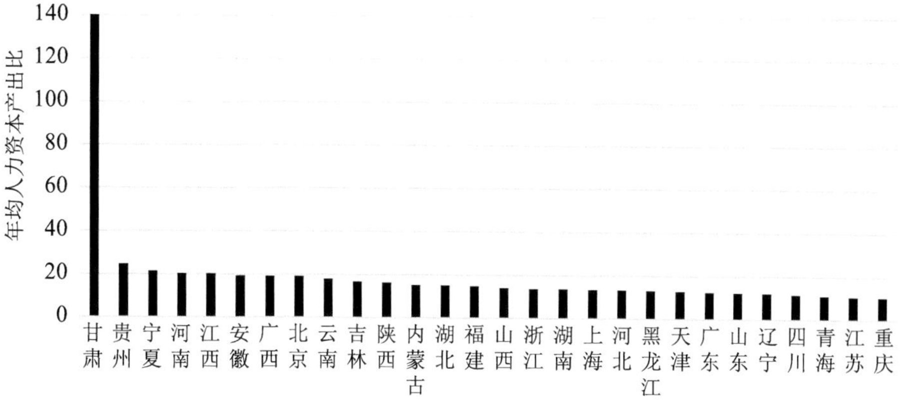

图 7-9　1992—2016 年各省份年均人力资本产出比

资料来源：根据《中国人力资本报告 2018》和《中国统计年鉴》数据计算。

表 7-4　1992—2016 年平均人力资本产出比区域比较

四大板块地区	*H/Y*	八大综合经济区	*H/Y*
东北	14.04	东北综合经济区	14.0
东部	13.65	北部沿海综合经济区	14.4
中部	17.13	东部沿海综合经济区	12.7
西部	28.81	黄河中游综合经济区	16.5
		长江中游综合经济区	17.6
		南部沿海综合经济区	13.6
		大西南综合经济区	16.8
		大西北综合经济区	57.5

资料来源：根据《中国人力资本报告 2018》和《中国统计年鉴》数据计算。

黄河中游、大西南、长江中游综合经济区，效率最低的是大西北综合经济区。可见，经济发展水平比较高的地区一般具有较高的人力资本效率，而发展水平低的人力资本效率也相对偏低。

二、人力资本对经济增长贡献的空间差异

通过前述分析可见，人力资本在不同地区的富集程度不同，其效率也有

所不同。通过数据对比发现，从一般意义上看，发达地区具有较高的人力资本存量，同时也具有相对较高的人力资本产出效率，这意味着发达地区有依靠人力资本驱动的迹象。为了进一步核实这一猜测，就需要计算各省份和区域的人力资本产出弹性和经济增长的贡献。

（一）人力资本产出弹性的地区比较

依据弹性公式，人力资本产出弹性的计算公式为：

$$e_h = \frac{\frac{\Delta Y}{Y}}{\frac{\Delta H}{H}} \tag{7.4}$$

式中：ΔH 为人力资本的年增长量；ΔY 为产出的年增长量。

根据中国经济发展过程的历史背景变化，将 1992—2016 年分为三个阶段：1992—2001 年为加入世界贸易组织前阶段；2002—2007 年为加入世界贸易组织后危机前阶段；2008—2016 年为危机后阶段。计算结果如图 7-10 所示。对三个阶段进行整体比较发现，1992—2001 年各省份的人力资本产出弹

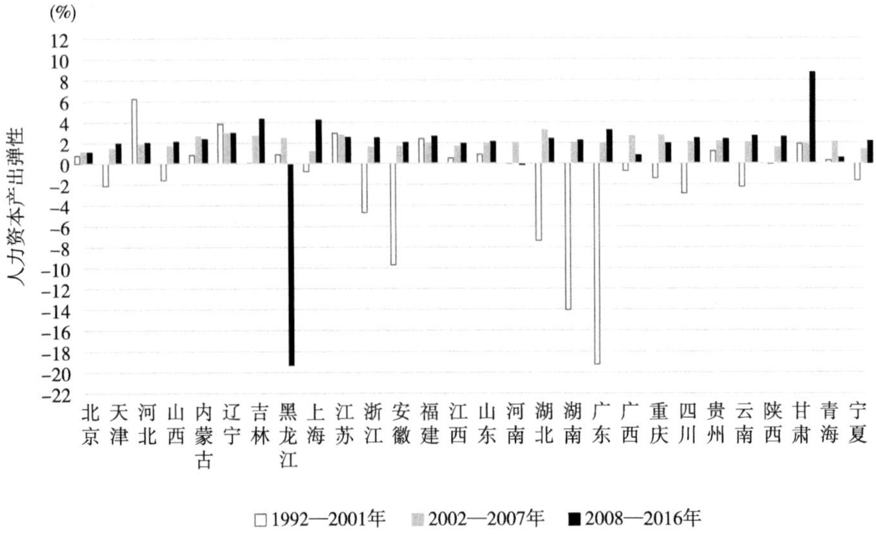

图 7-10　1992—2016 年各省份年均人力资本产出弹性变化

资料来源：根据《中国人力资本报告 2018》和《中国统计年鉴》数据计算。

性相比后两个阶段都较小，且一半以上的省份产出弹性为负值，包括天津、山西、上海、浙江、安徽、湖北、湖南、广东等省份在内共15个省份的人力资本产出弹性的值为负。2002—2007年各省份的人力资本产出弹性均为正值，2008—2016年除了黑龙江和河南为负值以外，其他省份的人力资本产出弹性均为正值。由此可见，从加入世界贸易组织到经济危机爆发前，中国经济不但经济增速高，人力资本的利用效率也是相对较高的。

（二）人力资本对经济增长贡献的地区差异

通常计算要素对经济增长的贡献率的方法是采用对C-D生产函数进行回归分解的方法，设总产出为 $Y = AK^{\alpha}L^{\beta}H^{\gamma}$ ，则总产出增长率的计算公式为：

$$g = \ln A + \alpha \ln K + \beta \ln L + \gamma \ln H \tag{7.5}$$

人力资本对经济增长的贡献率的计算公式为：

$$C_H = \frac{\gamma \cdot \frac{\Delta H}{H}}{g} \tag{7.6}$$

表7-5是据此计算出的各省份人力资本对经济增长的贡献率。

表7-5　1992—2016年各省份人力资本对经济增长的贡献率

序号	省 份	γ	$\Delta H/H$	g	C_H
1	北 京	0.30	10.04	10.4	28.84
2	天 津	0.02	10.06	13.3	1.32
3	河 北	0.09	7.16	11.1	5.57
4	山 西	0.68	7.46	10.5	48.46
5	内蒙古	0.26	6.82	13.3	13.33
6	辽 宁	0.28	4.67	9.9	13.24
7	吉 林	0.32	6.10	10.9	18.10
8	黑龙江	0.32	5.24	9.6	17.78
9	上 海	0.20	7.35	10.9	13.23
10	江 苏	0.04	7.17	12.3	2.46
11	浙 江	0.36	7.33	11.9	22.35

续表

序号	省 份	γ	$\Delta H/H$	g	C_H
12	安 徽	0.18	7.75	11.7	11.66
13	福 建	0.09	6.86	12.4	4.96
14	江 西	0.12	7.71	10.9	8.66
15	山 东	0.23	6.48	12.1	12.45
16	河 南	0.07	7.16	11.4	4.21
17	湖 北	0.03	6.60	11.2	1.97
18	湖 南	0.41	6.67	10.9	25.25
19	广 东	0.13	8.06	12.1	8.63
20	广 西	0.11	6.56	11.2	6.61
21	重 庆	0.49	7.19	12.2	28.95
22	四 川	0.07	6.42	11.1	4.11
23	贵 州	0.35	6.75	10.7	21.89
24	云 南	0.26	6.84	10.3	17.00
25	陕 西	0.06	6.93	11.6	3.79
26	甘 肃	0.21	5.83	10.5	11.61
27	青 海	0.21	5.86	10.7	11.50
28	宁 夏	0.28	7.95	10.4	21.22

如表7-5所示，各省份的人力资本对经济增长的贡献率差异相对较大，北京、山西、浙江、湖南、重庆、贵州和宁夏的人力资本贡献率较高，而天津、江苏、四川、陕西、河南、湖北的人力资本贡献率略低。未来向高质量发展方式转型过程中，人力资本将是主要促进经济增长的驱动力，因此，协调区域经济发展首先就需要平衡区域间的人力资本配置。

本章小结

通过对人力资本空间分布的分析可见，中国的人力资本主要集中在沿海地区。东部沿海地区是人力资本最为富集的地区，而东北和大西北地区的人力资本相对占比较小。

1992—2016 年各省份的人力资本产出效率整体呈现上升趋势。通过对人力资本效率的空间比较可见，西部特别是大西北地区的人力资本效率最低，东部地区特别是东部沿海地区的人力资本效率最高。通过分阶段考察，表明 2002—2007 年各省份的人力资本产出弹性都是正值，而 1992—2001 年多数省份的人力资本产出弹性为负值。1992—2016 年各省份人力资本对经济增长贡献率的数值相差较大，表明未来向高质量发展方式转变的过程中，应注意平衡人力资本的空间分布。

第八章

碳排放效率的空间结构

高质量发展要求实现生态文明建设和可持续发展。高质量发展既要满足人民对物质文化生活的需要，也要满足人民对优美生态环境等美好生活的需要。因此，从可持续发展的角度看，高质量发展要求提高能源消费效率和碳排放效率。

第一节　中国碳排放的空间结构

向高质量发展方式转型离不开可持续发展，在全球碳排放引起气候变化的情况下，走低碳经济发展之路也是高质量发展的内容之一。

一、中国能源消费总量和产出效率

二氧化碳排放主要是来源于能源的消费总量及其种类结构。不同种类能源的含碳率不同，会导致不同的碳排放量。

（一）能源消费总量

如图 8-1 所示，从 1992—2017 年中国能源消费量和年增长率变化的情况

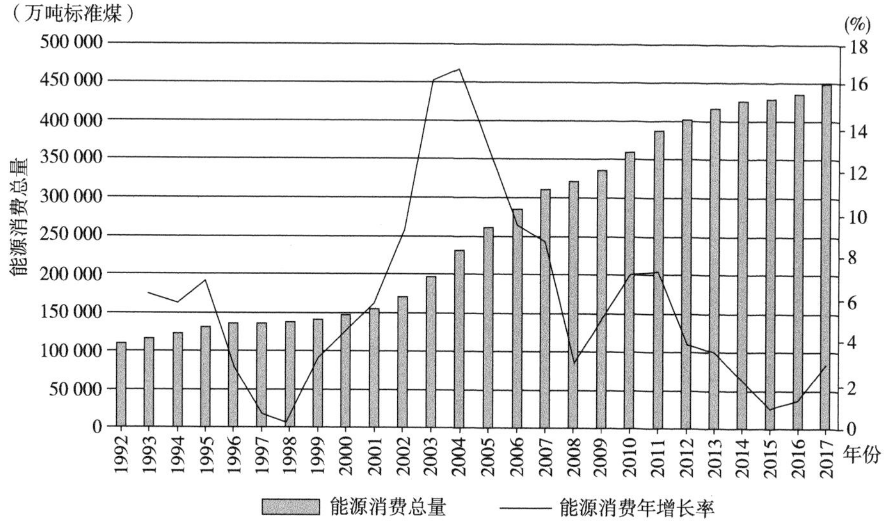

图 8-1　1992—2017 年中国能源消费总量和年增长率

资料来源：《中国统计年鉴》和《中国低碳年鉴》。

看，能源消费总量和年增长率是波动的，2001—2007 年是能源消费总量增长率的一个波峰，2004 年达到最高值的 16.8%之后，呈现不断下降的趋势，至次贷危机爆发后，能源消费增长率回到较低的波动区间。可见，中国能源消费总量增长率升高是发生在加入世界贸易组织之后，由承接国际产业转移、再度工业化和重工业化导致的能源消费快速增加。

由于中国处于工业化阶段，能源消费主要用于工业生产过程，随着工业化的完成，第三产业比重不断上升，加之技术进步的作用，能源消费总量的增速不断下降。如图 8-2 所示，能源消费的下降基本与 GDP 增长速度和第二产业占 GDP 比重的下降趋势相同，或在时间上略前置于两者的下降。

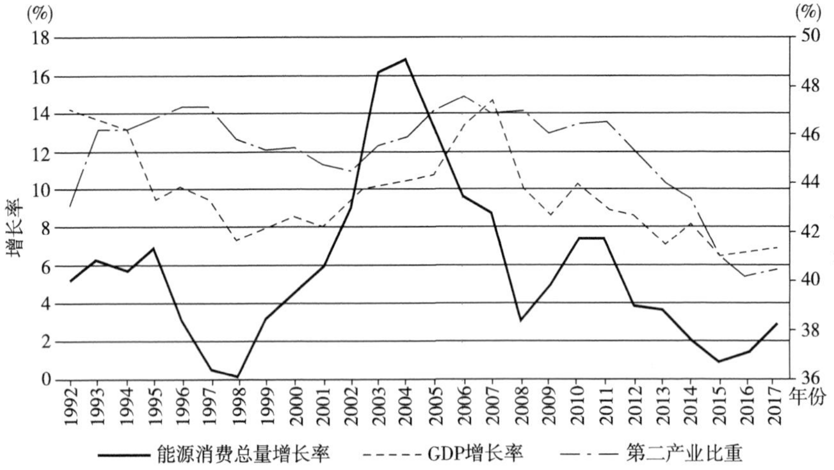

图 8-2　1992—2017 年中国能源消费总量年增长率和 GDP 增长率

资料来源：《中国统计年鉴》和《中国低碳年鉴》。

（二）能源消费种类结构

从能源消费的种类构成结构看（见附录十四），1992 年中国能源消费的 75.7%为煤炭，石油占 17.5%，天然气和电力及其他能源消费比重分别为 1.9%和 4.9%。这样的结构与中国的能源资源禀赋有关，中国是一个“富煤、贫油、少气”的国家。如图 8-3 所示，1992—2017 年中国的能源消费种类结构正在发生变化，煤炭的消费比重不断下降，而清洁能源的电力和天然气的

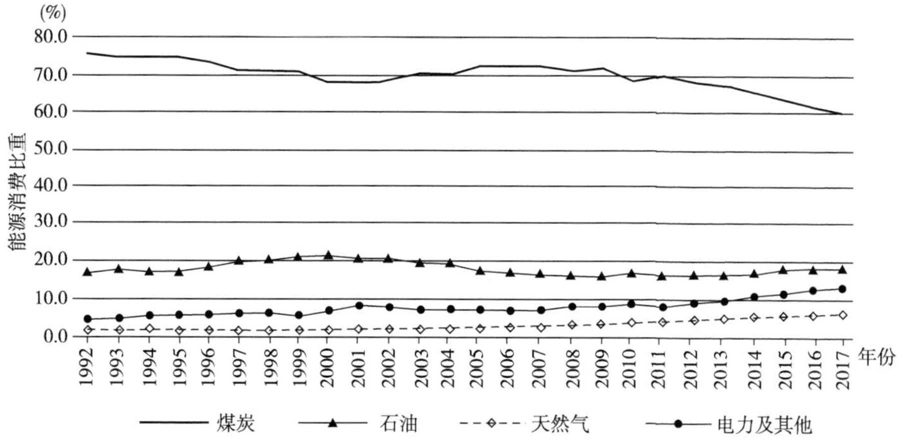

图 8-3　1992—2017 年中国能源消费种类结构

资料来源：历年《中国能源统计年鉴》。

消费比重不断上升。其中，煤炭消费的比重已经由 1992 年 75.7%下降到 2017 年的 60.0%，电力消费的比重由 5.2%上升至 13.8%，天然气消费的比重也由 1.9%上升至 7.0%。尽管如此，中国也没有改变以煤炭为主的消费结构（见表 8-1），并且，在未来技术没有重大突破的情况下，中国依靠煤炭的能源消费结构仍然无法改变。而发达国家的消费结构则是以清洁能源为主，如石油和天然气，也包括利用核能。可见，未来对于清洁能源的开发和利用也是中国实现高质量发展需要解决的问题之一。

表 8-1　1992—2017 年中国年均能源消费种类结构

能源种类	煤炭	石油	天然气	电力及其他
比重（%）	69.97	18.57	3.27	8.19

资料来源：历年《中国能源统计年鉴》（见附录十四）。

（三）分省能源消费总量

1992—2016 年各省份能源消费总量的平均值和排序如图 8-4 所示。从各省份能源消费的情况看，山东、河北、广东、江苏、辽宁、河南是年均能源消费总量最多的省份，而北京、广西、重庆、天津、甘肃、江西、宁夏和青海是能源消费总量较少的地区。

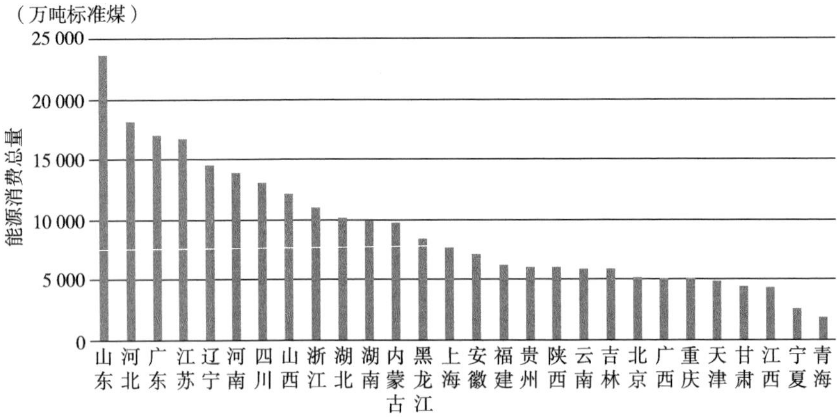

图 8-4　1992—2016 年各省份年均能源消费总量

资料来源：历年《中国能源统计年鉴》。

将能源消费总量的年平均值归集到不同地区进行汇总，其结果如表 8-2 所示。从四大板块地区的角度看，东部是能源消费总量最大的地区，其次是西部、中部和东北地区；从八大综合经济区的角度看，北部沿海的年均能源消费总量最高，其后依次是黄河中游、东部沿海、大西南、长江中游和东北地区，最低的是南部沿海和大西北地区。可见，从地区分布看，能源消费与经济发展水平相关度较高，发达地区的能源消费比重相对高于经济发展水平较低的地区。

表 8-2　1992—2016 年中国年均能源消费总量及比重的区域比较

四大板块地区	年均能源消费总量（万吨标准煤）	年均能源消费总量比重（%）	八大综合经济区	年均能源消费总量（万吨标准煤）	年均能源消费总量比重（%）
东北	28 851.1	10.9	东北	28 851.1	10.9
东部	111 541.9	42.2	北部沿海	51 816.6	19.6
中部	57 674.4	21.8	东部沿海	35 554.2	13.4
西部	66 470.4	25.1	黄河中游	41 775.9	15.8
			长江中游	31 603.8	11.9

续表

四大板块地区	年均能源消费总量（万吨标准煤）	年均能源消费总量比重（%）	八大综合经济区	年均能源消费总量（万吨标准煤）	年均能源消费总量比重（%）
			南部沿海	24 171.1	9.1
			大西南	35 234.3	13.3
			大西北	15 530.9	5.9

资料来源：历年《中国能源统计年鉴》。

（四）能源消费效率

通常可以用两种方法衡量能源的消费效率。

一是用单位 GDP 能耗表示能源的消费效率，计算公式为：

$$eef = \frac{TE}{GDP_{real}} \tag{8.1}$$

式中：eef 为能源消费效率；TE 为能源消费总量（按万吨标准煤计算）；GDP_{real}为实际 GDP（按 1992 年价格计算）。

二是用能源的消费弹性（也称为能源消费增长率系数）表示能源的消费效率，这是反映能源消费与产出增长的一个技术性指标。能源消费弹性一般是指一定时期内产出增长 1%，导致能源消费增加的百分率，也可以理解为能源消费增长率与产出增长率之间的比值。在重工业发展时期，由于能源消费增长水平快于产出增长水平，能源消费弹性系数会大于 1。计算公式为：

$$eel = \frac{\Delta TE/TE}{\Delta GDP/GDP} \tag{8.2}$$

依据上述计算公式，先按 1992 年价格计算 1992—2016 年中国的实际 GDP，再代入式 8.1 和 8.2 中，得到 1992—2016 年中国能源消费的效率数据（见图 8-5）。从总体上看，由于单位 GDP 能耗和能源消费的弹性值均是不断下降的趋势，表明中国的能源消费效率是不断提高的。其中，加入世界贸易组织之前的能源效率提高较快，加入世界贸易组织后能源效率有所下降，次贷危机后，能源效率有所改善，但相对速度相对于加入世界贸易组织前放缓。

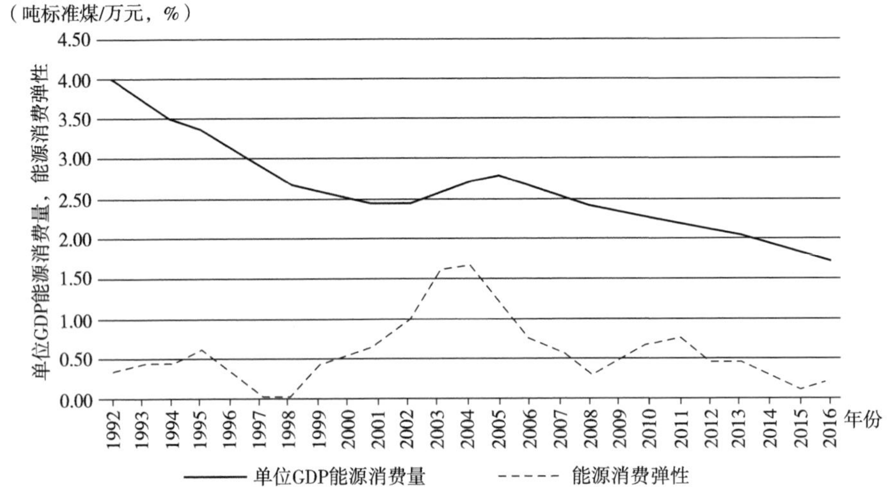

图 8-5　1992—2016 年中国能源消费效率

资料来源：历年《中国能源统计年鉴》和《中国统计年鉴》。

由图 8-6 可见，不同省份的能源消费总量与经济发展水平并不是绝对正相关的，如北京、天津属于经济发展水平较高的地区，但能源消费总量却排位相对靠后，表明不同省份的能源消费效率存在较大差异。

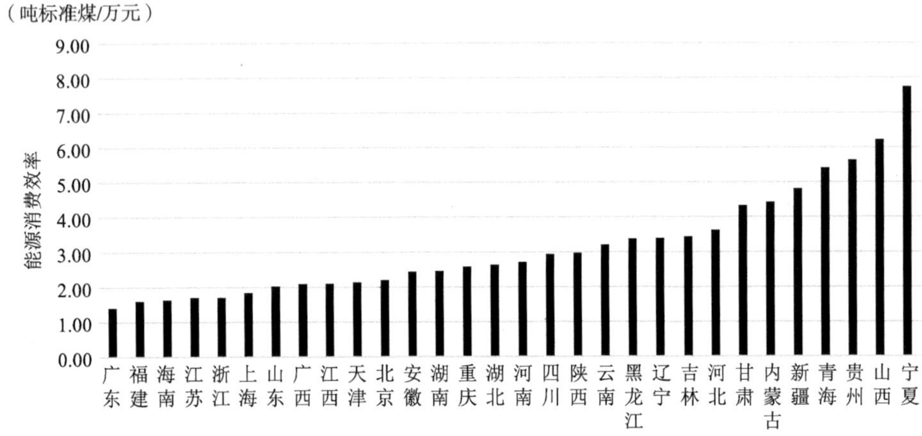

图 8-6　1992—2016 年各省份年均能源消费效率

资料来源：历年《中国能源统计年鉴》和《中国统计年鉴》。

如图 8-6 所示，各省份的单位 GDP 能耗情况表明，发达地区的能耗效率较高，而经济发展水平较低的省份的能耗水平较高，沿海省份的能耗效率高，而内陆省份的能耗效率偏低。单位 GDP 能耗效率最高的是广东，1992—2016 的平均单位 GDP 能耗仅为 1.40 吨标准煤/万元，而能耗效率最低的宁夏为 7.74 吨标准煤/万元，相当于广东省的 5.5 倍。由此可见，不同省份受经济发展水平和地理位置的影响，能源消费的效率差异还是比较大的。

二、中国碳排放的整体情况

依据世界银行 WDI 的数据，中国二氧化碳排放量及其年增长率的变化如图 8-7 所示。1992 年，中国二氧化碳的排放量总计为2 690 455.9千吨，2014 年的排放量为10 291 926.9千吨，是 1992 年 3.8 倍，年均增长率为 6.4%。这一阶段的二氧化碳排放量增长率的变化趋势与能源消费总量的变化趋势相似。中国加入世界贸易组织后，碳排放量增长较快，2003 年的碳排放量增长率最高，为 17.92%，至次贷危机后增长率开始大幅度下降，2014 年下降至 0.33%，其水平与加入世界贸易组织前的情况相当。

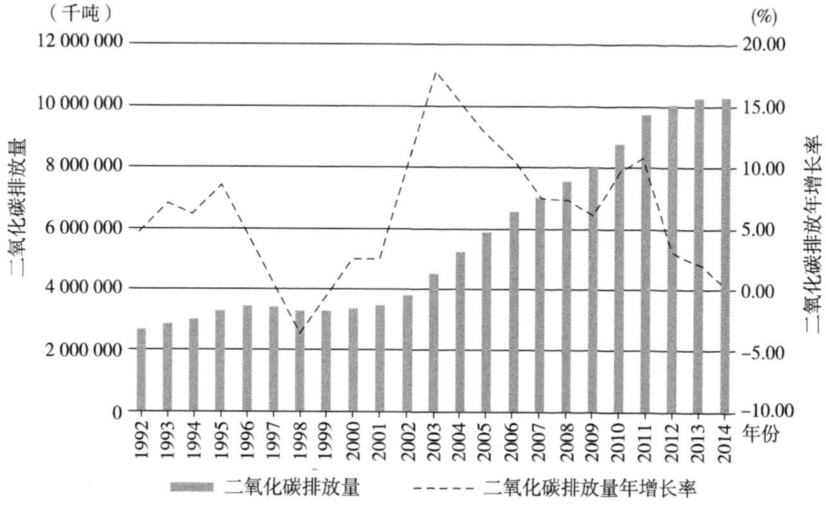

图 8-7　1992—2014 年中国二氧化碳排放量及年增长率

资料来源：世界银行 WDI 数据库。

三、碳排放的空间结构

由于区域碳排放效率没有直接公开的数据，只能利用现有能源消费数据进行测算。

根据国际社会对温室气体报告的参照标准，温室气体排放来源主要包括能源、工程过程和产品使用、农业林业和其他土地利用、废弃物和其他。测算排放量的公式为：Q（排放量）$=AD$（活动水平）$\times EF$（排放因子）。测算排放因子的一种方法是燃料的含碳量和燃烧条件，其中燃烧条件不十分重要，因此主要由燃料总量和平均碳含量的精确估算。另一种方法是利用排放因子推算，简要的计算公式为：

$$CQ = \sum EQ_K \times EF_K \times \frac{44}{12} \tag{8.3}$$

式中：CQ 为二氧化碳排放量（10^4吨）；EQ_k为 k 类能源消费总量（10^4标准煤）；EF_k为 K 种能源的碳排放的缺省因子（10^4吨/10^4标准煤）。EF 缺省因子系数如表 8-3 所示。

表 8-3　各种能源碳排放系数 IPCC 折算碳排放缺省因子系数

能源种类	碳排放系数（10^4t/10^4t）	能源种类	碳排放系数（10^4t/10^4t）
原煤	0.755 9	柴油	0.592 1
洗精煤	0.755 9	燃料油	0.618 5
焦炭	0.855 0	其他石油制品	0.585 7
其他焦化产品	0.644 9	液化石油气	0.504 2
原油	0.585 7	天然气	0.448 3
汽油	0.553 8	煤气	0.354 8
煤油	0.571 4	炼厂干气	0.460 2

资料来源：根据政府间气候变化框架委员会《2006 年 IPCC 国家温室气体清单指南》第 2 卷能源中的燃烧能源的二氧化碳缺省因子的缺省碳含量进行换算。该《指南》中的数据以 GJ 为单位，将 GJ 转化为 SCE（标准煤），转化系数为 1×10^4SCE$=2.930\ 7\times10^8$J。

由于能源的品类较多，不同能源的含碳量不同，因此折算碳排放缺省系数也有所不同。由于各省不同品类的能源消费数量数据不全，仅能计算2013—2016年中国各省份的碳排放数据，计算结果见附录十五，依据各省数据计算的年均二氧化碳排放量如图8-8所示。能源消费的碳排放量最高的是山东，其次是江苏、河北、山西和内蒙古；碳排放量最低的是江西、甘肃、广西、青海和海南。

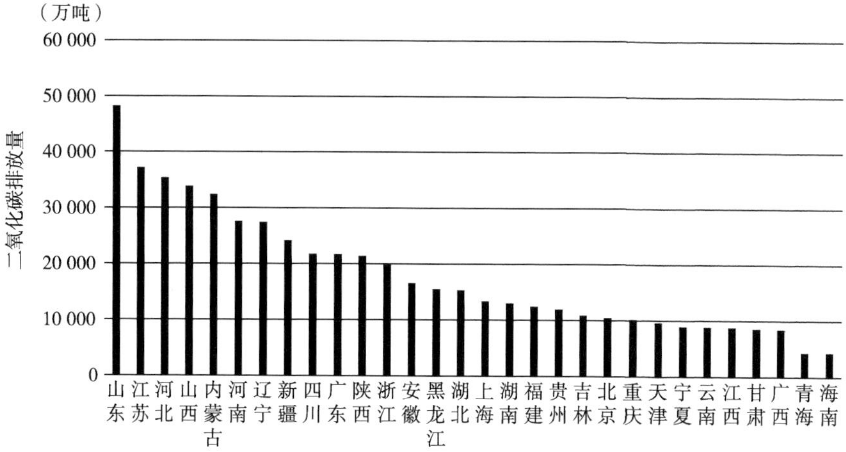

图8-8　2013—2016年各省份年均二氧化碳排放量

资料来源：根据《中国能源统计年鉴》数据计算。

表8-4所示的各省份能源消费碳排放测算数据表明，一般意义上经济发展水平较高的省份相对碳排放量较大，而经济发展水平较低的省份碳排放量较小。

表8-4　各省份能源消费碳排放量比重

序号	省份	碳排放量比重（%）	序号	省份	碳排放量比重（%）
1	北京	1.9	5	内蒙古	6.0
2	天津	1.8	6	辽宁	5.1
3	河北	6.5	7	吉林	2.0
4	山西	6.2	8	黑龙江	2.9

续表

序号	省份	碳排放量比重（%）	序号	省份	碳排放量比重（%）
9	上海	2.5	20	广西	1.6
10	江苏	6.9	21	海南	0.8
11	浙江	3.7	22	重庆	1.9
12	安徽	3.1	23	四川	4.0
13	福建	2.3	24	贵州	2.2
14	江西	1.6	25	云南	1.6
15	山东	8.9	26	陕西	4.0
16	河南	5.1	27	甘肃	1.6
17	湖北	2.8	28	青海	0.8
18	湖南	2.4	29	宁夏	1.6
19	广东	4.0	30	新疆	4.5

资料来源：根据《中国能源统计年鉴》数据计算。

第二节　碳排放效率的区域差异

一、中国二氧化碳排放效率的变化

衡量二氧化碳排放效率的指标有若干个，包括碳排放强度、单位 GDP 能耗、人均碳排放量，分别用于衡量单位能源消费数量、单位 GDP 和平均每个人的碳排放量。计算这些指标的目的是便于进行国际比较，特别是通过与发达国家的对比，明确中国碳排放效率的情况和改进目标。由于涉及国际比较，本节采用世界银行 WDI 数据库中的数据，与前述中的能源使用单位不同，世界银行采用石油当量作为能源的计量单位，而非标准煤。

图 8-9 显示的是 1960—2014 年（世界银行数据仅至 2014 年）单位石油当量能源的碳排放数量。从图中可见，美国、日本和韩国的单位能源的碳排放量是不断减少的，并在数量上趋同，基本处于 2.5 的水平上，将 2014 年

中、美、日、韩四国的数据进行比较，韩国的单位能源消费的碳排放量最低，其次是美国和日本。而中国的单位能源消费的碳排放量却是不断增加的，并明显高于这三个国家，高于美国和日本是在1978年之后，高于韩国是在1992年之后。这表明，中国的经济发展是伴随着能源使用的碳效率的下降的。这与能源结构和产业结构的变化都有关系。

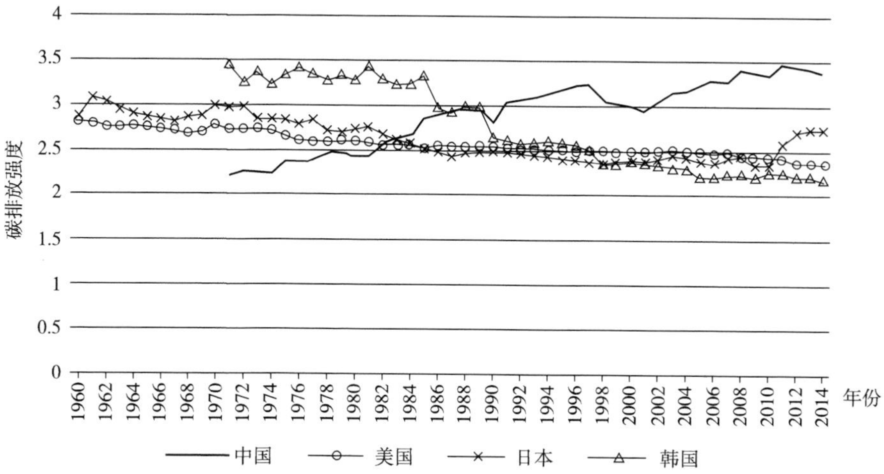

图8-9　1960—2014年中、美、日、韩碳排放强度

注：能源消费碳排放强度的计算单位为：千克/石油当量能源使用千克数

资料来源：世界银行WDI数据库。

1960—2014年中、美、日、韩四国的单位GDP（按2010年美元价格计算）碳排放量如图8-10所示。按单位GDP可比价格计算的碳排放量最低的是日本，其次是美国和韩国。这三个国家的单位GDP碳排放量呈现不断下降的趋势，均低于0.5千克。中国的碳排放量虽然是不断下降的，且下降速度很快，但是与这三个国家仍有较大的差距。按2014年的情况比较，中国的单位GDP碳排放量是同期美国的3.8倍，是日本的6.0倍，是韩国的2.6倍。这表明，未来中国在向高质量发展转变的过程中，能源效率提升的空间还很大。

中、美、日、韩四国的人均碳排放量如图8-11所示。从图中可见，中国

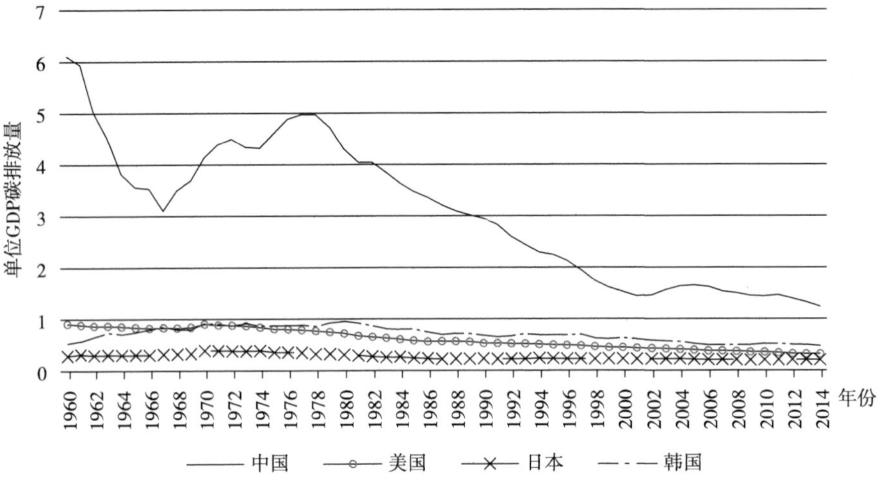

图 8-10　1960—2014 年中、美、日、韩单位 GDP 碳排放量

注：单位 GDP 碳排放数量的计算单位为：千克/2010 年美元 GDP

资料来源：世界银行 WDI 数据库。

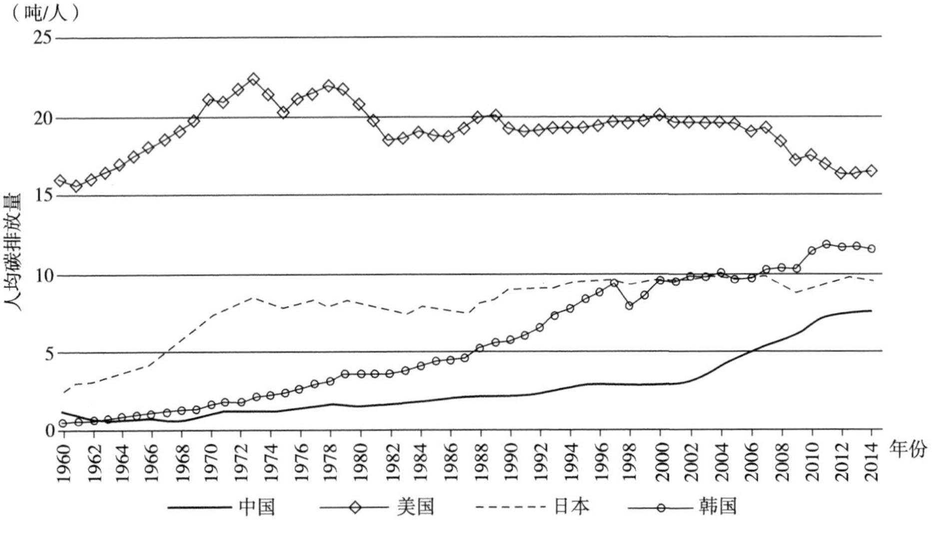

图 8-11　1960—2014 年中、美、日、韩人均碳排放量

资料来源：世界银行 WDI 数据库。

的人均碳排放量最低，美国最高，其后是韩国和日本。中、日、韩三国的人均碳排放量虽然低于美国，但数量却是逐年递增的，有和美国趋同的趋势。从数值看，虽然中国的人均碳排放量效率是最高的，但中国人口众多，经济发展水平低，地区差异大，随着经济发展水平的提高，未来人均碳排放量会有很大的上升压力，减排及提高碳排放效率的任务也是比较重的。

通过以上对比可见，中国的碳排放效率相对还是比较低的，与发达国家相比有一定差距，未来在向高质量发展方式转变过程中，实现可持续发展的主要任务也应包括提高碳排放效率。

二、分省碳排放效率测算

一般的碳排放效率可以参照能源使用效率进行测算，可以计算单位 GDP 碳排放水平和人均碳排放水平。为了便于比较，将各省 GDP 依据经济增长率计算到 2013 年可比价格，人口数量则按各省当年年末人口数计算。

（一）单位 GDP 碳排放数量

各省的单位 GDP 碳排放量的计算结果如表 8-5 所示，其排序如图 8-12 所示。2013—2016 年年均单位 GDP 碳排放量最小的是广东、湖南、浙江、北京和福建，最大的是宁夏、山西、新疆、青海、内蒙古。除了广东和福建属于碳排放总量较大，但单位 GDP 碳排放量较小外，多数省份基本是碳排放总量大的原因在于单位 GDP 碳排放量也较大。也就是说，碳排放量大的原因在于碳排放效率较低。因此，未来减排的目标不仅是总量减排，而是重在效率减排，这也是实现高质量发展的表现之一。

表 8-5　2013—2016 年各省份年均单位 GDP 碳排放量　单位：吨/万元

序号	省份	碳排放量比重	序号	省份	碳排放量比重
1	北京	0.47	6	辽宁	0.96
2	天津	0.58	7	吉林	0.76
3	河北	1.13	8	黑龙江	0.98
4	山西	2.51	9	上海	0.55
5	内蒙古	1.72	10	江苏	0.55

续表

序号	省份	碳排放量比重	序号	省份	碳排放量比重
11	浙江	0.47	21	海南	1.20
12	安徽	0.76	22	重庆	0.68
13	福建	0.50	23	四川	0.73
14	江西	0.53	24	贵州	1.27
15	山东	0.77	25	云南	0.67
16	河南	0.76	26	陕西	1.16
17	湖北	0.54	27	甘肃	1.20
18	湖南	0.46	28	青海	1.80
19	广东	0.31	29	宁夏	3.08
20	广西	0.52	30	新疆	2.50

资料来源：根据《中国能源统计年鉴》数据计算。

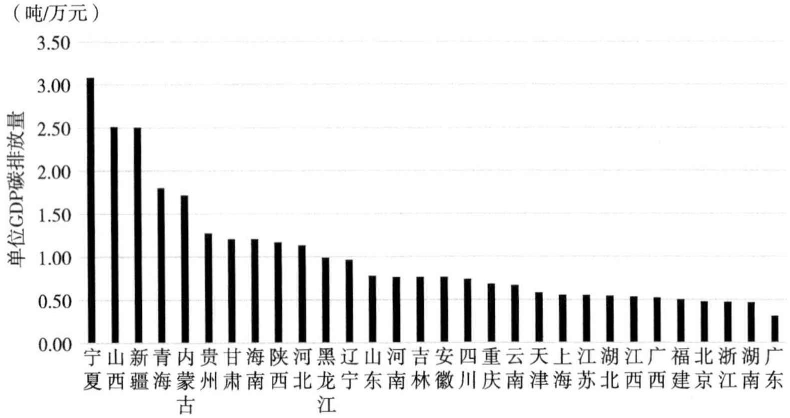

图 8-12　2013—2016 年各省份单位 GDP 碳排放量排序

资料来源：根据历年《中国能源统计年鉴》数据测算。

（二）人均碳排放数量

考虑到各省的人口规模差异会导致碳排放总量的差异，从人均碳排放量的角度衡量碳排放效率也是需要的。如图 8-13 所示，年均人均碳排放量较大的省份是宁夏、内蒙古、新疆、山西和青海，年均人均碳排放量最小的是广西，其后依次是云南、江西、湖南和广东。从人均碳排放量的分省排序情况看，人均碳排放数量较大的省份基本上也是单位 GDP 碳排放量较大的省份。可见，从人均和单位 GDP 角度衡量的碳排放效率具有一定的相似性，也就是说，从理论上看，未来在减少碳排放、提高碳排放效率，从降低单位 GDP 碳排放量或者从减少人均 GDP 碳排放量的角度均可，但从实际路径的可行性看，应该从提高单位 GDP 碳排放效率开始，再向降低人均碳排放数量方式转变。

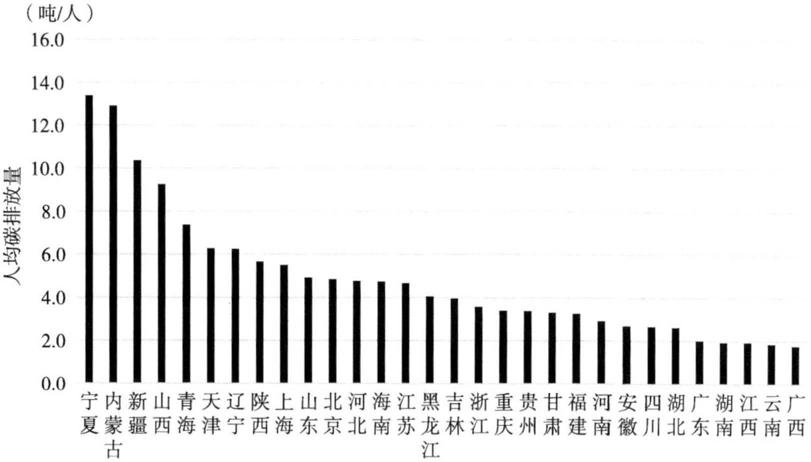

图 8-13　2013—2016 年各省份年均人均碳排放量排序

资料来源：根据历年《中国能源统计年鉴》数据测算。

第三节　实现低碳经济，向高质量发展转型

从高质量发展的角度讲，实现低碳经济既是实现可持续发展的要求，也是提高经济效率的要求。具体应从大力发展清洁能源技术和建立减排激励机制两个方面着手。

一、大力发展清洁能源技术

一方面，要改变能源的消费结构，降低由于能源消费产生的二氧化碳排

放量，如果应用的能源氢含量较高，那么能源使用过程中的废弃产物多为水，对环境的负面影响将大为下降。现在的“煤变油”技术可以将煤炭液化，可以解决中国“多煤少油”的能源格局，有利于降低运输和储存成本，也有利于提高碳排放效率。另一方面，降低碳排放主要是为了推动能源结构转型和实现节能减排，这需要相关的技术支持，但目前我国这两方面的技术都不够成熟。

因此，大力发展清洁能源技术是实现低碳经济的长期根本解决之道，短期内不能大面积推广实现。因此，在短期内应主要通过制度激励实现减排。

二、建立减排激励机制

由于碳排放具有外部性，同时也具有信息不对称性，无法通过市场机制自发提高效率，因此需要建立碳交易机制，通过分配碳排放配额的方式，降低碳排放数量。不过以欧盟的经验看，建立碳排放交易机制的重点在于核查碳排放数量，这涉及机器设备的能耗和能效，也与能源品类不同有关，是比较复杂的系统工程。

本章小结

由于碳排放主要来源于能源的使用和消耗，因此首先从能源消费的角度分析各省能源使用的总量和效率。从总量上看，中国能源消费总量的增长速度在加入世界贸易组织后快速增长，次贷危机后下降，二氧化碳排放量的增长率也相应如此。这与中国正处于工业化阶段有关。通过对中国与美、日、韩的国际比较发现，中国的能源消费效率还有提高的潜力。

从各省碳排放量结构看，各省份的排放比重并不均衡，经济发达省份的碳排放比重低，经济欠发达省份的碳排放比重高，而碳排放量大的原因正是因为碳排放效率低导致的。因此，建议未来碳减排的重点在于提高碳排放效率，长期减排的路径在于大力发展清洁能源技术，短期内在于建立碳减排交易机制。

参考文献

[1]包玉香,李子君. 人口老龄化对山东省消费的影响研究[J]. 消费经济,2012(1):38-40.

[2]蔡昉. 人口转变、人口红利与经济增长可持续性[J]. 人口研究,2004(2):2-9.

[3]蔡昉. 应对老龄化挑战的五大方略[J]. 人民论坛,2006(1):41-43.

[4]蔡昉. 中国的人口红利能持续多久?[J]. 经济学动态,2011(6):3-7.

[5]昌忠泽. 人口老龄化的经济影响——对文献的研究和反思[J]. 财贸经济,2018(2):11-22.

[6]陈冲. 人口结构变动与农村居民消费——基于生命周期假说理论[J]. 农业技术经济,2011(4):25-32.

[7] 陈乐一. 对西方经济周期理论的一般考察[J]. 财经问题研究,1998(4):15-20.

[8]陈虹,马永健. 美国量化宽松货币政策与退出效应及其对中国的影响研究[J]. 世界经济研究,2016(6):22-31.

[9]程绍海. 美、日量化宽松政策之比较[J]. 东北亚学刊,2018(1):26-32.

[10]陈文昭. 以科学客观态度总结改革开放经验[N]. 辽宁日报,2018-12-14(007).

[11]邓宏图,徐保亮,邹洋. 中国工业化的经济逻辑:从重工业优势到比较优势战略[J]. 经济研究,2018(11):17-31.

[12]董秀成,皮光林. 能源地缘政治与中国能源战略[J]. 经济问题,2015(2):6-8.

[13]方竹正. 积极推进经济结构调整与发展方式转变——基于中国需求结构视角的思考[J]. 管理学刊,2011(4):274-280.

[14]冯远. 供给结构与中国经济内外需平衡发展分析[J]. 财贸经济,2012(11):93-99.

[15]付保宗. 关于产能过剩问题研究综述[J]. 经济学动态,2011(5):90-93.

[16]高德步,刘文革,邵宇佳. 世界经济新格局与中国特色地缘政治经济学理论[J]. 经济研究,2018(10):192-196.

[17] 干春晖,郑若谷. 改革开放以来产业结构演进与生产率增长的研究——对中国 1978—2007 年“结构红利”假说的检验[J]. 中国工业经济,2009(2):55-65.

[18]供给政策与需求政策的关系课题组. 加大供给结构调整政策在促进经济增长中的作用[J]. 中国工业经济,2000(7):27-32.

[19]古明明,张勇. 中国资本存量的再估算和分解[J]. 经济理论与经济管理,2012(12):29-41.

[20]龚六堂,谢丹阳. 中国省份之间的要素流动和边际生产率的差异分析[J]. 经济研究,2004(1):45-53.

[21]郭凯明,颜色. 性别偏好与人口转型[J]. 经济学(季刊),2011(7):1209-1234.

[22]韩国高,高铁梅,王立国,齐鹰飞,王晓姝. 中国制造业产能过剩的测度、波动及其成因研究[J]. 经济研究,2011(12):18-31.

[23]胡鞍钢,鄢一龙. 老龄化、少子化的双重挑战[N]. 当代贵州,2017-02-22.

[24]胡汉昌,郭熙保. 后发优势战略与比较优势战略[J]. 江汉论坛,2002(9):25-30.

[25]胡汝银. 供给分析与社会主义宏观经济学的发展[J]. 经济研究,1987(11):42-48.

[26]胡永刚,刘方. 劳动调整成本、流动性约束与中国经济波动[J]. 经济研究,2007(10):32-43.

[27]黄少安,杨华磊. 放松生育管制能解决老龄化和“劳动力短缺”问题吗?——兼论人口世代更迭背景下宏观政策选择[J]. 江海学刊,2015(6):74-81.

[28]康宁. 当前我国高等教育体制改革与结构调整的理论基础[J]. 教育研究,2000(10):9-13.

[29]贾康. 新供给:经济学理论的中国创新——在现代化新阶段历史性的考验中,从供给端发力破解中国中长期经济增长、结构调整瓶颈[J]. 财政研究,2014(2):6-10.

[30]金雪军,曹赢. 量化宽松货币政策研究综述[J]. 浙江社会科学,2016(11):143-150.

[31]黎谧,冯迪. 中国制造业显性比较优势再测算——基于价值链视角[J]. 求索,2015(12):15-18.

[32]李春琦,张杰平. 中国人口结构变动对农村居民消费的影响研究[J]. 中国人口科学,2009(8):14-22.

[33]李钢,叶欣. 新形势下中国关税水平和关税结构的合理性探讨[J]. 国际贸易问题,2017(7):3-16.

[34]李魁,钟水映. 劳动力抚养负担与居民消费率——基于人口红利期的动态面板实证研究[J]. 经济评论,2010(6):105-112.

[35]李扬. 加快经济结构调整转向供给管理调控[J]. 债券,2013(5):6-9.

[36]李扬,张平,刘霞辉,袁富华,张自然. 中国经济增长报告(2013—2014)TFP和劳动生产率冲击与区域分化[M]. 北京:社会科学文献出版社,2014:1-32.

[37] 李怀,高磊. 产权结构与投资增长内在耦合演进关系实证研究——以我国辽宁省为例[J]. 制度经济学研究,2009(7):109-126.

[38] 李汝资,刘耀彬,谢德金. 中国产业结构变迁中的经济效率演进及影响因素[J]. 地理学报,2017(12):2179-2198.

[39] 李小平,陈勇. 劳动力流动、资本转移和生产率增长[J]. 统计研究,2007(7):22-28.

[40]厉以宁. 中国经济双重转型之路[M]. 北京:中国人民大学出版社,2013:102-128.

[41]林毅夫. 潮涌现象与发展中国家宏观理论的重新构建[J]. 经济研究,2007

(1):126-131.
[42]林毅夫,巫和懋,邢亦青.“潮涌现象”与产能过剩的形成机制[J].经济研究,2010(10):4-19.
[43]林毅夫.推行比较优势[J].中国市场,1999(10):4-6.
[44]林毅夫,蔡昉,李周.比较优势与发展战略——对“东亚奇迹”的再解释[J].中国社会科学,1999(9):4-20.
[45]林毅夫.国家发展战略的选择方式和绩效检验[J].江海学刊,2002(8):64-67.
[46]刘福垣.所谓产能过剩是个伪命题[N].中国证券报,2006-02-14.
[47]刘光岭,卢宁.全要素生产率的测算与分解:研究述评[J].经济学动态,2008(10):79-82.
[48] 刘伟,张辉.中国经济增长中的产业结构变迁的技术进步[J].经济研究,2008(11):4-15.
[49]刘霞辉.从经济增长到经济发展——经济增长理念的扩展[J].中共石家庄市委党校学报,2004(5):30-32.
[50]刘霞辉.从马尔萨斯到索洛:工业革命理论综述[J].经济研究,2006(10):108-119.
[51]刘霞辉.供给侧的宏观经济管理[J].经济学动态,2013(10):9-19.
[52]刘志铭.以改革推动宏观政策从需求管理向供给管理转变——将政策重点由短期“救市”“维稳”转向提升增长效率和质量,从优化结构角度推出改善供给的政策组合[N].中国经济导报,2013-07-22(F02).
[53]罗斯托.经济成长的阶段——非共产党宣言[M].北京:商务印书馆,1962:10-24.
[54] 吕炜.美国产业结构演变的动因与机制——基于面板数据的实证分析[J].经济学动态,2010(8):131-135.
[55]吕铁.比较优势、增长型式与制造业发展战略选择[J].管理世界,2001(8):64-67.
[56]马晓河.迈过“中等收入陷阱”的需求结构演变与产业结构调整[J].宏观

经济研究,2010(11):3-11.

[57]茅于轼. 质疑产能过剩[J]. 上海经济,2006(7):4-5.

[58]穆光宗,茆长宝. 人口少子化与老龄化关系探究[J]. 西南民族大学学报,2017(6):1-6.

[59]Nafziger Wayne,周应良. 发展中国家的资本形成与技术进步[J]. 科技进步与对策,1990(4):19-20.

[60]逄锦聚. 经济发展方式转变与经济结构调整[N]. 光明日报(经济周刊),2010-02-23.

[61]彭爽,李利滨. 中国产业国际竞争力再估算——基于比较优势和竞争优势的实证分析[J]. 江西社会科学,2018(4):61-69.

[62]彭秀健. 低生育率、人口老龄化与劳动力供给[J]. 中国劳动经济学,2007(7):43-62.

[63]皮亚杰. 结构主义[M]. 北京:商务印书馆,1984.

[64]齐鹰飞,王宪勇. 技术冲击与中国经济周期波动[J]. 财经问题研究,2008(11):24-30.

[65]乔小勇,王耕,李泽怡. 中国制造业、服务业及其细分行业在全球生产网络中的价值增值获取能力研究:基于"地位—参与度—显性比较优势"视角[J]. 国际贸易问题,2017(3):63-74.

[66]钱颖一. "中等收入"阶段的创新型人才更难得[N]. 中国企业报,2014-12-23(G03).

[67]单羽青. 标准普尔:中国制造业产能已过剩[J]. 招商周刊,2004(3):18.

[68]沈坤荣,钦晓双,孙成浩. 中国产能过剩的成因与测度[J]. 产业经济评论,2012(4):1-26.

[69]史本叶,夏雨欣. 中国制造业的比较优势变化及其影响因素分析——基于修正的增加值贸易核算[J]. 新视野,2018(5):47-55.

[70]苏振东,金景仲,王小红. 中国产业结构演进中存在"结构红利"吗——基于动态偏离份额分析法的实证研究[J]. 财经科学,2012(2):63-70.

[71]孙敬水. TFP 增长率的测算与分解[J]. 数量经济技术经济研究,1996(9):

46-48.
[72]孙一菡,谢建国,熊永莲. 劳动力老龄化、教育水平与地区全要素生产率[J]. 中国经济问题,2017(3):3-16.
[73]宋保庆,林筱文. 人口年龄结构变动对城镇居民消费行为的影响[J]. 人口与经济,2010(4):11-17.
[74]谭江蓉,杨云彦. 人口流动、老龄化对农村居民消费的影响[J]. 人口学刊,2012 (6):9-15.
[75]田凤平,周先波,杨科. 基于面板数据的中国菲利普斯曲线非参数估计及分析[J]. 数理统计与管理,2014(5):810-820.
[76]王德文,蔡昉,张学辉. 人口转变的储蓄效应和增长效应——论中国增长可持续性的人口因素[J]. 人口研究,2004(9):2-11.
[77]王怀超. 中国改革开放的实质与基本经验[J]. 时事报告(党委中心组学习). 2018(5):119-128.
[78]王军,邹广平,石先进. 制度变迁对中国经济增长的影响——基于 VAR 模型的实证研究[J]. 中国工业经济,2013(6):70-82.
[79]王金营. 中国劳动参与年龄模型变动及未来劳动供给结构分析[J]. 广东社会科学,2012(2):6-14.
[80]王金营,付秀彬. 考虑人口年龄结构变动的中国消费函数计量分析——兼论中国人口老龄化对消费的影响[J]. 人口研究,2006(1):29-36.
[81]王立国,张旭日. 财政分权背景下的产能过剩问题研究——基于钢铁行业的实证分析[J]. 财经问题研究,2010(12):30-35.
[82]王霞. 人口年龄结构、经济增长与中国居民消费[J]. 浙江社会科学,2011(10):20-24.
[83]王寿林. 论我国改革开放的基本经验[J]. 新视野,2018(6):17-19.
[84]王小鲁,樊纲. 中国经济增长的可持续性——跨世纪的回顾与展望[M]. 北京:经济科学出版社,2000.
[85]王晓姝,孙爽. 创新政府干预方式治愈产能过剩痼疾[J]. 宏观经济研究,2013(6):32-36.

[86]王宇鹏. 人口老龄化对中国城镇居民消费行为的影响研究[J]. 中国人口科学,2011 (1):64-73.

[87]魏琪嘉. 中国制造业产能过剩的测度研究[J]. 企业研究,2014(7):9-10.

[88]吴旺延,魏明亮. 产业结构对经济增长效率促进的实证对比研究——以陕西省和浙江省为例[J]. 西安电子科技大学学报(社会科学版),2013(1):62-66.

[89]夏杰长,徐斌. 人力资本与经济增长——基于非线性 STR 模型的实证研究[J]. 首都经济贸易大学学报,2014(2):5-13.

[90]肖明. 超低生育率引学界震惊 学者上书全国人大松绑二胎[N]. 21 世纪经济报道,2012-07-06(002).

[91]邢慧民. 劳动力老龄化的经济增长模型分析[J]. 现代商贸工业,2009(7):11-12.

[92]姚洋,余淼杰. 劳动力、人口和中国出口导向增长模式[J]. 金融研究,2009(9):1-13.

[93] 余泳泽,刘冉,杨晓章. 我国产业结构升级对全要素生产率的影响研究[J]. 产经评论,2016(7):45-58.

[94]袁蓓. 劳动力老龄化对劳动生产效率的影响——基于劳动力非完全替代的分析[J]. 生产力研究,2009(14):24-26.

[95]赵周华,王树进. 少子化、老龄化与农村居民消费率——基于省级面板数据的实证检验[J]. 农村经济,2018(2):52-58.

[96]张保权. 产能过剩与宏观调控[J]. 商场现代化,2006(17):24-25.

[97]张慧峰. 高等教育大众化概念辨析[J]. 北京理工大学学报(社会科学版),2001(8):76-78.

[98]张丽娜. 中国行业显性比较优势分析——基于国际投入—产出关系测算[J]. 首都经济贸易大学学报,2015(3):17-23.

[99]张连城. 中国经济增长路径与经济周期研究[M]. 北京:中国经济出版社,2012:47-50.

[100]张连城. 中国经济周期的阶段特征和经济增长趋势[J]. 经济与管理研

究,1999(1):14-16.

[101]张连城. 中国经济波动的新特点与宏观经济走势[J]. 经济与管理研究,2008(3):11-16.

[102]张军,章元. 对中国资本存量K的再估计[J]. 经济研究,2003(7):35-43.

[103]张军. 增长、资本形成与技术选择:解释中国经济增长下降的长期因素[J]. 经济学季刊,2002(1):301-338.

[104] 张军,陈诗一. 结构改革与中国工业增长[J]. 经济研究,2009(7):4-20.

[105] 张晓晶. 产能过剩并非"洪水猛兽"——兼论当前讨论中存在的误区[N]. 学习时报,2006-04-10.

[106]张小雪,陈万明. 规模报酬递增、要素供给结构与经济增长研究[J]. 数理统计与管理,2010(1):115-121.

[107]张新海. 产能过剩的定量测试与分类治理[J]. 宏观经济管理,2010(1):50-54.

[108]张阳,张晓峒,攸频. 含结构突变的趋势平稳过程的虚假单位根研究[J]. 数量经济技术经济研究,2013(1):117-134.

[109]张勇. 中国资本存量、公共与私人资本存量的再估算和对比分析[J].经济学家,2010(6):103-104.

[110]郑妍妍,李磊,刘斌. "老龄化""少子化"对城镇消费与产出的影响[J]. 人口与经济,2013(6):19-29.

[111]钟春平,潘黎. 产能过剩的误区——产能利用率及产能过剩的进展、争议及现实判断[J]. 经济学动态,2014(3):4-5.

[112]中国经济增长与宏观稳定课题组. 干中学、低成本竞争机制和增长路径的转变[J]. 经济研究,2006(4):4-14.

[113]中国经济增长与宏观稳定课题组. 资本化扩张与超越型经济的技术进步[J]. 经济研究,2010(5):4-20.

[114]中国社会科学院财经战略研究院课题组. 产能过剩的测量、成因及其对经济增长的影响[J]. 经济研究参考,2014(3):25-38.

[115]周建超. 论当代中国改革开放成功的历史经验[J]. 社会主义研究,2018

(5):54-61.

[116]周文. 中国道路与中国经济学——来自中国改革开放40年的经验与总结[J]. 经济学家,2018(7):11-19.

[117]左大培,杨春学. 经济增长理论模型的内生化历程[M]. 北京:中国经济出版社,2007:30-62.

[118] Allyn A. Young. Increasing Return and Economic Progress[J]. Economic Journal,1928(38):527-542.

[119]Banerjee,A. ,R. Lumsdaine, J. Stock. Recursive and Sequential Tests of the Unit Root and Trend-Break Hypotheses: Theory and International Evidence [J]. Journal of Business and Economic Statistics,1992(10):271-287.

[120]Barry Naughton. Growing out of the Plan: Chinese Economic Reform 1978—1993[M]. Cambridge: Cambridge University Press,1996.

[121]Biao Gu,Jianfeng Wang,Jingfei Wu. An Estimated DSGE Model for Business Cycle Analysis in China[J]. Front Econ. China,2013, 8(3): 390-429.

[122] Blecher. Mark, Vivienne Shue. Government and Economy in a Chinese Country[M]. Stanford: Stanford University Press,1996.

[123] Bloom David E. , Jeffrey G. Williamson. Demographic Transitions and Economic Miracles in Emerging Asia[J]. World Bank Economic Review, 1998,9(12):419-455.

[124]Bloom David E. ,Canning David,Richard K. Mansfield,Michael Moore[J]. Demogrphic Change, Social Security System and Savings, 2007, 54 (1) : 92-114.

[125]Ben-David, D. Papell. The Great Wars,the Great Crash and Steady Stage Growth: Some New Evidence about an Old Stylized Fact[J]. Journal of Monetary Economics,1995(36):453-475.

[126]Burns, A. F. , W. C. Mitchell, Measuring Business Cycles[J]. New York: National Bureau of Economic Research,1946.

[127]Campbell. J. Y. ,G. N. Mankiw. Are Output Fluctuations Transitory? [J].

Quarterly Journal of Economics,1987 (102) :857-880.

[128] Chatterjee. S. . From Cycles to Shocks: Progress in Business Cycle Theory [J]. Business Review,2000,(Federal Reserve Bank of Philadelphis):27-37.

[129] Chung,Y. W. ,D. Chinn. . Determimistic Stochastic and Segmented Trends in Aggregate Output: A Cross-Country Analysis [J]. Oxford Economic Paper, 1996(48):134-162.

[130] Charles Feinstein. Structural Change in the Developed Countries during the Twentieth Century [J]. Oxford Review of Economic Policy,2009(4) :35-55.

[131] De Melo Martha,Cevdet Denizer,Alan Gelb. Pattern of Transition from Plan to Market[J]. The World Bank Review,1996(3) :397-424.

[132] Dwight Perkins. Completing China' s Move to the Market[J]. Journal of Economic Perspectives,1994(2) :23-46.

[133] Elmeskov. J. . High and Persistent Unemployment: Assessment of the Problem and Its Causes' [R]. OECD Economics Deparment, Working Paper 1993, No. 132.

[134] Evans G. W. . Output and Unemployment Dynamics in the US [J].Journal of Applied Econometrics,1989 (4) :213-237.

[135] Florian Noseleit. Enterpreneurship, Structural change and Economic Growth [J]. J Evol Econo,2013,(23) :735-766.

[136] Frisch, R. . Propagation to Problems and Impulse Problems in Dynamic Economics[R]. Economic Essays in Honor of Gustav Cassel, Longond: G. Allen and Unwin Ltd. 1933,171-205.

[137] Goldsmith, R. . A Perpetual Inventory of National Wealth[J]. NBER Studies in Income and Wealth,1951(14):5-61.

[138] Hall, R. ,C. Jones. . Why do Some Countries Produce So Much More Output Per Worker than Others? [J]. Quarterly Journal of Economics,1999(114): 83-116.

[139] Hamid Baghestani. Predicting Capacity Utilization: Federal Reserve Vs Time-

Series Models[J]. Journal Economics and Finance,2008(32):47-57.

[140]Hicks, R. J. . Mr. Keynes and Classics: A Suggested Interpretation [J]. Economics,1937(5):147-159.

[141] Hiroya Vena. A Long-term Model of Economic Growth of Japan, 1906—1968[J]. International Economic Review,1972,3(3): 619-643.

[142]Jeffrey Sachs,Wing Thye Woo. Structural Factors in Economic Reforms of China, Eastern Europe and the Former Soviet Union[J]. Economic Policy, 1994(4):102-145.

[143] Ji Yahui, Zhu Fengwen. The Industrial Structural efficiency of Gansu Province since the Start of Reform and Opening Up[J]. Asian Agriculture Research,2010,2(10):13-17.

[144]Kenneth J. Arrow. The Economic Implications of Leaning by Doing[J].The Review of Economics Studities,1962, 29(3):155-173.

[145]Keynes, J. M. . The General Theory of Employment, Interest and Money[M]. London:Macmillan,1936.

[146]Margarida Duarte,Diego Restuccia. The Role of the Structural Transformation in Aggregate Productivity[J]. The Quarterly Journal of Economics,2010(2): 129-173.

[147]Michael · E · Porter. The Competitive Advantage of Nations[J].Harvard Business Review,1990(3-4): 73-93.

[148]Morrison C. J. . Primal and Dual Capacity Utilization: An Application to Productivity Measurement in the U. S Automobile Industry[J]. Journal of Business and Economic Statistics,1985(3): 312-324.

[149]Nazrul Islam,Kazuhiko Yokota. Lewis Model and China's Industrialization [J]. Asian Economic Journal,2008(4):359-396.

[150]Nelson,C. ,C. Plosser. Trends and Random Walks in Macroeconomic Tine [J]. Journal of Monetary Economics,1982(10):139-162.

[151]Nelson. C. ,C. J. Murray. . The Uncertain Trend in US GDP[J]. Journal of

Monetary Economics,2000(10):139-162.

[152] Oi. Jean. C. . The Role of the Local State in China's Transition Economy[J]. China Quarterly,1995(12):1132-1149.

[153] Okun Arthur M. . Potential GNP: Its Measurement and Significance [J]. Proceedings of the Economic Statistics Section,1962:98-103.

[154] Panic, M. . Capacity Utilization in UK Manufacturing Industry[J]. National Economic Development Offiece ,Discussion Paper No. 5. 1978.

[155] Paresh Kumar Narayan. Are Output Fluctuations Transitory? New Evidence from 24 Chinese Provinces[J]. Journal of Monetary Economics,2004,9(4): 327-336.

[156] Pei Minxin. Will China Become Another Indonesia? [J]. Foreign Policy, 1999(116):94-109.

[157] Perron. P. ,P. C. B. Phillips. Does GNP Have a Unit Root? [J]. Economic Letters,1987(23)):139-145.

[158] Raj B. International Evidence in Persistence in Output in the Presence of an Episodic Change [J]. Journal of Applied Econometrics,1992(7):281-293.

[159] Rapach,D. . Are Real GDP Levels Nonstationary? Evidence from Panel Data Tests [J]. Southern Economics Journal,2002(68):473-495.

[160] R. Hodrick ,E. C. Prescott. Post-war U. S. Business Cycles: an Empirical Investigation[J]. Journal of Money, Credit and Banking, 1997,29(1):1-16.

[161] Richard Grabowski. Agricultural Productivity and Industrialization[J].Forum for Development Studies,2013,40 (2):309-325.

[162] Rolf Gerritsen, Benxiang Zeng, Dan Gerritsen. The Future of the Chinese Miracle: Will Ne0-Statist Soes Persist in China's Development Model? [J]. Australasian Journal of Regional Studies,2014(2):258-285.

[163] Samuelson, P. A. . Interactions Between the Multiplier Analysis and the Principle of Acceleration[J]. Review of Economics and Statistics,1939(21): 75-78.

[164] Soejima, Y. . A Unit Root Test with Structure Change for Japanese Macroeconomic Variables[J]. B. O. Journal of Monetary and Economic Studies,1995(13):53-68.

[165] Smyth, R, B. Inder. Is Chinese Provincial Real GDP per Capita Non-Stationary? Evidence from Multiple Trend Break Unit Root Tests[J]. China Economic Reviews,2004(15):1-24.

[166] Sherrill Shaffer. Industrial Structure and Economic Stability [J]. Applied Economics Letters,2009(16):549-555.

[167] Stiglitz Joseph E. , Partha Dasgupta. Industrial Stucture and the Nature of Innovation Activity [J]. Econimic Journal,1980(90):266-293.

[168] Stock. J. H. ,M. W. Watson. Does GNP Have a Unit Root? [J]. Economic Letters,1986(22):147-151.

[169] Straub. R, Thimann C. . The External and Domestic Side of Macroeconomic Adjustment in China[J]. ECB Working Paper Series,2009 NO. 1040.

[170] Takeuchi. Y, Trends and Structural Changes in Macroeconomic Time Series [J]. Journal of Japan Statistical Society,1991(21):13-25.

[171] Young, A. . Gold into Base Metals: Productivity Growth in the People's Republic of China during the Reform Period[J]. 2000,NBRE Working Paper No. 7856.

[172] Young Alwyn. Gold into Base Metals: Productivity Growth im the People's Repulic of China during the Reform Period [J]. Journal of Political Economy, 2003,111(6): 1220-1261.

[173] Zarnowitz V. Ozyildirim A. . Time Series Decomposition and Measurement of Business Cycle [J]. Trends and Growth Cycles. Journal of Monetary Economics,2006(6):1717-1739(vol. 53).

[174] Zuliu Hu,Mohsin S. Khan. Why is China Growing So Fast? [EB/OL].IMF Economics Issues, 1997, (8). http://www. imf. org/EXTERNAL/ PUBS / FT/ISSUES8/ INDEX. HTM.

附 录

附录一 1952—2017 年中国 GDP、人均 GDP 及其增长率

项目 / 年份	GDP（亿元）	GDP（亿美元）	GDP 增长率（%）上年=100	人均 GDP（元）	人均 GDP（美元）	人均 GDP 增长率（%）上年=100
1952	679.0	304.9	—	119.4	53.6	—
1953	824.2	316.5	15.6	141.8	54.5	13.1
1954	859.4	330.0	4.2	144.4	55.5	1.8
1955	910.8	349.9	6.8	149.6	57.5	4.5
1956	1 029.0	395.2	15.0	165.6	63.6	12.7
1957	1 069.3	410.6	5.1	167.8	64.4	2.4
1958	1 308.2	502.4	21.3	200.3	76.9	18.3
1959	1 440.4	550.4	8.8	216.3	82.7	6.7
1960	1 457.5	556.9	-0.3	218.5	83.5	-0.5
1961	1 220.9	501.0	-27.3	184.9	75.9	-26.6
1962	1 151.2	464.6	-5.6	172.9	69.8	-6.4
1963	1 236.4	502.8	10.2	181.2	73.7	7.5
1964	1 455.5	586.1	18.3	208.4	83.9	15.5
1965	1 717.2	697.1	17.0	240.1	97.5	14.3
1966	1 873.1	758.8	10.7	254.7	103.2	7.7
1967	1 780.3	720.6	-5.7	235.9	95.5	-8.1
1968	1 730.2	699.9	-4.1	223.4	90.4	-6.6
1969	1 945.8	787.2	16.9	244.4	98.9	13.7
1970	2 261.3	915.1	19.4	276.3	111.8	16.1
1971	2 435.3	985.6	7.0	289.5	117.2	4.1

续表

项目 年份	GDP （亿元）	GDP （亿美元）	GDP 增长率 （%） 上年＝100	人均 GDP （元）	人均 GDP （美元）	人均 GDP 增长率（%） 上年＝100
1972	2 530. 2	1 121. 6	3. 8	293. 5	130. 1	1. 2
1973	2 733. 4	1 367. 7	7. 9	309. 9	155. 1	5. 4
1974	2 803. 7	1 422. 5	2. 3	311. 4	158. 0	0. 2
1975	3 013. 1	1 611. 6	8. 7	328. 8	175. 9	6. 8
1976	2 961. 5	1516. 3	−1. 6	318. 2	162. 9	−3. 1
1977	3 221. 1	1 723. 5	7. 6	341. 4	182. 7	6. 2
1978	3 678. 7	1 481. 8	11. 7	385. 0	223. 8	10. 2
1979	4 100. 5	1 766. 3	7. 6	423. 0	272. 9	6. 2
1980	4 587. 6	1 894. 0	7. 8	468. 0	314. 1	6. 5
1981	4 935. 8	1 941. 1	5. 2	497. 0	279. 7	3. 8
1982	5 373. 4	2 031. 8	9. 1	533. 0	276. 9	7. 4
1983	6 020. 9	2 284. 6	10. 9	588. 0	300. 4	9. 2
1984	7 278. 5	2 574. 3	15. 2	702. 0	318. 5	13. 7
1985	9 098. 9	3 066. 7	13. 5	866. 0	294. 9	11. 9
1986	10 376. 2	2 978. 3	8. 8	973. 0	281. 8	7. 3
1987	12 174. 6	2 703. 7	11. 6	1 123. 0	301. 7	9. 9
1988	15 180. 4	3 095. 2	11. 3	1 378. 0	370. 2	9. 4
1989	17 179. 7	3 439. 7	4. 1	1 536. 0	408. 0	2. 6
1990	18 872. 9	3 569. 4	3. 8	1 663. 0	347. 7	2. 4
1991	22 005. 6	3 794. 7	9. 2	1 912. 0	359. 2	7. 8
1992	27 194. 5	4 226. 6	14. 2	2 334. 0	423. 2	12. 8
1993	35 673. 2	4 405. 0	14. 0	3 027. 0	525. 3	12. 6
1994	48 637. 5	5 592. 2	13. 1	4 081. 0	473. 5	11. 8
1995	61 339. 9	7 280. 1	10. 9	5 091. 0	609. 6	9. 8

续表

项目 年份	GDP （亿元）	GDP （亿美元）	GDP 增长率 （%） 上年=100	人均 GDP （元）	人均 GDP （美元）	人均 GDP 增长率（%） 上年=100
1996	71 813.6	8 560.8	10.0	5 898.0	709.4	8.8
1997	79 715.0	9 526.5	9.3	6 481.0	781.8	8.1
1998	85 195.5	10 194.6	7.8	6 860.0	828.6	6.8
1999	90 564.4	10 832.8	7.6	7 229.0	873.2	6.7
2000	100 280.1	11 984.8	8.4	7 942.0	959.4	7.6
2001	110 863.1	13 248.1	8.3	8 717.0	1 053.2	7.6
2002	121 717.4	14 538.3	9.1	9506.0	1 148.5	8.4
2003	137 422.0	16 409.6	10.0	10 666.0	1 288.6	9.4
2004	161 840.2	19 316.4	10.1	12 487.0	1 508.7	9.5
2005	187 318.9	22 569.0	11.4	14 368.0	1 754.0	10.7
2006	219 438.5	27 129.5	12.7	16 738.0	2 099.7	12.1
2007	270 232.3	34 940.6	14.2	20 505.0	2 696.6	13.6
2008	319 515.5	45 218.3	9.7	24 121.0	3 473.1	9.1
2009	349 081.4	49 912.6	9.4	25 222.0	3 692.3	8.9
2010	413 030.3	59 305.3	10.6	30 876.0	4 561.0	10.1
2011	489 300.6	73 219.4	9.5	36 403.0	5 636.2	9.0
2012	540 367.4	82 271.0	7.9	40 007.0	6 337.7	7.3
2013	595 244.4	91 849.9	7.8	43 852.0	7 080.7	7.2
2014	643 974.0	103 803.8	7.3	47 203.0	7 684.3	6.8
2015	689 052.1	108 648.8	6.9	50 251.0	8 068.0	6.4
2016	743 585.5	111 909.9	6.7	53 935.0	8 119.9	6.1
2017	827 121.7	122 377.0	6.9	59 660.0	8 836.2	6.3

注：人均 GDP（美元）数据由人均 GDP 人民币数据依据人民币兑换美元的年均汇率折算得到。

资料来源：中国国内生产总值核算历史资料（1952—2004）、2018 年《中国统计年鉴》和世界银行 WDI 数据库。

附录二　1952—2017年中国按支出法核算的GDP构成

年份＼项目	最终消费支出（亿元）	资本形成总额（亿元）	货物和服务贸易净出口（亿元）	货物和服务出口占GDP比重（%）	货物和服务进口占GDP比重（%）
1952	546.3	153.7	−7.9	—	—
1953	644.4	198.3	−8.4	—	—
1954	654.1	226.9	−2.7	—	—
1955	722.3	221.5	−8.9	—	—
1956	772.6	257.6	4.0	—	—
1957	816.4	280.0	5.5	—	—
1958	852.6	432.0	6.5	—	—
1959	821.5	621.7	8.2	—	—
1960	932.6	575.0	0.4	4.3	4.4
1961	995.1	274.6	5.4	3.9	3.5
1962	985.7	178.1	12.6	4.1	2.9
1963	1 014.3	265.3	13.5	4.0	2.9
1964	1 078.6	350.3	12.9	3.8	2.9
1965	1 158.6	462.1	8.5	3.6	3.2
1966	1 251.3	569.8	6.1	3.5	3.2
1967	1 275.7	425.7	6.3	3.3	3.0
1968	1 269.1	432.2	7.4	3.3	2.9
1969	1 359.4	485.9	12.4	3.0	2.4
1970	1 459.7	744.9	2.3	2.5	2.5
1971	1 557.9	819.0	15.6	2.8	2.1
1972	1 644.3	791.1	18.4	3.2	2.5
1973	1 751.3	903.5	14.8	4.2	3.8
1974	1 809.6	936.1	−6.9	4.9	5.4

续表

项目 年份	最终消费支出（亿元）	资本形成总额（亿元）	货物和服务贸易净出口（亿元）	货物和服务出口占 GDP 比重（%）	货物和服务进口占 GDP 比重（%）
1975	1 887.4	1 062.3	0.7	4.7	4.8
1976	1 969.5	990.1	8.8	4.5	4.3
1977	2 057.8	1 098.1	10.1	4.3	4.1
1978	2 239.1	1 412.7	-11.4	4.6	5.1
1979	2 633.7	1 519.9	-20.0	5.2	5.9
1980	3 007.9	1 623.1	-14.7	5.9	6.5
1981	3 361.5	1 662.8	17.1	7.4	7.4
1982	3 714.8	1 759.6	91.0	11.0	8.7
1983	4 126.4	1 968.3	50.8	9.5	8.4
1984	4 846.3	2 560.2	1.3	9.5	9.5
1985	5 986.3	3 629.6	-367.1	8.3	12.4
1986	6 821.8	4 001.9	-255.2	8.7	11.2
1987	7 804.6	4 644.7	10.8	12.5	12.4
1988	9 839.5	6 060.3	-151.1	14.4	15.7
1989	11 164.2	6 511.8	-185.6	11.8	13.3
1990	12 090.5	6 555.3	510.3	13.6	10.7
1991	14 091.9	7 892.5	617.5	14.5	11.5
1992	17 203.3	10 833.5	275.6	15.7	14.5
1993	21 899.9	15 782.9	-679.5	16.7	19.4
1994	29 242.2	19 916.3	634.1	18.5	17.2
1995	36 748.2	24 342.5	998.6	18.0	16.3
1996	43 919.5	27 556.6	1 459.2	17.9	15.9
1997	48 140.6	28 966.2	3 549.9	19.5	15.0

续表

年份＼项目	最终消费支出（亿元）	资本形成总额（亿元）	货物和服务贸易净出口（亿元）	货物和服务出口占GDP比重（%）	货物和服务进口占GDP比重（%）
1998	51 588.2	30 396.6	3 629.2	18.3	14.1
1999	55 636.9	31 665.6	2 375.7	18.2	15.4
2000	61 516.0	34 526.1	2 390.2	20.9	18.5
2001	66 878.3	40 378.8	2 324.7	20.3	18.2
2002	71 691.2	45 129.8	3 094.1	22.6	20.1
2003	77 449.5	55 836.7	2 986.3	27.0	24.8
2004	87 032.9	69 420.5	4 079.1	31.1	28.4
2005	99 357.5	77 533.6	10 209.1	33.8	28.4
2006	113 103.8	89 823.3	16 654.6	36.0	28.4
2007	132 232.9	112 046.8	23 423.1	35.4	26.7
2008	153 422.5	138 242.8	24 226.8	32.5	24.9
2009	169 274.8	162 117.9	15 037.0	24.5	20.1
2010	194 115.0	196 653.1	15 097.6	26.3	22.6
2011	232 111.5	233 327.2	12 163.3	26.5	24.1
2012	261 832.8	255 240.0	14 632.4	25.4	22.7
2013	292 165.6	282 072.9	14 151.3	24.5	22.1
2014	329 450.8	302 717.5	17 463.0	23.5	21.4
2015	362 267.0	312 836.0	24 007.1	21.3	18.1
2016	399 910.0	329 138.0	16 585.0	19.7	17.4
2017	435 453.0	360 627.0	15 958.0	19.8	18.0

注：“—”表示世界银行WDI数据库中的数据缺失。考虑到依据国内数据进行计算可能会导致口径不一致而出现偏差，同时在本书分析中这部分缺失数据不影响分析，故未予补充。

资料来源：中国国内生产总值核算历史资料（1952—2004）和2018年《中国统计年鉴》。货物和服务贸易进出口在GDP中的比重数据来自世界银行WDI数据库，http：//data.worldbank.org.cn/indicator/。

附录三 1952—2017年中国支出法GDP的结构

项目 年份	居民消费支出（%）	农村居民消费支出（%）	城镇居民消费支出（%）	政府消费支出（%）	资本形成总额（%）	货物和服务净出口占GDP比重（%）
1952	65.4	45.1	20.4	13.5	22.2	-1.1
1953	63.4	41.5	21.9	13.8	23.8	-1.0
1954	62.6	41.3	21.3	11.8	25.8	-0.3
1955	64.4	43.4	21.0	12.8	23.7	-1.0
1956	62.5	40.0	22.5	12.2	24.9	0.4
1957	62.3	39.1	23.2	11.8	25.4	0.5
1958	56.1	35.2	20.9	10.0	33.5	0.5
1959	47.6	25.0	22.6	9.0	42.8	0.6
1960	49.2	24.5	24.6	12.7	38.1	0.0
1961	64.1	34.9	29.2	14.0	21.5	0.4
1962	71.3	41.4	29.9	12.5	15.1	1.1
1963	65.3	39.7	25.6	13.2	20.5	1.0
1964	61.7	39.1	22.7	13.1	24.3	0.9
1965	58.4	37.3	21.1	12.7	28.4	0.5
1966	55.9	36.4	19.5	12.6	31.2	0.3
1967	63.3	41.6	21.7	11.4	24.9	0.4
1968	63.0	41.2	21.8	11.3	25.3	0.4
1969	60.7	39.9	20.8	12.4	26.2	0.7
1970	54.7	36.4	18.3	11.4	33.8	0.1
1971	52.7	35.2	17.5	12.4	34.2	0.7
1972	54.3	35.2	19.1	12.7	32.2	0.7
1973	53.7	35.1	18.6	11.9	33.8	0.6
1974	53.6	34.9	18.7	12.5	34.2	-0.3

续表

项目 年份	居民消费支出（%）	农村居民消费支出（%）	城镇居民消费支出（%）	政府消费支出（%）	资本形成总额（%）	货物和服务净出口占GDP比重（%）
1975	51.8	33.5	18.3	12.2	36.0	0.0
1976	53.5	34.1	19.4	12.8	33.4	0.3
1977	52.1	32.3	19.8	12.9	34.7	0.3
1978	48.4	30.1	18.3	13.0	38.9	-0.3
1979	49.4	30.8	18.6	13.8	37.3	-0.5
1980	51.1	30.9	20.2	13.7	35.5	-0.3
1981	53.0	32.5	20.5	13.1	33.5	0.3
1982	52.8	33.5	19.3	13.0	32.4	1.7
1983	53.0	33.3	19.6	13.8	32.4	0.8
1984	50.2	30.6	19.6	14.9	34.9	0.0
1985	50.4	30.3	20.1	14.1	39.5	-4.0
1986	50.5	29.7	20.8	13.7	38.2	-2.4
1987	49.2	28.2	21.0	12.9	37.8	0.1
1988	49.1	27.1	22.0	12.4	39.5	-1.0
1989	50.6	28.0	22.6	13.0	37.5	-1.1
1990	49.5	27.5	22.0	13.5	34.4	2.7
1991	47.7	25.2	22.5	13.8	35.7	2.8
1992	45.1	21.8	23.3	14.3	39.6	1.0
1993	43.7	19.5	24.2	14.2	44.0	-1.9
1994	44.0	18.8	25.1	14.0	40.8	1.3
1995	45.6	18.8	26.9	13.2	39.6	1.6
1996	46.7	19.6	27.0	13.1	38.2	2.0
1997	45.8	18.7	27.1	13.6	36.2	4.4

续表

项目 年份	居民消费支出（%）	农村居民消费支出（%）	城镇居民消费支出（%）	政府消费支出（%）	资本形成总额（%）	货物和服务净出口占GDP比重（%）
1998	45.4	17.4	28.0	14.8	35.6	4.2
1999	46.1	16.3	29.8	16.2	34.9	2.8
2000	46.7	15.5	31.2	16.6	34.3	2.4
2001	45.6	14.6	31.0	16.0	36.3	2.1
2002	45.1	13.9	31.1	15.5	36.9	2.5
2003	42.9	12.9	30.0	14.6	40.4	2.1
2004	40.9	11.8	29.1	13.8	42.7	2.6
2005	39.8	11.1	28.7	13.8	41.0	5.4
2006	38.0	10.2	27.8	13.8	40.6	7.5
2007	36.8	9.4	27.3	13.4	41.2	8.6
2008	36.0	9.0	27.0	13.2	43.2	7.6
2009	36.2	8.8	27.4	13.2	46.3	4.3
2010	35.6	8.2	27.4	12.9	47.9	3.7
2011	36.3	8.5	27.8	13.3	48.0	2.4
2012	36.7	8.4	28.3	13.4	47.2	2.7
2013	36.8	8.3	28.5	13.5	47.3	2.4
2014	37.5	8.4	29.1	13.2	46.8	2.5
2015	38.0	8.4	29.6	13.8	44.7	3.4
2016	39.3	8.6	30.7	14.3	44.1	2.3
2017	39.1	8.4	30.7	14.5	44.4	2.0

资料来源：中国国内生产总值核算历史资料（1952—2004）和2018年《中国统计年鉴》。

附录四　国民经济三次产业分类、行业分类与投入产出表部门分类对照表

三次产业划分	国民经济行业分类		投入产出表部门分类
	产业代码	产业类别（大类序号）	Ⅰ级分类
第一产业	A	农、林、牧、渔业 （01~05） 01 农业；02 林业；03 畜牧业；04 渔业；05 农林牧渔服务业	01 农林牧渔
第二产业	B	采矿业 （06~12） 06 煤炭开采和洗选业；07 石油和天然气开采业；08 黑色金属矿采选业；09 有色金属矿采选业；10 非金属矿采选业；11 其他采矿业	02 煤炭开采和洗选业 03 石油天然气开采 04 金属矿采选业 05 非金属矿及其他矿采选业
	C	制造业 （13~43） 13 农副食品加工业；14 食品制造业；15 饮料制造业；16 烟草制造业；17 纺织品；18 纺织服装、鞋、帽制造业；19 皮革、毛皮、羽毛（绒）及其制品业；20 木材加工及木、竹、藤、棕、草制品业；21 家具制造业；22 造纸及纸制品业；23 印刷业及记录媒介的复制；24 文教体育用品制造业；25 石油加工、炼焦及核燃料加工业；26 化学原料及化学制品制造业；27 医药制造业；28 化学纤维制造业；29 橡胶制品业；30 塑料制品业；31 非金属矿物制品业；32 黑色金属冶炼及压延加工业；33 有色金属冶炼及压延加工业；34 金属制品业；35 通用设备制造业；36 专用设备制造业；37 交通运输设备制造业；38 电气机械及器材制造业；39 通信设备、计算机及其他电子设备制造业；40 仪器仪表及文化、办公用机械制造业；41 其他制造业；42 废弃资料及废旧材料回收加工业；43 金属制品、机械和设备修理业	06 食品制造及烟草加工业 07 纺织业 08 纺织服装鞋帽皮革及其制品业 09 木材加工及家具制造业 10 造纸印刷及文教体育用品制造业 11 石油加工、炼焦及核燃料加工业 12 化学工业 13 非金属矿物制品业 14 金属冶炼及压延加工业 15 金属制品业 16 通用、专用设备制造业 17 交通运输设备制造业 18 电气机械及器材制造业 19 通信设备、计算机及其他电子设备制造业 20 仪器仪表及文化办公用机械制造业； 21 工艺品及其他制造业； 22 废品废料

续表

三次产业划分	国民经济行业分类		投入产出表部门分类
	产业代码	产业类别（大类序号）	I级分类
第二产业	D	电力、燃气及水的生产和供应业（44~46）	23 电力、热力的生产和供应业 24 燃气生产和供应业 25 水的生产和供应业
	E	建筑业（47~50）	26 建筑业
第三产业	F	批发和零售业（51~52）	30 批发和零售业
	G	交通运输、仓储和邮政业（53~60）	27 交通运输及仓储业 28 邮政业
	H	住宿和餐饮业（61~62）	31 住宿和餐饮业
	I	信息传输、计算机服务和软件业（63~65）	29 信息传输、计算机服务和软件业
	J	金融业（66~69）	32 金融业
	K	房地产业（70）	33 房地产业
	L	租赁和商务服务业（71~72）	34 租赁和商务服务业
	M	科学研究、技术服务和地质勘探业（73~75）	35 研究与试验发展业 36 综合技术服务业
	N	水利、环境和公共设施管理业（76~78）	37 水利、环境和公共设施管理业
	O	居民服务、修理和其他服务业（79~81）	38 居民服务和其他服务业
	P	教育（82）	39 教育
	Q	卫生和社会工作（83~84）	40 卫生、社会保障和社会福利业
	R	文化、体育和娱乐业（85~89）	41 文化、体育和娱乐业
	S	公共管理和社会组织（90~95）	42 公共管理和社会组织
	T	国际组织（96）	

资料来源：中华人民共和国国家统计局行业分类标准，http：//www. stats. gov. cn/ tjbz/hyflbz/；投入产出表部门分类参考《中国统计年鉴》，主要根据 2007 年投入产出表整理。

附录五　1952—2017年中国三次产业增加值、就业人数和资本存量

项目 年份	增加值（亿元）			就业人数（万人）			资本存量（亿元，1992年价格）		
	第一产业	第二产业	第三产业	第一产业	第二产业	第三产业	第一产业	第二产业	第三产业
1952	346.3	141.2	97.7	20 729	17 317	1 531			
1953	381.6	192.0	116.0	21 364	17 747	1 715			
1954	395.3	211.4	116.2	21 832	18 151	1 882			
1955	424.4	222.2	123.1	22 328	18 592	1 913			
1956	447.6	280.9	130.7	23 018	18 544	2 468			
1957	434.1	316.5	129.4	23 771	19 309	2 142			
1958	450.0	484.0	128.7	26 600	15 490	7 076			
1959	387.5	615.1	117.8	26 173	16 271	5 402			
1960	344.0	648.6	109.7	25 880	17 016	4 112			
1961	444.4	389.5	140.9	25 590	19 747	2 856			
1962	457.0	359.2	133.0	25 910	21 276	2 056			
1963	502.0	408.0	132.5	26 640	21 966	2 038			
1964	563.3	513.8	146.5	27 736	22 801	2 183			
1965	657.7	601.0	175.6	28 670	23 396	2 408			
1966	708.0	709.9	172.1	29 805	24 297	2 600			
1967	721.0	603.5	184.6	30 814	25 165	2 661			
1968	733.6	536.4	195.1	31 915	26 063	2 743			
1969	743.3	688.8	196.2	33 225	27 117	3 030			
1970	800.5	911.3	194.5	34 432	27 811	3 518			
1971	832.9	1 022.8	198.2	35 620	28 397	3 990			
1972	835.0	1 082.9	202.1	35 854	28 283	4 276			
1973	915.7	1 172.6	216.1	36 652	28 857	4 492			
1974	953.3	1 191.6	224.0	37 369	29 218	4 712			

续表

项目 年份	增加值（亿元）			就业人数（万人）			资本存量（亿元，1992年价格）		
	第一产业	第二产业	第三产业	第一产业	第二产业	第三产业	第一产业	第二产业	第三产业
1975	979.3	1 371.0	215.4	38 168	29 456	5 152			
1976	974.3	1 338.6	213.4	38 834	29 443	5 611			
1977	950.2	1 510.7	224.3	39 377	29 340	5 831			
1978	1 018.5	1 755.2	250.6	40 152	28 318	6 945			
1979	1 259.0	1 925.4	280.8	41 024	28 634	7 214			
1980	1 359.5	2 204.7	303.2	42 361	29 122	7 707			
1981	1 545.7	2 269.1	350.9	43 725	29 777	8 003			
1982	1 761.7	2 397.7	398.1	45 295	30 859	8 346			
1983	1 960.9	2 663.0	454.9	46 436	31 151	8 679			
1984	2 295.6	3 124.8	585.4	48 197	30 868	9 590			
1985	2 541.7	3 886.5	747.3	49 873	31 130	10 384			
1986	2 764.1	4 515.2	823.7	51 282	31 254	11 216			
1987	3 204.5	5 274.0	974.2	52 783	31 663	11 726			
1988	3 831.2	6 607.4	1 195.3	54 334	32 249	12 152			
1989	4 228.2	7 300.9	1 391.1	55 329	33 225	11 976			
1990	5 017.2	7 744.3	1 625.6	64 749	38 914	13 856			
1991	5 288.8	9 129.8	1 824.6	65 491	39 098	14 015			
1992	5 800.3	11 725.3	2 064.9	66 152	38 699	14 355	708.5	12 281.0	16 532.2
1993	6 887.6	16 473.1	2 376.2	66 808	37 680	14 965	920.9	15 962.5	21 488.0
1994	9 471.8	22 453.1	3 258.3	67 455	36 628	15 312	1 167.5	20 236.7	27 241.8
1995	12 020.5	28 677.5	4 050.9	68 065	35 530	15 655	1 445.7	24 767.5	33 526.0
1996	13 878.3	33 828.1	4 663.1	68 950	34 820	16 203	1 754.7	29 559.3	40 323.5

续表

项目 年份	增加值（亿元）			就业人数（万人）			资本存量（亿元，1992年价格）		
	第一产业	第二产业	第三产业	第一产业	第二产业	第三产业	第一产业	第二产业	第三产业
1997	14 265.2	37 546.0	4 992.8	69 820	34 840	16 547	2 080.7	34 274.6	47 632.1
1998	14 618.7	39 018.5	5 408.9	70 637	35 177	16 600	2 418.2	38 816.3	56 735.0
1999	14 549.0	41 080.9	5 615.9	71 394	35 768	16 421	2 872.9	43 192.8	66 190.7
2000	14 717.4	45 664.8	5 857.5	72 085	36 043	16 219	3 356.9	48 154.8	76 055.4
2001	15 502.5	49 660.7	6 387.0	73 025	36 513	16 284	3 876.3	53 431.1	87 441.2
2002	16 190.2	54 105.5	6 832.3	73 740	36 870	15 780	4 622.1	60 042.5	100 331.4
2003	16 970.2	62 697.4	7 127.5	74 432	36 546	16 077	5 412.5	70 240.6	115 446.3
2004	20 904.3	74 286.9	8 612.6	75 200	35 269	16 920	6 248.8	83 554.7	133 002.0
2005	21 806.7	88 084.4	9 006.2	75 825	33 970	18 084	7 275.3	101 755.8	153 788.0
2006	23 317.0	104 361.8	9 746.5	74 978	32 561	19 225	8 472.7	124 190.3	179 462.8
2007	27 788.0	126 633.6	11 921.1	75 321	30 731	20 186	9 908.8	151 395.5	210 249.7
2008	32 753.2	149 956.6	14 018.4	75 564	29 923	20 553	11 954.5	182 441.0	245 297.4
2009	34 161.8	160 171.7	15 133.7	75 828	28 890	21 080	14 901.3	222 800.2	295 470.0
2010	39 362.6	191 629.8	17 358.9	76 105	27 931	21 842	18 087.9	270 265.2	356 170.4
2011	46 163.1	227 038.8	20 404.1	76 420	26 594	22 544	21 260.2	318 419.9	417 613.5
2012	50 902.3	244 643.3	23 058.7	76 704	25 773	23 241	25 260.4	375 368.5	491 322.7
2013	55 329.1	261 956.1	25 838.7	76 977	24 171	23 170	29 059.6	441 100.5	581 299.5
2014	58 343.5	277 571.8	27 888.2	77 253	22 790	23 099	33 911.3	513 910.3	684 942.8
2015	60 862.1	282 040.3	30 552.8	77 451	21 919	22 693	40 375.4	592 527.9	799 635.2
2016	63 672.8	296 547.7	32 855.2	77 603	21 496	22 350	48 145.1	671 467.9	925 097.1
2017	65 467.6	334 622.6	33 781.3	77 640	20 944	21 824	55 894.0	742 299.4	1 047 901.7

注：由于资本存量数据缺失，因此资本存量的数据从1992年起列入表中。

资料来源：中国国内生产总值核算历史资料（1952—2004）和2018年《中国统计年鉴》。

附录六　1992—2015 年中国三次产业增加值增长率分解

项目 / 年份	第一产业			第二产业			第三产业		
	增长率（%）	劳动投入量（万人）	资本投入量（亿元）	增长率（%）	劳动投入量（万人）	资本投入量（亿元）	增长率（%）	劳动投入量（万人）	资本投入量（亿元）
1992	4.7	38 699	901.9	21.2	14 355	18 367.8	12.8	13 098	21 859.4
1993	4.7	37 680	1 104.6	19.9	14 965	21 744.9	12.7	14 163	26 548.8
1994	4.0	36 628	1 342.0	18.4	15 312	25 730.0	11.8	15 515	32 049.6
1995	5.0	35 530	1 611.4	13.9	15 655	29 986.1	9.7	16 880	38 093.4
1996	5.1	34 820	1 912.2	12.1	16 203	34 516.9	8.9	17 927	44 662.6
1997	3.5	34 840	2 230.3	10.5	16 547	38 984.4	8.2	18 432	51 754.2
1998	3.5	35 177	2 560.4	8.9	16 600	43 290.6	6.8	18 860	60 651.0
1999	2.8	35 768	3 007.9	8.1	16 421	47 443.4	6.7	19 205	69 910.9
2000	2.4	36 043	3 485.2	9.4	16 219	52 192.9	7.6	19 823	79 589.6
2001	2.8	36 399	3 998.1	8.4	16 234	57 267.3	7.5	20 165	90 798.7
2002	2.9	36 640	4 737.9	9.8	15 682	63 686.8	8.4	20 958	103 521.0
2003	2.5	36 204	5 522.5	12.7	15 927	73 702.7	9.3	21 605	118 476.4
2004	6.3	34 830	6 353.3	11.1	16 709	86 843.7	9.4	22 725	135 880.6
2005	5.2	33 442	7 374.6	12.1	17 766	104 880.4	10.7	23 439	156 522.7
2006	5.0	31 941	8 567.0	13.4	18 894	127 158.6	12.0	24 143	182 060.7
2007	3.7	30 731	9 998.4	15.1	20 186	154 215.4	13.6	24 404	212 717.7
2008	5.4	29 923	12 039.6	9.9	20 553	185 119.9	9.1	25 087	247 642.0
2009	4.2	28 890	14 982.2	9.9	21 080	225 345.2	8.7	25 857	297 697.4
2010	4.3	27 931	18 164.7	12.3	21 842	272 682.9	9.9	26 332	358 286.4
2011	4.3	26 594	21 333.2	10.3	22 544	320 716.7	8.8	27 282	419 623.8
2012	4.5	25 773	25 329.7	7.9	23 241	377 550.5	7.1	27 690	493 232.5
2013	4.0	24 171	29 198.5	7.8	23 170	443 513.5	7.2	29 636	583 469.9
2014	4.1	22 790	34 043.3	7.3	23 099	516 202.6	7.8	31 364	687 004.7
2015	3.9	21 919	40 500.8	6.0	22 693	594 705.7	8.3	32 839	801 594.1

注：表中的增长率为增加值增长率；资本投入量以 1992 年为基期不变价格计算。

资料来源：历年《中国统计年鉴》。

附录七　1998—2014年中国不同产权类型规模以上工业企业相关数据

项目/年份	国有及国有控股企业				
	企业数量（万个）	增加值增长率（%）	实际增加值（亿元）	固定资本原价（亿元，当年价格）	从业人数（万人）
1998	6.47	4.9	11 365.0	47 913.3	2 720.9
1999	6.13	7.4	12 804.1	53 146.3	2 412.1
2000	5.35	10.1	14 097.3	57 295.0	2095.9
2001	4.68	8.1	15 239.2	61 782.5	1 824.1
2002	4.11	11.7	17 022.2	64 522.0	1 546.1
2003	3.43	14.3	19 456.4	69 701.1	1 334.0
2004	3.56	14.2	22 219.2	76 599.4	1 207.7
2005	2.75	10.7	24 596.6	83 515.5	1 040.4
2006	2.50	12.6	27 695.8	96 085.3	1 004.5
2007	2.07	13.8	31 517.8	110 084.7	953.3
2008	2.13	9.1	34 385.9	129 146.6	931.5
2009	2.05	6.9	36 758.6	145 330.3	880.1
2010	2.03	13.7	41 794.5	165 601.0	854.5
2011	1.71	9.9	45 932.1	185 896.6	863.1
2012	1.79	6.4	48 871.8	204 603.1	844.0
2013	1.86	6.9	52 243.9	226 435.4	792.7
2014	1.88	4.9	54 803.9	255 218.3	737.2

项目/年份	私营企业				
	企业数量（万个）	增加值增长率（%）	实际增加值（亿元）	固定资本原价（亿元，当年价格）	从业人数（万人）
1998	1.07	19.6	753.0	681.1	160.8
1999	1.46	19.8	1 078.9	1 034.2	229.1
2000	2.21	24.2	1 340.0	1 651.4	346.4
2001	3.62	24.4	1 667.0	2 741.1	541.5
2002	4.92	22.2	2 037.0	3 960.0	732.9
2003	6.76	24.4	2 534.1	6 228.9	1 027.6
2004	11.94	22.8	3 111.8	9 992.6	1 515.4
2005	12.38	25.3	3 899.1	12 983.3	1 692.1
2006	14.97	24.4	4 850.5	17 316.1	1 971.0

续表

年份 \ 项目	私营企业				
	企业数量（万个）	增加值增长率（%）	实际增加值（亿元）	固定资本原价（亿元，当年价格）	从业人数（万人）
2007	17.71	26.7	6 145.6	22 383.2	2 252.9
2008	24.59	20.4	7 399.3	34 437.2	2 871.9
2009	25.60	18.7	8 782.9	42 366.5	2 973.8
2010	27.33	20.0	10 539.5	56 459.9	3 312.1
2011	18.06	19.5	12 594.7	65 621.8	2 956.4
2012	18.93	14.6	14 433.6	79 904.1	3 157.9
2013	20.84	12.4	16 223.3	103 175.8	3 359.4
2014	21.38	10.2	17 878.1	120 249.3	3 505.3

年份 \ 项目	外商及港澳台企业				
	企业数量（万个）	增加值增长率（%）	实际增加值（亿元）	固定资本原价（亿元，当年价格）	从业人数（万人）
1998	16.0	12.7	3 835.0	11 439.7	775.2
1999	16.6	12.9	4 879.6	12 747.0	791.9
2000	17.5	14.6	5 592.0	14 318.3	853.0
2001	18.3	11.9	6 257.5	16 700.3	939.0
2002	19.0	13.3	7 089.7	18 726.9	1 054.3
2003	19.7	20.0	8 507.6	21 818.9	1 258.7
2004	20.7	18.8	10 107.1	29 387.9	1 755.3
2005	20.7	16.6	11 784.9	34 266.8	1 899.6
2006	20.2	16.9	13 776.5	40 865.5	2 118.1
2007	20.0	17.5	16 187.4	49 543.6	2 353.0
2008	18.3	9.9	17 789.9	60 440.7	2 579.4
2009	17.4	6.2	18 892.9	65 507.5	2 450.4
2010	16.3	14.5	21 632.4	77 609.0	2 645.7
2011	17.6	10.4	23 882.1	84 358.9	2 574.1
2012	16.6	6.3	25 386.7	91 410.3	2 523.3
2013	15.5	8.3	27 493.8	102 638.4	2 536.1
2014	15.9	6.3	29 225.9	109 131.5	2 472.4

资料来源：1998—2015 年《中华人民共和国经济和社会发展统计公报》《中国工业经济统计年鉴》《中国统计年鉴》和国研网。2012 年私营企业和外商及港澳台企业的就业人数数据缺失，为了研究方便，现数据为采用 2011 年和 2013 年对应数据的算术平均数平滑补充。

附录八　1952—2017年中国人口规模及增长率

年份＼项目	人口总量（万人）	出生率（‰）	死亡率（‰）	自然增长率（‰）	年增长率（%）	总和生育率（人）
1952	57 482	37.00	17.00	20.00		5.75
1953	58 796	37.00	14.00	23.00	2.29	5.92
1954	60 266	37.97	13.18	24.79	2.50	6.09
1955	61 465	32.60	12.28	20.32	1.99	6.24
1956	62 828	31.90	11.40	20.50	2.22	6.35
1957	64 653	34.03	10.80	23.23	2.90	6.40
1958	65 994	29.22	11.98	17.24	2.07	6.38
1959	67 207	27.78	14.59	13.19	1.84	6.29
1960	66 207	20.86	25.43	-4.57	1.83	6.13
1961	65 859	18.02	14.24	3.78	-1.02	5.92
1962	67 295	37.01	10.02	26.99	0.82	5.65
1963	69 172	43.37	10.04	33.33	2.46	5.32
1964	70 499	39.14	11.50	27.64	2.32	4.96
1965	72 538	37.88	9.50	28.38	2.38	4.57
1966	74 542	35.05	8.83	26.22	2.79	4.18
1967	76 368	33.96	8.43	25.53	2.57	3.81
1968	78 534	35.59	8.21	27.38	2.61	3.47
1969	80 671	34.11	8.03	26.08	2.74	3.18
1970	82 992	33.43	7.60	25.83	2.76	2.94
1971	85 229	30.65	7.32	23.33	2.75	2.75
1972	87 177	29.77	7.61	22.16	2.46	2.63
1973	89 211	27.93	7.04	20.89	2.28	2.57
1974	90 859	24.82	7.34	17.48	2.07	2.56
1975	92 420	23.01	7.32	15.69	1.77	2.58
1976	93 717	19.91	7.25	12.66	1.55	2.62
1977	94 974	18.93	6.87	12.06	1.36	2.66
1978	96 259	18.25	6.25	12.00	1.34	2.68
1979	97 542	17.82	6.21	11.61	1.33	2.65
1980	98 705	18.21	6.34	11.87	1.25	2.59
1981	100 072	20.91	6.36	14.55	1.28	2.49
1982	101 654	22.28	6.60	15.68	1.47	2.35
1983	103 008	20.19	6.90	13.29	1.44	2.19
1984	104 357	19.90	6.82	13.08	1.31	2.02
1985	105 851	21.04	6.78	14.26	1.36	1.87

续表

项目 年份	人口总量（万人）	出生率（‰）	死亡率（‰）	自然增长率（‰）	年增长率（%）	总和生育率（人）
1986	107 507	22.43	6.86	15.57	1.49	1.74
1987	109 300	23.33	6.72	16.61	1.60	1.64
1988	111 026	22.37	6.64	15.73	1.61	1.57
1989	112 704	21.58	6.54	15.04	1.53	1.53
1990	114 333	21.06	6.67	14.39	1.47	1.50
1991	115 823	19.68	6.70	12.98	1.36	1.49
1992	117 171	18.27	6.64	11.63	1.23	1.50
1993	118 517	18.09	6.64	11.45	1.15	1.51
1994	119 850	17.70	6.49	11.21	1.13	1.52
1995	121 121	17.12	6.57	10.55	1.09	1.54
1996	122 389	16.98	6.56	10.42	1.05	1.55
1997	123 626	16.57	6.51	10.06	1.02	1.57
1998	124 761	15.64	6.50	9.14	0.96	1.57
1999	125 786	14.64	6.46	8.18	0.87	1.58
2000	126 743	14.03	6.45	7.58	0.79	1.58
2001	127 627	13.38	6.43	6.95	0.73	1.59
2002	128 453	12.86	6.41	6.45	0.67	1.59
2003	129 227	12.41	6.40	6.01	0.62	1.59
2004	129 988	12.29	6.42	5.87	0.59	1.60
2005	130 756	12.40	6.51	5.89	0.59	1.60
2006	131 448	12.09	6.81	5.28	0.56	1.61
2007	132 129	12.10	6.93	5.17	0.52	1.62
2008	132 802	12.14	7.06	5.08	0.51	1.62
2009	133 450	12.13	7.08	5.05	0.50	5.75
2010	134 091	11.90	7.11	4.79	0.48	5.92
2011	134 735	11.93	7.14	4.79	0.48	6.09
2012	135 404	12.10	7.15	4.95	0.49	6.24
2013	136 072	12.08	7.16	4.92	0.49	6.35
2014	136 782	12.37	7.16	5.21	0.51	6.40
2015	137 462	12.07	7.11	4.96	0.51	6.38
2016	138 271	12.95	7.09	5.86	0.54	6.29
2017	139 008	12.43	7.11	5.32	0.56	6.13

资料来源：依据《中国人口统计资料汇编（1949—1985）》、历年《中国人口年鉴》和《中国统计年鉴 2018》整理。

附录九　1952—2017年中国人口结构变化（%）

项目 年份	年龄结构		城乡人口结构		性别结构	
	少儿人口比重	老年人口比重	城镇人口比重	乡村人口比重	男性比重	女性比重
1952			12.50	87.50	51.90	48.10
1953	36.3	4.4	13.30	86.70	51.82	48.18
1954			13.70	86.30	51.84	48.16
1955			13.48	86.52	51.75	48.25
1956			14.60	85.40	51.79	48.21
1957			15.40	84.60	51.77	48.23
1958			16.20	83.80	51.82	48.18
1959			18.40	81.60	51.91	48.09
1960			19.75	80.25	51.78	48.22
1961			19.30	80.70	51.44	48.56
1962			17.30	82.70	51.29	48.71
1963			16.80	83.20	51.37	48.63
1964	40.7	3.6	18.40	81.60	51.27	48.73
1965			17.98	82.00	51.18	48.82
1966			17.90	82.02	51.23	48.77
1967			17.70	82.10	51.22	48.78
1968			17.60	82.30	51.22	48.78
1969			17.50	82.40	51.18	48.82
1970			17.38	82.62	51.43	48.57
1971			17.26	82.74	51.41	48.59
1972			17.13	82.87	51.40	48.60
1973			17.20	82.80	51.42	48.58
1974			17.16	82.84	51.43	48.57

续表

项目 / 年份	年龄结构		城乡人口结构		性别结构	
	少儿人口比重	老年人口比重	城镇人口比重	乡村人口比重	男性比重	女性比重
1975			17.34	82.66	51.47	48.53
1976			17.44	82.56	51.49	48.51
1977			17.55	82.45	51.50	48.50
1978			17.92	82.08	51.49	48.51
1979			18.96	81.04	51.46	48.54
1980			19.39	80.61	51.45	48.55
1981			20.16	79.84	51.48	48.52
1982	33.6	4.9	21.13	78.87	51.50	48.50
1983			21.62	78.38	51.60	48.40
1984			23.01	76.99	51.60	48.40
1985			23.71	76.29	51.70	48.30
1986			24.52	75.48	51.70	48.30
1987			25.32	74.68	51.50	48.50
1988			25.81	74.19	51.52	48.48
1989			26.21	73.79	51.55	48.45
1990	27.7	5.6	26.41	73.59	51.52	48.48
1991	27.7	6.0	26.94	73.06	51.34	48.66
1992	27.6	6.2	27.46	72.54	51.05	48.95
1993	27.2	6.2	27.99	72.01	51.02	49.98
1994	27.0	6.4	28.51	71.49	51.10	48.90
1995	26.6	6.2	29.04	70.96	51.03	48.97
1996	26.4	6.4	30.48	69.52	50.82	49.18
1997	26.0	6.5	31.91	68.09	51.07	48.93

续表

年份＼项目	年龄结构		城乡人口结构		性别结构	
	少儿人口比重	老年人口比重	城镇人口比重	乡村人口比重	男性比重	女性比重
1998	25.7	6.7	33.35	66.65	51.25	48.75
1999	25.4	6.9	34.78	65.22	51.43	48.57
2000	22.9	7.0	36.22	63.78	51.63	48.37
2001	22.5	7.1	37.66	62.34	51.46	48.54
2002	22.4	7.3	39.09	60.91	51.47	48.53
2003	22.1	7.5	40.53	59.47	51.50	48.50
2004	21.5	7.6	41.76	58.24	51.52	48.48
2005	20.3	7.7	42.99	57.01	51.53	48.47
2006	19.8	7.9	44.34	55.66	51.52	48.48
2007	19.4	8.1	45.89	54.11	51.50	48.50
2008	19.0	8.3	46.99	53.01	51.47	48.53
2009	18.5	8.5	48.34	51.66	51.44	48.56
2010	16.6	8.9	49.95	50.05	51.27	48.73
2011	16.5	9.1	51.27	48.73	51.26	48.74
2012	16.5	9.4	52.57	47.43	51.25	48.75
2013	16.4	9.7	53.73	46.27	51.24	48.76
2014	16.5	10.1	54.77	45.23	51.23	48.77
2015	16.5	10.5	56.10	43.90	51.22	48.78
2016	16.7	10.8	57.35	42.65	51.21	48.79
2017	16.8	11.4	58.52	41.48	51.17	48.83

资料来源：《中国人口统计资料汇编（1949—1985）》、历年《中国人口年鉴》和《中国统计年鉴2018》。

附录十　1960—2017 年世界不同收入组国家和亚洲典型国家城镇化率（%）

年份	日本	韩国	高收入组国家	中等收入组国家	低收入组国家
1960	63.27	27.71	63.77	23.99	12.77
1961	64.21	28.53	64.27	24.51	13.09
1962	65.14	29.46	64.76	25.01	13.41
1963	66.06	30.41	65.27	25.47	13.74
1964	66.97	31.37	65.78	25.94	14.09
1965	67.87	32.35	66.30	26.18	14.45
1966	68.70	33.35	66.80	26.40	14.82
1967	69.52	34.97	67.31	26.63	15.22
1968	70.32	36.85	67.81	26.86	15.68
1969	71.10	38.76	68.29	27.09	16.21
1970	71.88	40.70	68.75	27.32	16.72
1971	72.67	42.26	69.15	27.56	17.07
1972	73.45	43.69	69.52	27.85	17.43
1973	74.22	45.13	69.88	28.17	17.78
1974	74.98	46.58	70.24	28.54	18.15
1975	75.72	48.03	70.58	28.84	18.52
1976	75.94	49.72	70.87	29.21	18.86
1977	76.00	51.48	71.15	29.58	19.21
1978	76.06	53.23	71.44	30.05	19.55
1979	76.12	54.98	71.72	30.62	19.85
1980	76.18	56.72	72.01	31.19	20.15
1981	76.27	58.41	72.32	31.78	20.49
1982	76.38	60.06	72.59	32.32	20.82
1983	76.49	61.69	72.84	32.82	21.17
1984	76.60	63.30	73.08	33.33	21.53
1985	76.71	64.88	73.32	33.85	21.92
1986	76.84	66.68	73.58	34.36	22.30
1987	76.96	68.56	73.87	34.87	22.68
1988	77.09	70.39	74.15	35.38	23.05

续表

年份	日本	韩国	高收入组国家	中等收入组国家	低收入组国家
1989	77.21	72.15	74.40	35.87	23.40
1990	77.34	73.84	74.66	36.37	23.76
1991	77.47	74.97	74.94	36.86	24.10
1992	77.61	75.82	75.15	37.35	24.43
1993	77.75	76.65	75.40	37.83	24.74
1994	77.88	77.45	75.65	38.32	25.03
1995	78.02	78.24	75.94	38.80	25.30
1996	78.15	78.66	76.18	39.29	25.56
1997	78.27	78.91	76.41	39.78	25.84
1998	78.40	79.15	76.64	40.28	26.10
1999	78.52	79.38	76.86	40.78	26.36
2000	78.65	79.62	77.09	41.30	26.64
2001	79.99	79.94	77.42	41.86	26.94
2002	81.65	80.30	77.80	42.48	27.23
2003	83.20	80.65	78.16	43.11	27.52
2004	84.64	81.00	78.51	43.75	27.81
2005	85.98	81.35	78.85	44.39	28.13
2006	87.12	81.53	79.16	45.03	28.46
2007	88.15	81.63	79.46	45.65	28.73
2008	89.10	81.73	79.74	46.29	29.13
2009	89.99	81.84	80.02	46.92	29.52
2010	90.81	81.94	80.29	47.56	29.90
2011	91.07	81.92	80.49	48.17	30.24
2012	91.15	81.85	80.67	48.77	30.55
2013	91.23	81.78	80.84	49.38	30.87
2014	91.30	81.71	81.01	49.98	31.20
2015	91.38	81.63	81.18	50.58	31.60
2016	91.46	81.56	81.35	51.18	32.01
2017	91.54	81.50	81.53	51.77	32.44

资料来源：世界银行 WDI 数据库。

附录十一 1985—2016年中国28个省份的名义人力资本存量

单位：10亿元

年份 省份	1985	1986	1987	1988	1989	1990	1991	1992	1993	1994
北京	748	874	1 081	1 449	1 649	2 552	3 144	3 554	4 308	4 709
天津	434	494	596	721	865	1 135	1 312	1 511	1 744	2 029
河北	1 369	1 630	1 897	2 305	2 742	3 150	3 721	4 389	5 159	6 026
山西	596	716	841	1 023	1 226	1 438	1 714	2 043	2 434	2 872
内蒙古	613	736	876	1 038	1 219	1 403	1 631	1 893	2 193	2 528
辽宁	1 758	2 068	2 437	2 904	3 449	3 976	4 618	5 315	6 125	6 991
吉林	902	1 052	1 217	1 431	1 670	1 925	2 242	2 623	3 051	3 525
黑龙江	1 076	1 277	1 506	1 776	2 085	2 422	2 802	3 244	3 757	4 306
上海	1 093	1 334	1 707	2 111	2 566	3 156	3 764	4 402	5 136	5 910
江苏	2 098	2 484	2 931	3 567	4 337	5 201	6 219	7 417	8 797	10 283
浙江	1 784	2 102	2 493	2 983	3 548	4 152	4 913	5 780	6 859	7 969
安徽	1 341	1 586	1 862	2 233	2 659	3 155	3 723	4 329	5 073	5 893
福建	1 055	1 251	1 472	1 781	2 137	2 523	3 077	3 697	4 407	5 212
江西	962	1 126	1 314	1 544	1 819	2 093	2 483	2 939	3 458	4 041
山东	2 852	3 345	3 994	4 700	5 531	6 571	7 522	8 782	10 227	11 805
河南	2 122	2 489	2 971	3 530	4 234	4 985	5 834	6 775	7 802	8 879
湖北	1 348	1 617	1 936	2 328	2 787	3 324	3 987	4 726	5 586	6 510
湖南	1 279	1 512	1 784	2 119	2 510	2 938	3 475	4 088	4 778	5 540
广东	2 487	2 985	3 508	4 348	5 327	6 423	7 556	8 913	10 576	12 131
广西	1 096	1 284	1 497	1 787	2 130	2 485	2 922	3 428	4 000	4 637
重庆	716	849	996	1 180	1 381	1 587	1 894	2 244	2 626	3 074
四川	1 766	2 079	2 499	2 901	3 424	3 953	4 680	5 513	6 412	7 461
贵州	751	869	1 011	1 179	1 364	1 574	1 891	2 241	2 637	3 110
云南	794	934	1 083	1 270	1 483	1 694	2 007	2 396	2 846	3 355
陕西	701	842	1 003	1 217	1 446	1 670	2 031	2 495	3 024	3 595
甘肃	458	537	626	740	876	1 010	1 176	1 371	1 601	1 842
青海	89	106	127	147	171	194	231	274	323	381
宁夏	126	151	177	213	251	289	346	408	480	559

续表

年份 省份	1995	1996	1997	1998	1999	2000	2001	2002	2003	2004	2005
北　京	5 285	6 358	7 421	8 842	10 654	14 122	17 576	19 832	21 648	24 051	26 018
天　津	2 314	2 683	3 120	3 595	4 376	5 703	6 796	7 631	8 193	9 253	10 084
河　北	6 935	7 880	8 926	10 063	11 239	12 532	14 200	15 826	17 336	18 989	20 309
山　西	3 342	3 883	4 451	5 061	5 709	6 445	7 599	8 732	9 926	11 089	12 150
内蒙古	2 889	3 344	3 850	4 560	5 209	5 906	6 616	7 464	8 269	9 156	9 778
辽　宁	7 883	8 963	10 053	11 208	12 622	14 091	15 495	16 778	17 861	19 209	20 087
吉　林	4 008	4 560	5 216	5 822	6 542	7 179	8 459	9 374	10 390	11 508	12 143
黑龙江	4 883	5 518	6 163	6 857	7 676	8 848	10 309	11 183	12 163	13 323	14 159
上　海	6 777	8 283	9 665	11 384	13 480	15 866	20 716	21 949	24 873	28 790	31 870
江　苏	11 824	13 985	16 260	18 803	21 685	24 815	31 108	32 385	35 258	38 381	40 268
浙　江	9 050	10 925	12 967	15 416	17 931	20 714	23 731	26 425	29 660	33 058	35 609
安　徽	6 743	7 912	9 157	10 427	11 806	13 494	15 863	17 751	20 288	22 614	24 705
福　建	6 105	7 120	8 231	9 340	10 545	12 088	13 839	15 116	16 699	18 174	19 394
江　西	4 665	5 300	6 006	6 970	7 937	8 954	10 606	12 138	13 344	14 735	15 734
山　东	13 442	15 261	17 340	19 596	21 927	25 655	28 209	32 212	35 660	38 719	42 770
河　南	10 138	11 958	14 014	16 164	18 478	21 187	24 395	27 189	30 108	33 047	35 472
湖　北	7 456	8 651	9 979	11 423	13 108	15 136	18 356	18 826	20 860	22 402	23 618
湖　南	6 314	7 280	8 299	9 499	10 876	12 433	14 161	16 061	17 691	19 562	21 204
广　东	13 817	17 101	20 760	24 960	29 577	34 675	41 110	46 051	50 730	55 450	59 490
广　西	5 286	6 073	6 979	7 978	8 988	10 203	11 458	12 999	14 712	16 429	17 926
重　庆	3 558	4 039	4 786	5 422	6 300	6 770	7 761	8 767	9 820	11 486	11 704
四　川	8 510	9 756	11 678	13 213	15 062	16 400	16 452	20 569	22 401	24 265	25 614
贵　州	3 601	4 153	4 718	5 267	5 806	6 706	7 923	8 390	9 156	10 161	10 889
云　南	3 884	4 487	5 087	6 098	6 900	7 588	8 865	10 047	11 293	12 469	13 767
陕　西	4 191	4 857	5 567	6 166	6 999	7 648	9 008	9 313	11 049	12 188	12 938
甘　肃	2 101	2 404	2 726	3 110	3 475	3 865	4 451	5 027	5 634	6 214	6 758
青　海	439	504	580	662	749	838	959	1 072	1 178	1 281	1 392
宁　夏	651	760	884	1 023	1 174	1 315	1 548	1 794	2 011	2 242	2 424

续表

省份＼年份	2006	2007	2008	2009	2010	2011	2012	2013	2014	2015	2016
北　京	31 770	37 501	43 879	50 080	54 893	61 466	66 990	76 305	84 175	90 080	96 780
天　津	12 485	14 578	16 671	19 329	20 682	23 325	36 149	29 388	32 101	34 550	37 120
河　北	23 007	25 706	28 284	31 304	33 642	37 795	41 525	44 785	48 253	51 837	55 848
山　西	13 583	14 952	16 204	17 814	19 140	21 466	23 620	26 005	27 965	29 737	31 265
内蒙古	11 109	12 409	13 679	15 023	16 180	18 292	19 967	21 511	22 978	24 110	25 118
辽　宁	22 001	24 040	25 827	28 289	29 824	32 392	34 493	36 324	37 965	39 685	41 148
吉　林	12 994	13 984	15 015	15 834	17 151	19 341	21 317	23 499	24 642	25 596	26 062
黑龙江	15 326	16 493	17 729	19 302	20 797	21 985	23 248	25 049	25 894	26 496	27 373
上　海	39 086	45 387	49 835	56 641	59 403	62 019	58 570	58 037	59 995	61 609	64 087
江　苏	45 299	51 031	56 182	63 354	67 110	74 449	82 207	89 095	94 139	98 291	102 709
浙　江	40 484	45 289	50 143	55 823	59 336	66 427	70 448	76 202	80 370	82 971	87 550
安　徽	27 435	30 084	32 885	36 264	38 909	43 906	48 797	53 806	58 594	63 231	67 651
福　建	21 596	24 063	26 304	29 028	30 978	34 195	37 274	40 280	43 101	45 693	47 411
江　西	17 909	20 076	21 995	24 636	26 857	30 180	33 247	37 089	40 259	42 595	47 685
山　东	46 493	51 528	56 802	62 386	68 021	73 893	79 190	85 523	92 057	98 088	102 247
河　南	40 196	44 845	49 464	55 009	58 083	85 484	71 869	79 008	83 510	87 533	92 748
湖　北	25 787	28 075	30 421	33 538	36 139	40 745	46 304	50 522	54 444	58 091	61 420
湖　南	23 334	25 463	27 812	30 576	32 843	37 406	41 614	45 354	49 150	52 432	55 754
广　东	66 838	73 803	80 697	89 579	95 242	104 089	111 947	121 449	126 895	130 698	135 505
广　西	19 385	20 928	22 353	24 381	25 744	29 138	31 909	34 522	36 693	38 114	40 957
重　庆	12 595	14 181	15 941	18 002	19 188	21 379	23 536	25 870	27 558	28 966	31 189
四　川	29 277	33 493	37 051	41 288	44 054	49 577	54 520	59 277	64 238	69 284	73 906
贵　州	12 057	13 248	14 518	16 161	17 015	19 335	21 401	23 661	26 005	28 143	30 268
云　南	15 007	16 352	17 846	19 103	20 373	23 042	25 295	27 286	29 184	30 806	32 740
陕　西	14 475	16 200	18 261	20 537	21 833	23 676	25 941	28 952	30 654	31 953	34 088
甘　肃	7 375	8 068	8 741	9 499	9 955	11 112	12 088	13 204	14 057	14 815	15 075
青　海	1 523	1 696	1 855	2 056	2 197	2 465	2 684	2 876	3 106	3 328	3 537
宁　夏	2 792	3 123	3 463	3 856	4 254	4 699	5 234	5 808	6 251	6 535	7 034

资料来源：中央财经大学中国人力资本与劳动经济研究中心．中国人力资本报告 2018 [R]. 2018.

附录十二　1985—2016 年中国 28 个省份的名义人力资本存量结构（%）

省份＼年份	1985	1986	1987	1988	1989	1990	1991	1992	1993	1994
北　京	2.26	2.24	2.33	2.61	2.49	3.25	3.39	3.26	3.37	3.18
天　津	1.31	1.26	1.29	1.30	1.31	1.45	1.42	1.39	1.36	1.37
河　北	4.14	4.17	4.09	4.15	4.14	4.01	4.01	4.03	4.03	4.07
山　西	1.80	1.83	1.81	1.84	1.85	1.83	1.85	1.88	1.90	1.94
内蒙古	1.86	1.88	1.89	1.87	1.84	1.79	1.76	1.74	1.71	1.71
辽　宁	5.32	5.29	5.26	5.22	5.21	5.07	4.98	4.88	4.79	4.72
吉　林	2.73	2.69	2.62	2.57	2.52	2.45	2.42	2.41	2.38	2.38
黑龙江	3.26	3.27	3.25	3.19	3.15	3.09	3.02	2.98	2.94	2.90
上　海	3.31	3.41	3.68	3.80	3.88	4.02	4.06	4.04	4.01	3.99
江　苏	6.35	6.35	6.32	6.41	6.56	6.63	6.71	6.81	6.87	6.94
浙　江	5.40	5.38	5.38	5.36	5.36	5.29	5.30	5.31	5.36	5.38
安　徽	4.06	4.06	4.02	4.02	4.02	4.02	4.02	3.97	3.96	3.98
福　建	3.19	3.20	3.17	3.20	3.23	3.21	3.32	3.39	3.44	3.52
江　西	2.91	2.88	2.83	2.78	2.75	2.67	2.68	2.70	2.70	2.73
山　东	8.63	8.56	8.61	8.45	8.36	8.37	8.11	8.06	7.99	7.96
河　南	6.42	6.37	6.41	6.35	6.40	6.35	6.29	6.22	6.10	5.99
湖　北	4.08	4.14	4.18	4.19	4.21	4.24	4.30	4.34	4.36	4.39
湖　南	3.87	3.87	3.85	3.81	3.79	3.74	3.75	3.75	3.73	3.74
广　东	7.53	7.64	7.57	7.82	8.05	8.18	8.15	8.18	8.26	8.18
广　西	3.32	3.28	3.23	3.21	3.22	3.17	3.15	3.15	3.13	3.13
重　庆	2.17	2.17	2.15	2.12	2.09	2.02	2.04	2.06	2.05	2.07
四　川	5.34	5.32	5.39	5.22	5.18	5.04	5.05	5.06	5.01	5.03
贵　州	2.27	2.22	2.18	2.12	2.06	2.01	2.04	2.06	2.06	2.10
云　南	2.40	2.39	2.34	2.28	2.24	2.16	2.16	2.20	2.22	2.26
陕　西	2.12	2.15	2.16	2.19	2.19	2.13	2.19	2.29	2.36	2.43
甘　肃	1.39	1.37	1.35	1.33	1.32	1.29	1.27	1.26	1.25	1.24
青　海	0.27	0.27	0.27	0.26	0.26	0.25	0.25	0.25	0.25	0.26
宁　夏	0.38	0.39	0.38	0.38	0.38	0.37	0.37	0.37	0.38	0.38

续表

省份 \ 年份	1995	1996	1997	1998	1999	2000	2001	2002	2003	2004	2005
北京	3.12	3.21	3.23	3.34	3.52	4.06	4.33	4.41	4.34	4.38	4.41
天津	1.36	1.35	1.36	1.36	1.44	1.64	1.68	1.70	1.64	1.68	1.71
河北	4.09	3.98	3.89	3.81	3.71	3.60	3.50	3.52	3.48	3.46	3.44
山西	1.97	1.96	1.94	1.91	1.88	1.85	1.87	1.94	1.99	2.02	2.06
内蒙古	1.70	1.69	1.68	1.72	1.72	1.70	1.63	1.66	1.66	1.67	1.66
辽宁	4.65	4.52	4.38	4.24	4.17	4.05	3.82	3.73	3.58	3.50	3.40
吉林	2.36	2.30	2.27	2.20	2.16	2.06	2.09	2.08	2.09	2.10	2.06
黑龙江	2.88	2.79	2.68	2.59	2.53	2.54	2.54	2.49	2.44	2.43	2.40
上海	4.00	4.18	4.21	4.31	4.45	4.56	5.11	4.88	4.99	5.24	5.40
江苏	6.97	7.06	7.08	7.11	7.16	7.13	7.67	7.20	7.08	6.99	6.82
浙江	5.34	5.51	5.65	5.83	5.92	5.95	5.85	5.87	5.95	6.02	6.03
安徽	3.98	3.99	3.99	3.94	3.90	3.88	3.91	3.95	4.07	4.12	4.19
福建	3.60	3.59	3.58	3.53	3.48	3.47	3.41	3.36	3.35	3.31	3.29
江西	2.75	2.68	2.62	2.64	2.62	2.57	2.62	2.70	2.68	2.68	2.67
山东	7.92	7.70	7.55	7.41	7.24	7.37	6.96	7.16	7.16	7.05	7.25
河南	5.98	6.04	6.10	6.11	6.10	6.09	6.02	6.04	6.04	6.02	6.01
湖北	4.40	4.37	4.35	4.32	4.33	4.35	4.53	4.19	4.19	4.08	4.00
湖南	3.72	3.67	3.61	3.59	3.59	3.57	3.49	3.57	3.55	3.56	3.59
广东	8.15	8.63	9.04	9.44	9.76	9.96	10.14	10.24	10.18	10.10	10.08
广西	3.12	3.07	3.04	3.02	2.97	2.93	2.83	2.89	2.95	2.99	3.04
重庆	2.10	2.04	2.08	2.05	2.08	1.94	1.91	1.95	1.97	2.09	1.98
四川	5.02	4.92	5.08	5.00	4.97	4.71	4.06	4.57	4.50	4.42	4.34
贵州	2.12	2.10	2.05	1.99	1.92	1.93	1.95	1.87	1.84	1.85	1.85
云南	2.29	2.26	2.21	2.31	2.28	2.18	2.19	2.23	2.27	2.27	2.33
陕西	2.47	2.45	2.42	2.33	2.31	2.20	2.22	2.07	2.22	2.22	2.19
甘肃	1.24	1.21	1.19	1.18	1.15	1.11	1.10	1.12	1.13	1.13	1.15
青海	0.26	0.25	0.25	0.25	0.25	0.24	0.24	0.24	0.24	0.23	0.24
宁夏	0.38	0.38	0.38	0.39	0.39	0.38	0.38	0.40	0.40	0.41	0.41

续表

省份＼年份	2006	2007	2008	2009	2010	2011	2012	2013	2014	2015	2016
北　京	4.78	5.06	5.38	5.53	5.67	5.61	5.70	6.03	6.23	6.32	6.43
天　津	1.88	1.97	2.04	2.13	2.13	2.13	3.08	2.32	2.38	2.43	2.47
河　北	3.46	3.47	3.47	3.45	3.47	3.45	3.53	3.54	3.57	3.64	3.71
山　西	2.04	2.02	1.99	1.97	1.98	1.96	2.01	2.05	2.07	2.09	2.08
内蒙古	1.67	1.67	1.68	1.66	1.67	1.67	1.70	1.70	1.70	1.69	1.67
辽　宁	3.31	3.24	3.17	3.12	3.08	2.96	2.94	2.87	2.81	2.79	2.73
吉　林	1.96	1.89	1.84	1.75	1.77	1.77	1.81	1.86	1.82	1.80	1.73
黑龙江	2.31	2.23	2.17	2.13	2.15	2.01	1.98	1.98	1.92	1.86	1.82
上　海	5.88	6.12	6.11	6.25	6.13	5.67	4.99	4.58	4.44	4.33	4.26
江　苏	6.82	6.89	6.89	6.99	6.93	6.80	7.00	7.04	6.97	6.90	6.82
浙　江	6.09	6.11	6.15	6.16	6.12	6.07	6.00	6.02	5.95	5.83	5.82
安　徽	4.13	4.06	4.03	4.00	4.02	4.01	4.15	4.25	4.34	4.44	4.50
福　建	3.25	3.25	3.22	3.20	3.20	3.12	3.17	3.18	3.19	3.21	3.15
江　西	2.70	2.71	2.70	2.72	2.77	2.76	2.83	2.93	2.98	2.99	3.17
山　东	7.00	6.95	6.96	6.88	7.02	6.75	6.74	6.75	6.81	6.89	6.79
河　南	6.05	6.05	6.06	6.07	6.00	7.81	6.12	6.24	6.18	6.15	6.16
湖　北	3.88	3.79	3.73	3.70	3.73	3.72	3.94	3.99	4.03	4.08	4.08
湖　南	3.51	3.44	3.41	3.37	3.39	3.42	3.54	3.58	3.64	3.68	3.70
广　东	10.06	9.96	9.89	9.88	9.83	9.51	9.53	9.59	9.39	9.18	9.00
广　西	2.92	2.82	2.74	2.69	2.66	2.66	2.72	2.73	2.71	2.68	2.72
重　庆	1.90	1.91	1.95	1.99	1.98	1.95	2.00	2.04	2.04	2.03	2.07
四　川	4.41	4.52	4.54	4.56	4.55	4.53	4.64	4.68	4.75	4.86	4.91
贵　州	1.81	1.79	1.78	1.78	1.76	1.77	1.82	1.87	1.92	1.98	2.01
云　南	2.26	2.21	2.19	2.11	2.10	2.10	2.15	2.16	2.16	2.16	2.18
陕　西	2.18	2.19	2.24	2.27	2.25	2.16	2.21	2.29	2.27	2.24	2.26
甘　肃	1.11	1.09	1.07	1.05	1.03	1.02	1.03	1.04	1.04	1.04	1.00
青　海	0.23	0.23	0.23	0.23	0.23	0.23	0.23	0.23	0.23	0.23	0.24
宁　夏	0.42	0.42	0.42	0.43	0.44	0.43	0.45	0.46	0.46	0.46	0.47

资料来源：根据附录十一数据计算。

附录十三　1992—2016 年中国 28 个省份的人力资本产出比

省份＼年份	1992	1993	1994	1995	1996	1997	1998	1999	2000
北　京	23.6	21.4	16.5	14.1	13.9	14.0	14.9	16.1	18.4
天　津	19.0	16.6	13.6	11.8	10.9	11.0	11.7	13.0	15.4
河　北	22.1	19.7	16.7	14.7	13.8	13.4	13.9	14.6	15.0
山　西	21.0	19.3	16.5	14.6	14.1	14.1	14.7	15.6	15.4
内蒙古	28.6	26.1	22.0	19.4	18.2	18.1	19.4	20.4	20.6
辽　宁	22.0	19.2	15.9	14.4	14.0	13.9	14.4	15.1	15.5
吉　林	26.6	24.5	21.4	19.2	18.0	18.1	18.7	19.7	20.1
黑龙江	19.8	18.6	16.1	14.4	13.8	13.5	13.8	14.8	16.0
上　海	20.0	16.8	13.7	11.6	11.4	11.5	12.3	13.0	13.4
江　苏	19.7	16.5	13.4	11.5	11.1	11.3	11.7	12.4	12.7
浙　江	25.5	20.8	16.1	13.4	13.1	13.5	14.4	15.3	15.6
安　徽	31.2	26.8	21.4	18.7	17.7	18.1	19.0	20.1	21.0
福　建	27.9	23.4	18.3	16.2	15.6	15.5	15.9	16.4	16.8
江　西	29.3	26.6	22.5	20.7	19.4	19.1	20.5	21.9	22.8
山　东	24.4	20.9	16.8	14.3	13.1	13.0	13.3	13.6	14.3
河　南	32.9	29.7	23.8	20.3	18.9	19.4	21.0	22.9	24.1
湖　北	25.6	22.6	18.4	15.5	14.7	14.7	15.8	17.2	18.3
湖　南	22.4	19.9	16.6	14.5	13.8	13.8	14.5	15.2	15.7
广　东	19.8	15.8	12.4	10.7	11.1	11.9	13.1	14.4	14.9
广　西	32.2	26.3	21.0	18.1	18.0	19.1	20.4	21.8	23.0
重　庆	—	15.9	12.6	10.9	10.1	10.4	11.3	12.3	12.5
四　川	19.9	17.5	14.6	12.7	12.0	12.3	12.7	13.8	13.8
贵　州	36.5	33.5	29.7	26.3	25.4	25.6	26.3	26.9	28.7
云　南	25.2	22.3	19.8	16.9	16.2	16.1	17.5	18.6	19.4
陕　西	26.2	24.9	21.5	19.0	18.1	17.8	18.0	18.9	18.8
甘　肃	232.0	210.1	175.9	151.8	141.1	142.5	149.7	157.2	159.9
青　海	17.0	16.2	14.5	13.2	12.5	12.7	13.1	13.8	14.2
宁　夏	27.1	25.3	22.2	20.1	19.8	20.6	21.9	23.3	23.8

续表

省份＼年份	2001	2002	2003	2004	2005	2006	2007	2008	2009
北　京	19.9	20.5	20.2	19.4	18.5	20.0	20.2	20.6	21.6
天　津	16.2	16.2	15.0	14.3	13.4	14.3	13.9	12.9	13.0
河　北	15.6	15.9	15.3	14.2	13.1	12.9	12.1	11.2	11.2
山　西	16.5	17.0	16.5	15.3	14.5	14.2	12.9	12.0	12.6
内蒙古	20.7	20.1	18.5	16.5	13.9	13.2	11.9	10.5	9.9
辽　宁	15.6	15.5	14.5	13.3	12.1	11.5	10.4	9.4	9.1
吉　林	21.3	21.6	21.5	20.3	18.9	17.3	15.3	13.5	12.5
黑龙江	16.9	16.8	16.4	15.4	14.5	13.8	12.5	11.4	11.1
上　海	15.9	15.0	15.2	15.0	14.8	16.0	15.7	14.8	15.6
江　苏	14.2	13.4	12.7	11.5	10.3	9.9	9.3	8.6	8.7
浙　江	16.1	16.1	15.5	14.6	13.7	13.5	12.6	12.1	12.5
安　徽	22.5	23.2	23.8	22.3	21.6	20.9	19.1	17.4	17.2
福　建	17.8	17.7	17.3	16.2	15.1	14.7	13.4	12.4	12.4
江　西	24.7	25.5	24.5	23.1	21.5	21.5	20.2	18.4	18.3
山　东	14.1	14.4	13.9	12.6	11.9	11.2	10.4	9.7	9.5
河　南	25.2	25.5	25.1	23.0	21.2	20.7	19.1	17.5	17.6
湖　北	20.3	19.1	18.9	17.4	15.9	15.2	13.8	12.4	12.1
湖　南	16.6	17.3	17.0	16.0	15.2	14.7	13.2	11.9	11.6
广　东	16.0	16.2	15.4	14.3	13.1	12.7	11.8	11.1	11.4
广　西	23.7	24.5	24.9	23.8	22.4	21.1	18.6	16.4	16.0
重　庆	13.0	13.4	13.3	13.4	12.2	11.4	10.6	9.8	9.8
四　川	14.0	14.1	13.6	12.5	11.5	11.3	10.6	10.0	9.7
贵　州	30.6	30.0	29.4	28.1	26.7	26.1	23.4	21.5	21.8
云　南	21.5	22.4	22.9	21.5	21.5	20.5	18.8	17.6	16.8
陕　西	19.9	18.7	19.5	18.4	17.2	16.8	15.4	14.0	13.8
甘　肃	161.0	165.5	165.7	160.1	153.1	148.1	136.6	124.3	120.9
青　海	14.2	13.8	13.3	12.4	11.9	11.4	10.5	9.2	9.0
宁　夏	24.9	26.3	25.7	24.8	23.8	23.9	22.5	20.4	20.2

续表

省份\年份	2010	2011	2012	2013	2014	2015	2016
北　京	21.0	20.6	20.2	20.7	20.9	20.6	20.4
天　津	11.4	10.6	10.1	9.8	9.6	9.3	8.9
河　北	10.4	9.9	9.6	9.3	9.2	9.2	9.2
山　西	11.5	10.9	10.6	10.4	10.5	10.7	10.7
内蒙古	9.0	8.4	8.0	7.6	7.5	7.2	6.9
辽　宁	8.1	7.5	7.0	6.6	6.4	6.4	6.7
吉　林	11.5	10.8	10.4	10.3	9.9	9.5	8.9
黑龙江	10.2	9.1	8.5	8.2	8.0	7.6	7.3
上　海	14.4	13.2	11.3	10.2	9.6	9.0	8.5
江　苏	7.9	7.4	7.3	7.0	6.7	6.3	6.2
浙　江	11.4	11.1	10.8	10.4	10.0	9.4	9.0
安　徽	15.6	14.7	14.2	13.9	13.6	13.3	12.9
福　建	11.2	10.5	10.0	9.5	9.0	8.6	8.1
江　西	17.0	16.1	15.3	15.3	14.7	14.1	14.1
山　东	9.0	8.3	8.0	7.7	7.5	7.3	6.9
河　南	15.5	15.2	14.7	14.4	13.7	13.1	12.6
湖　北	11.1	10.4	10.3	9.9	9.5	9.2	8.8
湖　南	10.5	10.1	9.9	9.4	9.0	8.8	8.5
广　东	10.5	9.9	9.6	9.3	8.8	8.3	7.8
广　西	14.4	13.7	13.0	12.5	12.0	11.4	11.2
重　庆	8.7	7.9	7.4	7.1	6.7	6.2	6.0
四　川	8.7	8.0	7.6	7.3	7.2	7.1	6.9
贵　州	19.7	18.6	17.6	16.9	16.4	15.7	15.1
云　南	15.3	14.6	13.8	12.9	12.4	11.9	11.4
陕　西	12.3	11.1	10.5	10.2	9.7	9.3	9.1
甘　肃	108.8	102.3	95.9	91.9	88.0	79.0	79.4
青　海	7.9	7.3	6.9	6.4	6.2	5.9	5.7
宁　夏	18.4	17.4	17.1	16.7	16.3	15.6	15.3

资料来源：根据《中国人力资本报告2018》和《中国统计年鉴》数据计算。

附录十四　1992—2017年中国能源消费总量和结构

年份	能源消费总量（万吨标准煤）	能源消费总量增长率（%）	煤炭消费比重（%）	石油消费比重（%）	天然气消费比重（%）	一次电力及其他能源消费比重（%）
1992	109 170	5. 19	75. 7	17. 5	1. 9	4. 9
1993	115 993	6. 25	74. 7	18. 2	1. 9	5. 2
1994	122 737	5. 81	75. 0	17. 4	1. 9	5. 7
1995	131 176	6. 88	74. 6	17. 5	1. 8	6. 1
1996	135 192	3. 06	73. 5	18. 7	1. 8	6. 0
1997	135 909	0. 53	71. 4	20. 4	1. 8	6. 4
1998	136 184	0. 20	70. 9	20. 8	1. 8	6. 5
1999	140 569	3. 22	70. 6	21. 5	2. 0	5. 9
2000	146 964	4. 55	68. 5	22. 0	2. 2	7. 3
2001	155 547	5. 84	68. 0	21. 2	2. 4	8. 4
2002	169 577	9. 02	68. 5	21. 0	2. 3	8. 2
2003	197 083	16. 22	70. 2	20. 1	2. 3	7. 4
2004	230 281	16. 84	70. 2	19. 9	2. 3	7. 6
2005	261 369	13. 50	72. 4	17. 8	2. 4	7. 4
2006	286 467	9. 60	72. 4	17. 5	2. 7	7. 4
2007	311 442	8. 72	72. 5	17. 0	3. 0	7. 5
2008	320 611	2. 94	71. 5	16. 7	3. 4	8. 4
2009	336 126	4. 84	71. 6	16. 4	3. 5	8. 5
2010	360 648	7. 30	69. 2	17. 4	4. 0	9. 4
2011	387 043	7. 32	70. 2	16. 8	4. 6	8. 4
2012	402 138	3. 90	68. 5	17. 0	4. 8	9. 7
2013	416 913	3. 67	67. 4	17. 1	5. 3	10. 2
2014	425 806	2. 13	65. 6	17. 4	5. 7	11. 3
2015	429 905	0. 96	63. 7	18. 3	5. 9	12. 1
2016	435 819	1. 38	62. 0	18. 5	6. 2	13. 3
2017	448 529	2. 92	60. 4	18. 8	7. 0	13. 8

资料来源：中国国内生产总值核算历史资料（1952—2004）和2018年《中国统计年鉴》。

附录十五　2013—2016 年中国 28 个省份的年均碳排放量测算结果

单位：万吨

省份＼年份	2013	2014	2015	2016
北　京	8 933.3	9 739.8	11 221.1	11 830.4
天　津	9 217.9	8 490.7	10 184.0	10 464.4
河　北	36 190.1	34 757.1	35 242.6	35 029.1
山　西	33 015.7	34 020.9	34 448.2	33 745.3
内蒙古	31 699.1	32 613.8	32 282.3	32 893.5
辽　宁	28 219.6	28 525.9	26 660.2	26 265.8
吉　林	11 349.4	11 208.3	10 514.7	10 274.9
黑龙江	15 133.2	15 454.1	15 402.2	15 840.8
上　海	13 642.2	12 787.0	13 266.9	13 427.9
江　苏	35 419.8	35 329.5	38 046.8	39 625.4
浙　江	18 874.3	19 743.7	20 108.1	20 443.4
安　徽	15 865.3	16 589.0	16 676.8	16 961.8
福　建	11 525.8	12 723.0	12 916.6	12 545.7
江　西	8 276.9	8 548.8	9 018.8	9 162.4
山　东	44 165.2	46 724.9	49 454.8	52 452.3
河　南	27 442.0	27 428.5	27 462.9	28 037.5
湖　北	14 896.0	15 447.3	15 362.9	15 431.6
湖　南	12 648.1	12 566.6	13 224.2	13 505.2
广　东	21 493.9	21 578.5	21 642.5	22 050.4
广　西	8 460.3	8 483.4	8 051.0	8 779.7
重　庆	9 311.3	10 210.0	10 614.6	10 597.7
四　川	21 109.8	22 265.7	21 678.0	21 912.0
贵　州	11 873.4	11 587.8	11 653.7	12 547.5
云　南	9 906.2	8 972.9	8 174.3	8 162.7
陕　西	19 956.1	21 133.3	21 509.8	22 973.9
甘　肃	8 512.1	8 732.0	8 587.7	8 385.4
青　海	4 333.7	4 135.3	4 149.4	4 634.3
宁　夏	8 653.2	8 722.1	9 072.9	9 118.0

资料来源：根据《中国能源统计年鉴》数据测算。

书中所用符号及释义

符号	释　义
c	边际消费倾向
CPI	零售价格指数
G；g	增长率或政府支出；人均 GDP 经济增长率
I	投资
K，k	资本存量，人均资本存量
L	劳动人数或从业人数
M	进口额
N	年末人口总数
NX	净出口额
P	物价水平
PPI	工业品出厂价格指数
r	利率
TFP	全要素生产率
v	乘数加速数
w	工资
X	出口额
Y	国内生产总值 GDP 或产业增加值
y	人均产出水平或劳均产出水平
δ	资本折旧率
π	通货膨胀水平
ρ	利润